诈骗档案

边宪华 ———— 著

南京师范大学出版社
NANJING NORMAL UNIVERSITY PRESS

图书在版编目(CIP)数据

诈骗档案 / 边宪华著. —南京：南京师范大学出版社，2018.11
(女警手记)
ISBN 978-7-5651-3763-1

Ⅰ.①诈… Ⅱ.①边… Ⅲ.①诈骗—案例—中国—现代 Ⅳ.①D920.5

中国版本图书馆 CIP 数据核字(2018)第 117865 号

丛 书 名	女警手记
书 名	诈骗档案
作 者	边宪华
策划编辑	郑海燕 王雅琼
责任编辑	王雅琼
出版发行	南京师范大学出版社
地 址	江苏省南京市玄武区后宰门西村 9 号(邮编：210016)
电 话	(025)83598919(总编办) 83598412(营销部) 83598297(邮购部)
网 址	http://www.njnup.com
电子信箱	nspzbb@163.com
印 刷	江苏扬中印刷有限公司
开 本	787 mm×960 mm 1/16
印 张	20.5
字 数	309 千
版 次	2018 年 11 月第 1 版 2018 年 11 月第 1 次印刷
书 号	ISBN 978-7-5651-3763-1
定 价	48.00 元

出 版 人 彭志斌

南京师大版图书若有印装问题请与销售商调换

版权所有 侵犯必究

代序
但愿天下无骗

记得 3 年多前的一个凌晨,梦正甜,手机短信提示音把我惊醒。点开短信:"请把款汇到农行卡,账号××××,边××。"我从未与人约过汇款事宜,无疑,这是一条诈骗短信,对方还是个姓"边"的本家。可恶的骗子真是无孔不入。我不禁萌生戏弄一下对方的念头。上午 9 点,银行营业时间一到,我就回了条短信:"款已汇,共 50 万元,请查收。"不一会儿,骗子回复,气急败坏地指责:"你是个骗子!"剧情反转,我倒成了骗子。可笑至极!

相信大伙儿都有过类似这样的遭遇,不是收到过汇款、中奖之类的诈骗短信,就是接到过购车退税、航班改签之类的诈骗电话。社会转型期,刑事案件高发,各种诈骗发案之频、案额之大、受害民众之多,尤为突出。

形形色色的骗局,如一张铺天盖地的大网向善良的人们撒来。随着一桩桩罪恶的得逞,骗子的胃口越来越大,作案越来越疯狂。根据江苏省盗窃案立案标准,案额 2000 元以上为数额较大,5 万元以上为数额巨大。而诈骗犯罪,往往一骗就是几万、几十万。特别是近年来利用电信网络实施的诈骗犯罪,动辄百万,甚至上千万。上当受骗的,有工人、农民,也有老师、公务员,有老人,也有中年人、青年人,他们无一例外,都被骗了。

刚从一家三甲医院退休的老孙,接到一个"电话欠费""涉嫌洗黑钱"的电话,顿时慌了手脚,百万元巨款汇到"安全账户",打了水漂。

独居老人顾大爷,在家里接到"医院教授"来电,听信"免费试用新药""申请医疗补助"之说,3 个月内被骗 12 万元。

"面的"司机王师傅在街头揽客时,拉了两个做玉石生意的外地人,抵不住对方巧舌如簧、百般游说,倾尽大半生积蓄,花 10 万元买下 1000 套生肖玉,欲大赚一笔，没想到中了计。其实，什么生肖玉不过是一文不值的烂石头。

还有……

这样的案例，举不胜举。

我退休前长期从事公安新闻宣传工作，多年来采访报道诈骗案件无数，记录下了一个个真实、鲜活的案例。每每看到上当受骗者那无助、沮丧、懊悔、哭泣的脸庞，心里总是堵得难受。如果说"老人在马路上跌倒了扶不扶"的问题挑战的是人们的道德底线，那么，这一出出骗局亵渎的则是社会诚信，攫取的是百姓的血汗钱，剥夺的是人们的安全感。

我时常在思考，对于诈骗犯罪，警方的打击力度不可谓不大，媒体防范宣传的触角不可谓不广，报纸上登、广播里讲、电视里演、网络上揭、短信里提示，一而再，再而三，反反复复提醒人们不要上当，却仍屡屡有人跌入陷阱。这么多年来，骗局虽也在"与时俱进"、不断更新，但也有的一成不变，如拾钱平分、神医神药，基本套路没有变，受骗者却还是不少。而"购车退税""电视节目中奖"之类的新型电信诈骗，人们又为什么屡屡上当？是一无所知，还是一时大意，抑或本身就有"天上有时候可能掉馅饼"的侥幸心理？

我深深感到，作为一名人民警察，无论是在岗还是退休，维护百姓的利益和社会的安宁都责无旁贷！我有责任、有义务对诈骗犯罪现象进行剖析，层层剥下骗子的画皮，揭露骗子的伎俩，让其暴露于光天化日之下。我的目的只有一个，提醒人们提高警惕，捂紧口袋，珍惜自己的血汗钱，保卫父母的养老钱，守住子女的读书钱。

我用了整整一年时间，收集、梳理了大量资料，整理出75个真实诈骗案例，分成电话骗局、短信骗局、网络骗局、投资骗局、神药骗局、校园骗局、身份骗局、街头骗局8个篇章。这些案例尽量采用通俗的语言、写实的手法，既有当事人的受骗过程、心理活动，又有骗子的交代，还配有漫画和防范提示。希望借读者一双慧眼，从此我们不再上当受骗！

当然，我更希望从此天下无骗！

目录

代序
但愿天下无骗 > 001

第一章
电话骗局

案例 1　您的电话已欠费 2649 元——614 万元巨款进了骗子口袋 > 003
案例 2　你女儿在我们手里——"绑匪"来电吓坏孩子妈 > 010
案例 3　社保发补贴了——姐弟俩躲在山林狂打电话 > 013
案例 4　购车可退税——新车开回，10 万元飞了 > 017
案例 5　花钱帮你平事——怕"黑社会"砍胳膊，乖乖"出血" > 022
案例 6　你到我办公室来一趟——领导借钱咋回事 > 024
案例 7　医保卡里资金被人消费——竟要将银行卡资金转至"安全账户" > 027
案例 8　请把验证码报给我——银行卡余额瞬间消失 > 029
案例 9　你黑了人家的钱——两位耄耋老人葬送一生积蓄 > 030
案例 10　我会帮你证清白——紫砂艺人差点汇出 1000 多万 > 035
案例 11　警方要审查网上信用额度——存款加网贷，被骗 25 万元 > 040

第二章
短信骗局

案例 12	银行卡欠年费——"老江湖"也上了当	> 047
案例 13	还是打到农行卡号上——30 万元汇进骗子账户	> 049
案例 14	恭喜你中了二等奖——轻信"喜讯"失钱财	> 054
案例 15	辅导中心可提供绝密试题——考建造师欲走捷径反进套	> 059
案例 16	你的邮包藏有毒品——莫名惹上"毒案",损失 2 万元	> 062
案例 17	贷款无须财产抵押——店铺未盘成,还拉下亏空	> 065
案例 18	生育可领政府补贴——补贴未领成,反失奶粉钱	> 066
案例 19	查看全班相册——链接点开,网银信息被窃	> 069

第三章
网络骗局

案例 20	立即给这个账户汇 50 万——总监 QQ 号被盗,乱发转账令	> 075
案例 21	陪我喝杯酒吧——网聊引来"酒托女"	> 078
案例 22	从公司账上转 56 万给郑总——"工作群"里就他不是骗子	> 082
案例 23	老公,给发个大红包嘛——海归"白富美"居然都是爷们	> 085
案例 24	我在国外,航班机票无法付款——业务员热心助人反被忽悠	> 090
案例 25	急需 3 万美金汇给老师——机灵妈妈巧识骗局	> 092
案例 26	在家就能做兼职——网络刷单刷爆卡	> 094
案例 27	退款通过借贷平台发放——"网购退款"藏猫腻	> 097
案例 28	请发个付款二维码截图——手指一划损失近千	> 098

第四章

投资骗局

案例 29	炒电子黄金一夜暴富——"发财神话"不灵光	> 105
案例 30	投资秸秆颗粒年回报 24%——骗子"挖坑"大玩"空手道"	> 109
案例 31	"三七"项目前景无限——鲜美"鸡汤"害惨 47 位老人	> 114
案例 32	几何倍增钱滚钱——如此暴利你信吗？	> 119
案例 33	原始股稳赚不赔——老股民误入骗局自责不已	> 124
案例 34	自己建个文交所——"书画股票"忽悠百余人	> 128
案例 35	投资原油赚钱快——10 万元拆迁款"大衣变裤衩"	> 133
案例 36	高人指点开小灶——炒野山参赔光父母家底	> 138
案例 37	关键词蹭热点——离奇高价让"词主"乱了方寸	> 141

第五章

神药骗局

案例 38	包治百病的"紫银蓝"——保健品充神药，价格翻 10 倍	> 151
案例 39	神奇药丸祛斑排毒——咨询公司卖假药专骗爱美者	> 156
案例 40	"专家"推荐特效药——一盒糖果卖千元	> 160
案例 41	戒毒神器"毒瘾消"——10 万元买来 25 瓶消炎利胆片	> 164
案例 42	新药免费试用——独居老人申请医疗补助倒贴 12 万	> 168
案例 43	"食药同疗"可治慢性病——大江南北上当者千余	> 172
案例 44	私人定制膏滋——"老中医"竟是 90 后	> 176
案例 45	老祖宗喊你儿子去帮忙——村医竟也迷信"神医"	> 180

第六章
校园骗局

案例 46	出钱便能上军校——花费 10 万多,大学门都未见着	>	189
案例 47	"免费"做美容咨询——单纯女孩滑入"美丽陷阱"	>	192
案例 48	校园贷 9 万元 18 个月滚至百万——大学生躲债失联至今	>	196
案例 49	贷款刷单赚佣金——看起来很美却是个"局"	>	199
案例 50	谎说交赞助费买了个学籍——假同学是个真骗子	>	201
案例 51	"班主任"来信息——家长手机消费短信井喷	>	205
案例 52	女儿重伤正在抢救——妈妈不明就里急汇 3 万元	>	207
案例 53	电话急聘业务员——女大学生命殒招工陷阱	>	210
案例 54	包吃包住月薪 8000——职校生应聘管道工被"涮"	>	214

第七章
身份骗局

案例 55	请出示两证接受检查——"瘾君子"扮交警骗走 7 辆车	>	221
案例 56	我是您儿媳的哥哥——"亲戚"上门借钱屡屡得手	>	226
案例 57	公司要买些壶打点——紫砂大师轻信"富二代"屡被骗	>	231
案例 58	高价聘请女友——"台湾富商"骗财又劫色	>	235
案例 59	离异女征婚觅幸福——外企工程师竟是"摩的"司机	>	239
案例 60	单位要建个训练场——"军分区处长"工程送上门	>	245
案例 61	拆迁办科长是我兄弟——中介骗中介,专吃窝边草	>	248
案例 62	求职先交 1 万押金——女赌棍"聘"了 26 个司机	>	253
案例 63	"忘年交"免费帮忙理财——三年骗走 48 万	>	257
案例 64	进医院工作包在我身上——闺蜜专门坑闺蜜	>	261

第八章

街头骗局

案例 65	拾钱平分,见者有份——手法虽老套,仍有人相信	> 271
案例 66	工地挖出金元宝——热心助人,却让多年积蓄付流水	> 274
案例 67	路遇"星探"撞大运——梦醒方知空欢喜	> 279
案例 68	24K金条转手就赚翻——13万换来一包铜块	> 283
案例 69	热心人喊搭顺风车——一出双簧唱晕头	> 289
案例 70	手指被撞骨折了——三轮车夫遇"碰瓷"吃暗亏	> 292
案例 71	当"酒驾"遇到"撞车族"——戳中软肋,花钱买平安	> 296
案例 72	厂家回馈大抽奖——辛苦钱摸来劣质小电器	> 298
案例 73	千套生肖玉净赚20万差价——半生积蓄化为乌有	> 302
案例 74	捡来刮刮卡中了大奖——拨打"兑奖热线",7万元泡汤	> 308
案例 75	马路上躺着张"行贿卡"——私欲驱动跌入骗局	> 312

后记 > 317

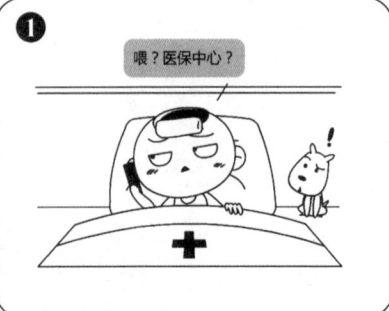

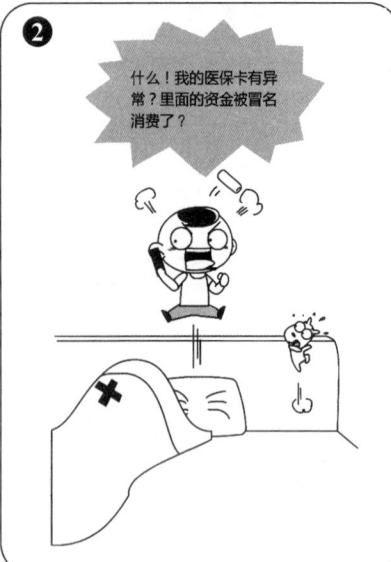

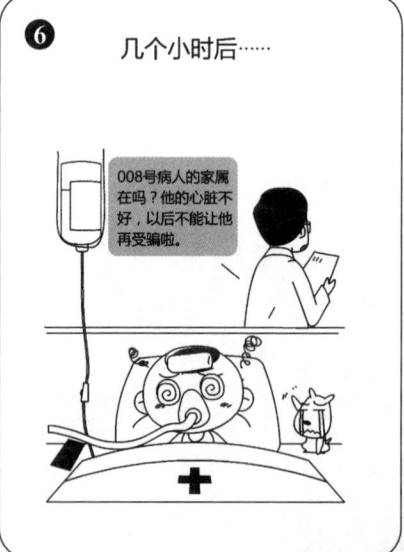

第一章

电话骗局

电话欠费、购车退税、社保发补贴……随着科技的发展,从2000年以来,虚假信息诈骗犯罪迅速发展蔓延,利用手机、固定电话、网络等通信工程和现代技术实施的非接触式的电信诈骗犯罪,不仅成为民众的烦心事、闹心事,还给不少家庭造成了巨大的经济损失,人们深恶痛绝。

使用电话诈骗,是电信骗局的一种。目前,我国手机用户超5亿,固定电话用户达到3.5亿。骗子瞄准这个庞大的用户群,冒充国家工作人员、亲戚、同学或朋友疯狂实施诈骗。2016年底,公安部刑侦局公布了48种常见的电信诈骗手段,其中,电话类占63.3%。

一个电话最多能骗多少钱?谁也无法对这个问题做出肯定的回答。在电信诈骗刚兴起的2000年,一起2万元的电话诈骗案发生在云南昆明,此案当时震惊公安机关内部。10年后,广东深圳一名生意人被不法分子以电话欠费为名,骗走2264万元,创下国内电话诈骗金额最高纪录。10年时间,数字翻了1000多倍。纪录还会不会被刷新?无人敢下定论。

案例 1

您的电话已欠费 2649 元
——614 万元巨款进了骗子口袋

江苏无锡的沈女士接到一个"电话欠费"电话，24 小时之内，她分数次将 614 万元巨款汇到"安全账户"，创下当年江苏省电信诈骗案单笔金额之最。

40 岁的沈英是一个人人羡慕的全职太太，居住在无锡城东一个高档社区，有大把的空闲时间。丈夫王东打理一家中等规模的企业，因产品适销，利润年年有增长。王东是个"空中飞人"，常常十天半月不着家。儿子上大学去了外地，寒暑假才能见上面。偌大的复式楼，沈英一人独守，略显冷清。

虽然不差钱，沈英倒也没沾上买奢侈品、泡吧、美容和搓麻将的"富太太病"。她喜欢一个人宅在家里，买买基金，炒炒股，过得挺充实。只是，她对社会上的事了解不多。

2009 年 3 月 8 日，这天是周日。上午，经不住闺蜜的三邀四请，她出门逛了半天街。午后回家，乏了，正欲上床躺躺，客厅茶几上的座机骤然响起。

"谁啊，这时来电话？"丈夫又出差，已短信报过平安，儿子与她一般是周日晚上视频。她拎起话筒，这是一个语音电话："尊敬的用户，您好，这里是中国电信，您所使用的话机已欠费 2649 元，转人工服务请按 0……"

"欠费 2649 元，怎么可能？"沈英惊讶不已，家里的固话是绑定银行卡自动扣费的，卡上余额充足，何来欠费之说？再者，这年头，手机普及，谁还用固话？就是个摆设而已。

"必须弄弄清楚。"根据语音提示，沈英按下"0"，电话转接到人工服务台。话筒里传来一个女声："您好，这里是深圳电信局，请问需要提供什么服务？"该女子普通话里带有南方味道，柔柔的，嗲嗲的。

"我的电话不可能欠费，话费是银行卡自动转账的。"电话怎么转到了深圳电信局？沈英一头雾水，没了方向。

"别着急,我帮您查一下,请稍候。"客服礼貌周到,服务热情。沈英稍感放心,搁了电话。

"您无锡的座机不欠费。是这样的,您在深圳的一部固定电话欠费2649元。"两三分钟后,客服打来电话。

"深圳?我连深圳都没去过,怎么会有固定电话,这不怪事吗?"沈英懵了,"肯定搞错了。"

"没错!"客服准确无误地报出沈英的姓名、居民身份证号码和无锡的住址,称那个欠费电话的号码是0755-86703×××,登记地址是深圳市福田区福田南路××号,机主正是沈英。该电话捆绑的是沈英的银行信用卡,已查实那张信用卡是用沈英的身份证在深圳办理的。

"天哪,不会吧!还办了信用卡?我没去过深圳,哪来电话、信用卡?真是天方夜谭。"沈英有点恼火。

"沈女士,别着急,您的个人信息比如身份证复印件有无向外界泄露过?"在客服的提醒下,沈英回忆,她在几家银行有五六张卡,办卡时提供了身份证复印件。

"如果您确实没在深圳安装电话、办理信用卡,那么,您的身份证资料极可能被人盗用了。假如被不法分子盗用,麻烦不是一点点,最近我们已遇到好几桩这样的事。"自始至终,客服态度温和,站在沈英的角度想问题。殊不知,正是这种柔柔的态度,牵着沈英一步步走向陷阱。

"那怎么办?"沈英手足无措。

"报警,求助警方,我帮您把电话转到公安局。"

"对,报警,赶快!"

"您好,我是深圳市公安局的警官,姓陈。"不一会儿,电话转到深圳公安局。接电话的是名男子,也是南方味普通话。

"陈警官,我要报案。"沈英着急忙慌地叙述事情经过。

"你把姓名和身份证号报给我,我先查下再答复你。"陈警官要沈英先挂电话,等候查询结果。

好端端的心情被一个电话莫名搅乱,沈英心神不宁,坐等电话。三四分钟等待,仿佛几个小时。电话铃声再次响起,沈英跳了起来。

"你有可能牵涉一起重大洗钱案,这是一个犯罪团伙,我们已抓到一个疑犯,叫王强,你认识吗?"电话里传来陈警官冷冰冰的声音。

"牵涉洗钱案?"越来越离谱了。沈英只在电视里看过这类案件,怎么会发生在自己身上?这辈子活到40岁,从未干过违法事,也没跟警察打过交道,居然涉嫌洗钱!她大脑顿时断电。春天的阳光透过落地窗温柔地洒在客厅地板上、沙发上,暖洋洋的。沈英却犹如掉进冰窖,额头沁出冷汗,身子不由自主地发抖。"陈警官,我就是个平头小百姓,家庭妇女,遵纪守法,本本分分,怎么会去洗钱?我以人格担保,我压根不认识什么王强!"

"你别急,听我说。"听了沈英的解释,陈警官的口气稍缓和。"我们在王强身上搜到几十张银行卡,什么工行、建行、农行的,都有。你要证明自己没有违法行为,必须比对你所有的银行卡号,才能确定你是否与这起洗钱案无关。王强现在态度比较好,但他还有不少同伙在外面,你必须配合警方,接受调查。"

"卡号给你们?"虽然对方是警察,沈英仍有些疑虑,本能的防备还是有的。但陈警官一句"这是办案需要,请你理解配合",让沈英戒心顿消。

"我在中国银行、交通银行和农业银行都有银行卡,托管在理财部,身上只有一张农行卡。"防备之心一旦解除,沈英毫无保留,和盘托出。这几年,每年年底,王东都会给她一大笔钱,嘱咐她存进银行,以备不时之需。平时,王东还按月给她零用钱。这些钱,她全部交由银行理财,让钱生钱,目前已有好几百万。她找出农行卡,把卡号告诉了陈警官。

"我需要与检察员通案,时间会很长,你等一下,电话别挂。"陈警官关照沈英。

"好的。"此刻,沈英已完全确信自己被牵进罪案,相信警方会还自己清白,唯有配合。话筒里,清晰地传来陈警官按电话键的声音,沈英听到他在向检察官讲述她的事,言语里满是同情。几分钟后,陈警官对她说:"银行卡的数据已转上级,正在比对,现处长要与你通话,我把电话转过去。"

"我是公安局的熊处长,你把事情再复述一遍。"电话里是一个低沉的男声。"看来事情大了,处长都出面处理了。"沈英暗忖。她把前因后果重新叙述一遍后,大脑里突然闪过一串问号,脱口而出:"电话里,我怎么相信你们是公安局的?"

"我的座机号是0755-84463×××,你可以通过'114'查询,固定电话不能挂,用手机查。"熊处长倒是坦然,也不生气。

沈英用手机拨打"114"一查,那个座机号码果真是深圳市公安局的。这下,她踏实了。

"现在,你去银行开通网上银行,冻结账户里所有的钱。手机号码告诉我,你要保持与我通话。"熊处长指令。

"好的,好的,我马上就去,我的手机号码是……"

沈英找出银行理财的所有资料,装进拎包,乘出租车急匆匆前往市中心的银行。途中,熊处长来电,要求沈英用身份证先办张网银卡,把农行卡挂到网银卡上,并办理动态口令卡。沈英一一照办。

"我回到家了。"忙了两三个小时,下午4点多,沈英返回家中,一进门,便打电话给熊处长,把网上银行的口令卡号、授权码、密码以及农行卡的卡号、密码一股脑儿报给对方。

"快下班了,我们要加班办你的事,不可动用网银卡和授权证书。你放心,我们也不会动用,这是办案需要。明天上午8点再通电话,告知比对结果。"熊处长关照,"此事关系到警方办案机密,千万不能对任何人透露,包括家人。一旦泄密,后果自负。"

挂了电话,沈英甩掉脚上的高跟鞋,把身子搁到客厅长沙发里,长长吁了口气。紧张一下午,终于放松下来。"要不要将此事告诉老公?"她有些迟疑,但想起熊处长说的"办案机密",她打消了这个念头。

是晚,沈英时梦时醒,睡得很不安生。第二天,习惯赖床的她起了个大早,胡乱喝了杯牛奶,便守在电话机旁,眼睛盯着墙上的挂钟。

时针指向上午8点,座机准时响起,来电的正是熊处长。

"一夜未眠,总算把你的事查清了。犯罪团伙用你的身份在全国好多城市开户办了信用卡,南京、北京、广州、上海都有,每张卡均有大额现金出入,大肆洗钱。这起案件现在由0105专案组办理。"熊处长的声音听上去很疲惫,略带鼻音,好像感冒了。他说得有鼻子有眼,不由人不信。案情一下子变得扑朔迷离,沈英的心吊到了嗓子眼:"这可如何是好,怎么办?"

"初步认定,你是不知情的,是犯罪团伙冒用你的身份。现在要做的,就是把真正属于你的卡与犯罪分子冒用你身份办的卡区分开来。别着急,去银行把卡里所有的存款转移到'安全账户'上,这样可以保护你的财产,也有利于我们破案。"熊处长给出招数。

"我的钱由银行托管,一时取不出。"

"有办法,可以先解除托管,然后转账。"熊处长"指点迷津"。他再三承诺:"案件一旦查清,钱立即返回你的账户。"

"好吧。"搁了电话,沈英再次前往银行。刚出门,手机响起,熊处长来电:"保持连线,不得挂机。"

"沈姐,市场正好,你怎么要撤资呢?多可惜啊!"沈英是银行理财部的老客户了,现要解除合同,她的理财经理不解,追问缘由。沈英一句"我有急事,你别多问"把对方的话堵了回去。

托管合同解除,卡中所有款项做成本票,悉数存进与网银卡捆绑的农行卡,共计614万元。转账成功,农行卡里的存款却瞬间没了。手机一直连着线,"这怎么回事,我的钱呢?"沈英急忙询问熊处长。"钱已转到'安全账户',没事。"熊处长的回答让沈英吃了定心丸。

中午,沈英拖着酸痛的双腿回到家中,一碗面条打发肚子,又急忙询问:"钱什么时候能回来?"毕竟614万元不是个小数目,这是给儿子存的留学基金呀。再说,老公风里来雨里去,天南海北跑,挣钱不容易。熊处长说,卡太多,还在比对。他要沈英再去办张农行卡,比对结束,钱直接汇到卡上。沈英遵命去办了张卡,第一时间把卡号告知熊处长。"下午1点45分钱返回卡上。"熊处长挂了电话。

"阿英,在家干吗呢?"忐忑中,下午1点半,沈英接到丈夫王东的电话。"你怎么现在才来电话,我差点要吃官司,看不到你和儿子了。"沈英放声大哭。

"吃官司?怎么回事,慢慢说。"王东丈二和尚摸不着头脑,只得好言安抚。沈英渐渐平静,讲述了涉嫌"洗钱案"和转账的经过。

"哪有这么离奇的事,而且警察也不会在电话里办案啊,遇到骗子了吧!赶快去报案,我马上回来!"王东毕竟见多识广。

"这事是有点蹊跷。"经丈夫一提醒,沈英想想确实不大对头,她随即用座机拨打0755-84463×××。接电话的确系深圳市公安局的警员,对方很热情,但其一席话犹如冬天一盆冰水,浇得沈英透心凉。对方说,这个电话是不对外公布的,而且公安机关绝不会在电话里办案,更没有什么"安全账户"之说。

挂钟的时针指向下午2点整,熊处长承诺的返款时间已过一刻钟,沈英冲到银行,卡上空空如也。熊处长食言了。再打熊处长电话,话筒里传来的是冷冰冰的提示音:"对不起,您拨打的电话已关机。"再拨,还是如此。此前,都是熊处长来电,前后2个号码,一个是有来电显示的,即0755-84463×××,另一个是匿号的。"我的钱被骗了!"沈英趔趔趄趄去派出所报案。

这一天,与沈英同一小区的另一个居民也接到了"电话欠费"电话,所幸该居民多问了几句,骗子露出破绽,骗局被识破。犹如台风,2009年3月,"电话欠费"类诈骗案席卷无锡,在3月1日至10日短短10天里,无锡警方接报此类警情200余起,共有25人上当受骗,损失上千万元,其中沈英是损失最惨重的。

骗子藏身何处,钱还能不能追回来?

这起案件中,骗子假冒电信、公安部门作案,蒙蔽性、欺骗性极大。对这起无锡迄今为止案额最高的电信诈骗案,无锡警方高度重视,刑警、网警,各路精兵合力攻坚。

民警从诈骗电话、资金流向、转账记录等多方入手侦查,案件很快取得重大进展。

骗子拨入沈英家座机显示的所谓深圳市公安局的电话号码,实际地址在湖北孝感。骗子利用网银快速转账的功能,通过三级转账化整为零,沈英被骗的614万元巨款已在3月9日下午1点前全部转移到7张银行卡上,随即转账分流到98张银行卡上,又快速转到300张卡上。其中,一级转账在香港,二级和三级转账、提款集中在广东的珠海、中山、河源等地。涉案银行卡则遍布广东、浙江、福建、海南等省。警方及时冻结了一部分账户资金。

在海量信息中,警方锁定了2个可疑地址:广东珠海华发新城×幢203室和同小区×幢701室。2009年3月19日,办案民警包围了这2处涉案窝点,抓获苏某等7名涉案人员,缴获作案用银行卡100多张。

落网的苏某时年29岁,台湾彰化县人。沈英的巨款是被一个跨境作案团伙骗走的,苏某只是团伙的中间一环,专门负责提款,而他的"上司"躲在境外遥控指挥。苏某手下还有一批"马仔",分散于境内各地配合取款、转账。由于赃款大都已转移到境外,只追回很少。

虽然大部分钱未追回,但沈英知道警方已经尽力。让她感到匪夷所思的是:"骗子明明在珠海,为什么打来的电话都显示的是'深圳市公安局'的号码呢?"其实,这正是不少人上当受骗的关键所在。

原来,骗子使用的是显号软件,这种软件能在手机或开通来电显示功能的住宅电话上显示任何地点的任何电话号码,包括公安局、法院、电信公司、银行的号码,从而掩盖骗子来电的真实号码。

办案民警说,市民要破解此类诈骗并不难,只需在骗子电话挂掉后回拨过去就能识破。比如,骗子的真实电话号码是1350516××××,其通过"任意显号"软件显示的号码是0510-8333××××,市民回拨的时候,肯定拨打的是后面的那个电话号码,而不是骗子的手机号。那么,之前打电话的是不是骗子,一问便知。沈英恍然大悟:"怪不得骗子始终不让我挂电话,是怕我回拨过去啊!"

防骗贴士

较之传统的诈骗案,沈英遇到的这种"电话欠费"类新型电话诈骗案更具欺骗性,骗子冒充电信工作人员、警官、检察官,在电话里营造机关办公的氛围,并设计语音电话转接所谓的人工服务台,很容易使被害人在还没有来得及反应时,便被挟制到骗局中。"000"打头的国际网络电话可以冒充并显示任何单位的电话号码,市民接到语音或人工电话称"电话欠费"的,均要提高警惕,要及时与家人联系或拨打"110"。如果对方要求你"不要挂机,保持通话",就一定是骗子。

案例 2

你女儿在我们手里
——"绑匪"来电吓坏孩子妈

这是冬天里的一个晴好天气,暖阳悬在空中,温柔、惬意、舒服。阿凤心情舒畅,哼着小调,在家忙着洗洗涮涮,床单、被子,花花绿绿挂满阳台。丈夫上班去了,女儿敏敏大学毕业后在上海找到工作,金融系统,收入不错。阿凤刚退休,待在家安逸地当她的全职太太。

上午 10 点,家中电话铃声大作,阿凤丢下手中正晾挂的衣服,跑去接电话。拎起话筒,话筒里传来一个女孩的哭声,紧接着,传来女儿的求救声:"妈妈,救救我,他们打我。"

"敏敏,怎么了?谁在打你?"阿凤大脑顿时断片,未及她反应,话筒里传来一个男子粗暴的声音:"你女儿在我们手里。你要不要女儿?要的话准备 20 万现金,否则撕票!"

"天哪,敏敏被绑架了!"阿凤三魂吓掉两魂半。女儿是她的心肝宝贝,想当年,好不容易怀胎十月,却遇上难产,昏天黑地疼了三天三夜才生下来。含辛茹苦拉扯大,现在孩子长大了,眼看就要有自己的小家庭,自己作为母亲任务也完成得差不多了,只待含饴弄孙的幸福时光。敏敏就是她的命啊,现在竟然遭歹人绑架。"不,不能撕票啊,我给你们钱!"阿凤对着话筒哭喊。

"还算你识相,快去汇钱。"对方给了个银行账号,咔嚓挂断电话。

"敏敏真的在坏人手里吗?"放下话筒,阿凤抚着胸强令自己镇静下来。"绑匪"打的是家里的座机,她用手机拨打敏敏的手机,通了,可无人接听。救女心切,她飞奔出门,冲进附近一家银行汇出第一笔赎金 5 万元。

"老公,你快回来,我们的女儿被人绑架了,快回来筹赎金。"阿凤哭着给丈夫老张打电话。

"别慌,不要再汇钱,赶快报警!"老张在机关工作,遇事镇定,而且这段时间看到过媒体关于骗子虚构绑架事实诈骗的报道。他第一时间拨打"110"报警,然后告假回家,陪阿凤去辖区派出所。

这事发生在 2007 年 11 月,正是电信诈骗犯罪疯狂之初,人们的防备心理还不是那么强的时候。老张报案时,无锡警方已接报 8 起"孩子被绑架"索要巨额赎金的同类案件,好在不少事主接到勒索电话后,及时联系上子女,证实无意外,大多数没有上当。

家居无锡西郊的王阿姨接到"儿子被绑架"的电话,虽吓得心怦怦直跳,大脑尚清醒。她想,自己和丈夫都是工薪一族,家里没有多少钱,又从未跟人结怨,怎么会成为勒索目标呢?儿子在离家不远的中学读初中,她立马赶去查看,儿子好端端在教室里呢。不能让坏人祸害人,她报了案。

77 岁的章老汉就没有王阿姨这么幸运了,接到"儿子被绑案"的电话,他腿都软了,哪顾得上辨别真伪。他与"绑匪"讨价还价,将 20 万赎金降到 2000 元保证金。钱汇出,他才想起给儿子打电话,接电话的正是出差重庆的儿子。章老汉老伴早逝,退休工资低,这 2000 元是他从牙缝里抠出来的。

接到阿凤报案前,警方已成立专案组投入侦查。事主普遍反映,骗子操普通话,福建一带口音,作案手法一致。这些案件被串到一起。

敏敏的电话始终无人接听,阿凤急得五脏俱焚,瘫在沙发上。老张与民警驱车急驰上海。宿舍无人,找到单位,单位称其去浦东洽谈业务了,打通一起去谈业务同事的电话,这才终于联系上敏敏。原来,早晨走得匆忙,敏敏手机落宿舍了,让妈妈虚惊一场,上了骗子的当。消息传到无锡,阿凤缓过劲来。

骗子用的是建行银行卡,开户地在南京,开卡用的是一个江西人的假身份,提款地在厦门。这笔钱分 10 次在 6 分钟内被提走,勒索电话也是从厦门打出的。公安民警在厦门奔波 20 余个昼夜,锁定黄河、罗一龙等 10 名疑犯。

向无锡地区伸出黑手的正是黄河、罗一龙一伙。时年 36 岁的黄河是福建漳州市下属的漳浦县圩仔村人,时年 30 岁的罗一龙与黄河同村。早在 2005

年,虚构绑架事实诈骗他人钱财的案件,就曾在广东、福建等省份发生多次。黄河、罗一龙见利忘义,沆瀣一气,纠集他人多次作案。2006年12月,两人在福建警方的一次集中打击行动中脱网,上了公安追逃网。犹如惊弓之鸟的黄河、罗一龙钻山林、宿涵洞,东躲西藏1年多。2007年10月,他们以为风头已过,密谋重操旧业。他们选定厦门为据点,购买电脑、手机等作案工具,然后招兵买马。为了保证团伙的紧密性,以逃避打击,他们把同镇、同村的8名村民拉入伙,其中不乏同族堂兄弟、表兄弟。他们狡兔三窟,一处为团伙"总部",由老大黄河、罗一龙居住,打勒索电话的占据一处,提款的住一处。

黄河、罗一龙把企业管理经验运用到团伙管理中,内部层次分明、分工明确、按劳计酬。两个老大研究作案方向,一周分配一次犯罪所得,管着团伙成员的吃喝住宿,明确"集中住宿,不得单独外出"等纪律。在赃款分配上,打电话寻找作案目标、哭喊求救的为一线,按诈骗所得20%分成;诈骗得手到银行取款的为二线,按10%分成;其余70%则归老大。在2007年10月下旬至12月下旬2个月里,该团伙共作案得手11起,涉及江苏、江西、山东、河南等多个省份。

整天躲在大门紧锁、窗帘紧闭的黑屋子里,干着见不得光的坑人之事,这伙人平时也就是晚上到"泡泡茶馆"消遣。"泡泡茶馆"坐落在厦门湖里区一个小区门口,一溜3间平房,大堂内是散座,设有3个包间,黄河一伙时常包下其中一个聚赌。2007年12月20日晚,天刚黑,这伙人就从各自租住地聚集到茶馆,拉开麻将桌,摆开赌局。大堂内的散座大都被便衣占领,这伙人的末日就在这个晚上。

夜渐渐深了,三三两两的茶客慢慢散去,包间里的那伙人赌兴正浓。

"谁都不许动,坐原位,手放背后!"晚10点45分,便衣冲进包间。一伙赌徒面面相觑。

"我们只是小来来,没有来大的。"黄河大着胆子争辩,他以为这只是警方搞的一次常规抓赌行动。

"没来大的?你们坑了多少人,心里清楚,我们是无锡来的。"便衣亮出警官证。黄河这下傻眼了,一伙10人全被"瓮中捉鳖"。在3处窝点,警方查获作案用电脑1台、手机30部、手机卡45张、银行卡18张,还有一个账本,上面不仅记载着几十个银行账号,还有一笔笔"收入"和分赃实录。

铁证如山,黄河、罗一龙一伙去了他们该去的地方。

> **防骗贴士**
>
> 一旦接到"子女被绑架"的电话,千万不要惊慌,更不能"主动"泄露家中相关信息。在无法辨别真伪的情况下,可以先向对方询问联系电话,然后以马上筹钱为由摆脱纠缠,挂断电话。要第一时间联系子女确认是否被绑架,若无法及时联系到子女,请立即报警。

案例 3
社保发补贴了
——姐弟俩躲在山林狂打电话

安溪茶园漫山遍野,其中最著名的茶就是"铁观音"。"铁观音"茶色清亮,茶香深长,还有许多保健功能,人们爱喝。安溪隶属泉州市管辖,是典型的山区,境内山多地少,有"八山一水一分田"之说。

曾几何时,安溪被人安上"诈骗之乡"的帽子。从茶乡到"诈骗之乡",安溪人既愤怒又无奈。无怪乎,在我国电信诈骗犯罪高峰期间,安溪境内一天发出的诈骗电话、短信有上百万个(条)之多。一位潜入山村秘密侦查的便衣警察曾看到这样的场景:清晨,村民们骑着摩托车分别前往各自的茶园采茶,无论老少男女,腰间、口袋里都装着五六部手机,手机铃声此起彼伏、响成一片。来电的大都是询问"发放社保""医保补助""中奖"之类的。而这些忙着采茶的农民,不时变换着社保局工作人员、企业管理人员等身份,操着蹩脚的普通话与那些上当者周旋。成千上万的钱像水一样从全国各地流进他们的口袋。

本案例讲的是安溪湖上乡的一对王姓姐弟,在1个多月时间里,以"发放社保补贴"为幌子,诈骗作案60余起,得款50余万元。

这对姐弟,姐姐王春,时年28岁,弟弟王忠,时年22岁。姐弟俩系土生土长的安溪人。20岁那年,王春出嫁到湖上乡的黄武村,这是一个依山而建的小山村,进村的羊肠小路蜿蜒曲折、杂草丛生。村民三三两两散居山坡树丛,无一不是破破烂烂、摇摇欲坠的茅草房。土地贫瘠,日子清苦,却也抵不住现代化的冲击,电信信号无处不在,山里的年轻人手机、网络照样玩得很溜。

王春居住的黄武村树林内村组坐落在海拔1500米的山顶,名符其实,村民们的房子掩隐在密密的树林中,各踞一方,难见其人。王春与公婆、一双儿女住在3间低矮潮湿的草房里,丈夫在安溪城里的修车铺打工,偶尔回家。

王春头胎是个女儿。山里人重男轻女,传宗接代最重要,眼瞅香火要断,公婆脸色不好看了。3年后,王春硬着头皮生下二胎,还好,是个儿子,但欠下一笔超生罚款。不久,婆婆中风瘫痪,生活不能自理不说,还要常年吃药料理。公公身体也一年不如一年。王春上要侍奉老人,下要照料一双儿女,丈夫打工的收入勉强糊口。她不知这日子如何熬下去。

慢慢地,她发现村里那些原本与她家一样穷的人富起来了,造新屋添家具,身上穿着日渐光鲜,有的还用上了时尚的苹果手机、平板电脑。

"娟啊,有钱大家赚,你是怎么发的财啊?"这个叫"娟"的女子,是王春的闺蜜,以前与王春一样,如今面貌大变,戴上金项链、金戒指,穿上真丝连衫裙,还染了一头彩发,真是今非昔比。

"自己没钱,想法掏人家口袋里的钱呗。"娟向王春传授骗钱的方法,并说可以到网上学。娟再三关照:"只做不说,别说是我讲的。"

那天晚上,公婆、儿女入睡后,王春上了网。在网上,她认识了网名"就是你"的人。"就是你"真是个老手,不仅教她以"发放社保补贴"骗人钱财的套路,有偿提供上万条不同人员的手机号码、"社保诈骗语音",还承诺可以提供作案用银行卡。

王春从娟那里借来几千元,购置了1台二手电脑、6部诺基亚手机,冒用他人身份在网上一口气购得30个小灵通号码,归属地大都在无锡,还有苏州、杭州等地。一人顾不过来,她便"邀"弟弟王忠入伙。

王忠待在家无所事事,听姐姐说有钱赚,真是瞌睡送枕头,连忙收拾衣物上山。王春家里骤然热闹起来,手机铃声不断,从早上响到深夜。

且说,王忠是 2012 年 10 月 24 日到的山上,当晚,姐弟俩就向无锡地区群发语音电话。王忠在无锡打过工,认为无锡人很有钱。语音电话的内容是:"你有一笔社保补偿金未领取,这笔钱已转入当地财政局,请事主与财政局联系。"两人做了分工,如有上当者来电,王春扮演社保局工作人员,王忠则冒充财政局工作人员。

荒山野林发出的电话有人信吗?你别说,还真有人信。

21 岁的青青家居无锡市锡山区安镇,夏天刚从一所职业技术学院毕业,最近四处投简历找工作。为了增加应聘筹码,她在父母的支持下开始学习驾驶技术。10 月 25 日下午 2 点多,青青正在驾校练车,手机响了。怕错过招工单位的面试通知,尽管教练在一旁瞪眼,她还是停车接听了电话。手机屏幕显示是无锡本地手机号码,一接通,是个语音电话,提示其有 3100 元社保补偿金没到社保局领取,逾期将作废,还提供了无锡市社保局的咨询电话。

"工作没找到,怎么会有社保补偿金?"青青有些奇怪。想到自己尚未工作,吃用开销都是父母在支出,有这么一笔补偿金真是及时雨。唯恐错过,她车也不练了,向教练告了假。顾不上回家告知父母,她拨通了"社保局"的咨询电话。

"是有笔钱,因你没来领,现已转到财政局保存。"接电话的女子态度温和,服务周到。她要青青打电话到财政局问问,并主动告知了财政局电话。

"财政局工作人员"自称姓汪,听声音是个年轻男子,其称打电话人多,不能老占线,让青青打他手机。青青记下号码,拨打其手机。汪姓工作人员说,确有 3100 元补偿金在财政局的账户上,为方便领取,减少来回奔波,可持本人银行卡到附近 ATM 机上按其指令操作,钱便能汇到卡上。

青青急匆匆回家,找出银行卡,然后直奔街头的 ATM 机,再次拨通汪姓工作人员电话。

"你卡内余额多少?"对方突兀地问。

"17000元。"青青脱口而出。7000元是青青做家教积攒的,还有父母给的1万元,让她买面试行头的。

"好的,你按我的指令在ATM机上操作吧。"

青青像个听话的学生,一一照办,当按下确认键,她紧张的心情稍有放松。

"半个小时后钱到账。"对方挂了电话。青青仔细一想,这事有点不对劲,再拨对方手机,关机。她连忙通过"114"查询所谓"社保局""财政局"的电话,"114"告知,这两个电话均为未登记电话。青青来到银行柜台查询,卡里只剩下200元,16800元已在几分钟内不翼而飞。

那个冒充"社保局"工作人员的正是王春,她使用"任显软件",在自家卧室接的电话。自"社保补贴"语音电话群发,她与王忠大门不出、二门不迈,守着电脑等鱼儿上钩。青青来电询问,她立马进入角色,按事先编好的台词骗青青打电话给"财政局"。王忠随后上阵,一步步引诱青青到ATM机上转账,骗出银行卡余额,以输入验证码为由将青青卡内的16800元转入"就是你"提供的银行卡内。

青青被骗一案,是王春姐弟做成的第一单"生意"。自此,"生意"兴隆,姐弟二人每天躲在屋里打电话、接电话,每隔两三天与"就是你"在网上核账、分赃。他们自以为穷乡僻壤,山高林密,天高皇帝远,没人找得到他们。

树林内是湖上乡最偏僻的村(组),偶有镇、村干部上来,通常无外人出入。11月23日,倒是有五六个男男女女踩着泥泞的土路上山,说是调查超生问题。村人见怪不怪,波澜不惊。那几天,天天大雨,雾气缭绕,几乎与世隔绝。23日下午1点多,王家也来人检查人口信息。儿子3岁了,超生罚款还欠着。王春泡茶待客,一再表示"过段时间就交上所欠款项"。她不知道,上门的人中,有乡计生委的,还有追踪而至的无锡警察。卧室里时不时响起的手机铃声,印证了警方的前期侦查结果。

"你家的蔬菜长得真好。"情况问完,来人屋前屋后"考察",表扬主人的勤劳能干,王春乐滋滋的。眼瞅着客人下了山,她又一头扎进卧室。这天下午,姐弟俩做成两单"生意",上当者一男一女,都是无锡的。女的被骗3000元,男的被骗7900元。

午夜,睡觉前,王春算了下账,已有60余人上当,"收入"50余万元。她开心得差点笑出声。"再搞一个月,百万富翁就要诞生了,穷日子,滚蛋吧!"她把账本塞到被褥下,枕着风声雨声,陷入发财梦。

"砰砰砰",凌晨2点,屋门突然被拍响。

"半夜三更的,这么大风雨,谁呀?"王春被惊醒,正要下床开门,屋门已被冲开,裹着狂风雨丝,数名精壮汉子分头冲进左右2个卧室,将这对姐弟生擒。

电脑、手机、银行卡、账本……罪证确凿,姐弟俩无话可说。一双儿女仍在甜睡中,天明醒来,找不到妈妈,咋办?里屋传来瘫痪的婆婆捶床板的声音:"作孽啊!"王春眼中似有泪光,对公公喊了一句"快把阿坤喊回来",便随警察下了山。阿坤是她在县城里打工的丈夫。

天作孽犹可恕,自作孽不可活。王春姐弟必须为他们的行为付出代价。

防骗贴士

骗子常以"社保卡消费异常、账户冻结""发放社保补贴"等理由为借口,进行此类诈骗。大家需牢记,社保重要政策调整或出台实施,社保部门均会通过媒体或官方网络、微信公众号等正规渠道公告。凡接到以社保名义来电或短信涉及转账汇款的,可拨打统一社保咨询热线(各城市均有对外公开电话),或到社保经办机构现场核实。

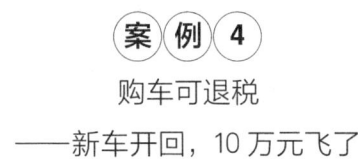

案例 4
购车可退税
——新车开回,10万元飞了

"购车可以退税了!"听到这样的好消息,哪个车主不高兴。新车刚开回家,张勇就被一个退税电话骗走10万元。

张勇居住在著名陶都宜兴丁蜀镇,在镇上一家企业工作。张勇父母在离镇上不远的乡下,这里山清水秀,百合、板栗之类的农副产品丰富。父母早出晚归,辛苦劳作,把他供到大学毕业,在镇上找了工作,买了房,娶妻成家,真不容易。一眨眼,张勇的儿子2岁多了,眼瞅着过了夏天就要上幼儿园,妻子老早就在耳边唠叨着要买辆车,方便以后接送儿子,避免风吹日晒、雨淋雪落。这个要求不过分,苏南人家,没车的不多。结婚时,钱都买了房,车的事搁了下来。这几年夫妻俩努力工作,攒了点钱,买辆中档车不是问题。再亏也不能亏了孩子呀。

张勇网上查、车行转,又请教同事,觉得一汽大众生产的宝来车经济实用、性价比高,他果断出手。车子上好牌,披红挂彩开回来那天,他不仅放了鞭炮,还把父母亲戚请上门庆祝一番。

"勇啊,这卡是你的名字,里面有10万元,是我和你爸这几年攒下的,你拿着吧。"热闹过后,母亲把张勇拉到一边,塞给他张银行卡。

"妈,不要,我有,这是你俩的养老钱。"张勇推辞,这是父母洒了多少汗水,卖掉多少百合、板栗挣回的。眼下,父母年事渐高、白发满头,怎能用他们的钱。

"乡下用钱少,我和你爸手脚尚健,镇上不比乡下,开门就要钱,阳阳马上要进幼儿园,以后还要上大学,用钱的地方多着呢,这就算阳阳的教育基金吧。"阳阳是张勇的儿子,说起孙子,母亲脸上笑成一朵菊花。

"那我帮您收着。"见母亲如此说,张勇暂且收下银行卡。

车刚买3天,张勇便接到"退税"电话,来电者自称是"车管所"工作人员。

"张勇先生,最近你购买了一辆宝来轿车,车牌号是苏BB53××。"电话是一个女子打来的。

"是啊,你是谁?"张勇十分诧异。

"我是车管所工作人员。根据国家新修订的法律及政策,你可以享受购车退税优惠,你之前购买的汽车购置税是10%,现降低至5%,所以要将多收的5%购置税退还。我们曾给你寄过一封退税通知单,你没有签收。"原来,人家是来通知退税优惠的。

"我没有收到啊。"

"别着急,今天是退税最后一天,请直接跟税务局退税中心联系,你的退税编号是×××××,退税中心的咨询电话是4006××。"女工作人员细心周到,张勇记下那个咨询电话。"真有此等好事?"购车时,他交了1万元税金,现在可以退还5000元,不大可能吧?

"你好,我是税务局退税中心工作人员。"就在张勇纠结要不要打那个咨询电话时,电话来了,手机屏上显示的正是记下的那个电话号码。

退税中心工作人员对张勇的车辆信息、家庭地址了如指掌,核对身份证号码和车牌号后,称可退还5000元税金,退税款已存入银行专门账户。他要张勇记下专门账户账号及密码,然后到银行ATM机上转账操作。

慎重起见,张勇拨打"114"查询,证实接到的那2个电话号码,分别为宜兴市车管所和税务部门的对外服务电话。他深信不疑,当即找出母亲给他的那张银行卡,找到ATM机,根据对方电话提示进行操作。操作完毕,张勇查看转账明细和银行卡内余额时,发现卡上不仅没有进账那5000元,连原有的10万元存款也糊里糊涂转到了对方账户上。他大脑"嗡"的一下,热血直往上涌。"上当了,钱被骗了。"

"购车退税"是电信诈骗的一种。骗子冒充车管所、税务局、4S店工作人员,以"国家出台新政、拉动消费"为幌子,设下"购车退税"陷阱,对新购车的车主狂轰滥炸。一旦有人上当,便会让其携银行卡到ATM机上操作,引导其把卡内钱款转入骗子账户。待发现中了圈套,钱已追不回来。那段时间,先后有30余名车主被骗。

何方骗子在作怪?经过侦查,警方查明这些电话来自福建厦门、泉州一带,一批嫌疑账号逐渐浮出水面。为避人耳目,骗子采用流动取款、假身份住宿等手段,分别在山东、安徽、湖南、广西、贵州、河南等地取款提现。

在纷繁众多的账户中,民警梳理出5个重点账户。账户流水显示,仅无锡地区转入的就有70余笔,这些款项在短时间内迅速流向17张银行卡,提款地点集中在厦门和安溪。顺着这17张银行卡穷追不放,民警最终锁定吴庆、谢红、刘林等嫌疑人,这伙人均系安溪金谷镇人,都是二十七八岁的年轻人。

金谷镇树木掩映，沟壑纵横，外人罕至。民警扮成茶商进山，在当地同行配合下，查明吴庆、谢红、刘林分别居住金东、金山、元口三个村，且都在家中。

凌晨，3人在发财梦中被收入网中。不过，他们只是为诈骗团伙提款的"马仔"。民警顺藤摸瓜，拎出一串。在厦门湖里区一小巷深处的出租屋，正在打电话诈骗的3男6女被一锅端；在河南许昌，2名幕后指挥就擒。

现在，让我们一层层来剥开这个"购车退税"诈骗团伙的神秘面纱，看看他们是怎么骗人的。

这是一个组织严密、分工明确的诈骗团伙，分为幕后指挥、电话组、取款组3级。幕后指挥，常常是"隐形人"，有的甚至躲在境外。此案的2个幕后人躲在河南许昌，他们在网上寻找"合作者"，购买实施诈骗所需的车主资料、"4006"号码等；合作者则"招兵买马"成立电话组。电话组根据车主信息资料拨打电话，谎称是某汽车品牌4S店或车管所、国税局工作人员，以"国家现有5%的退税政策"告诉受骗人"退税编号"。电话组拨打电话的为"一线"，接听电话的为"二线"。"二线"常常由有一定"工作经验"的"一线"晋升，专门接听"4006"号码，记录"退税编号"，诱导受骗人到ATM机上激活所谓的"退税密码"。

一旦车主上当受骗，卡上的资金即转账到犯罪嫌疑人的银行卡上。"取款组"负责在全国各地流动取款，通过银行ATM机、POS机、网银转账等方式，将骗来的钱在最短的时间内变现。他们每三五天更换一个城市取款，再存入与之前银行卡隔绝的汇总卡，根据事先约定的分配额转账分赃。

"今天是退税最后一天。"随后，骗子提供给受害人一个"税务局"的咨询电话。受害人如回拨电话，骗子就诱骗车主到ATM机上输入个人账户密码，然后以核实账户为由，要求车主提供银行卡余额数目，以判断可转账的额度，接着提示车主输入"激活银行卡密码"或"识别码"等，其实就是进行转账的金额。待车主发现钱被转走后幡然醒悟时，已悔之晚矣。

这个诈骗集团幕后指挥与电话组、取款组均为单线联系，互不相识，跨区犯罪，很难追回赃款。无锡警方侦破的这串案件追赃情况算是比较好的，共缴获银行卡40余张，现金60余万元，冻结银行存款49万元，查封用赃款购买的商品房2套。更令人震惊的是，查获车主信息资料10万余份。如这个团伙不被摧毁,还要祸害多少人啊!

警方抓获的6名电话组"一线""二线"人员,清一色女性,年龄最大的23岁,3人刚满18周岁,均为安溪金谷镇人。她们相互介绍入伙,走上犯罪道路。18岁的小清涉世未深,初中毕业宅在家中。一天,邻家姐姐小兰问她,愿不愿意一起去厦门做些"歪事",可以赚很多钱。22岁的小兰在外闯荡数年,穿金戴银,村人无不羡慕。虽然不知道小兰说的是什么"歪事",但听上去很不错。小清没有犹豫,答应了。小清和2名同伴随小兰坐车到了厦门。当晚,小兰演示了打电话诈骗的过程,发给每人一套实施电话诈骗的"教材",教她们怎么说话怎么骗人。第二天,小清她们就投入"工作"。每天,都有一份印有两三百名车主的资料摆在桌上,她们按照"教程"拨打电话,以每天1000多个电话的频率,向全国各地的车主拨打"购车退税"电话。如果遇到周日,对方质疑"怎么还上班",她们就解释因为是退税的最后一天,周日加班。

入伙10多天,小清成功诱骗3人上当,其中最多骗得5万元,提成4100元。这钱太好赚了,她拉来闺蜜小莲加入"电话组",没想到仅3天便被警察抓了。身陷囹圄的小清有些后悔,18岁的花季就要这样在高墙中度过?

防骗贴士

这个骗子团伙被端,无锡太平了一段时间。可没过几个月,"购车退税"诈骗卷土重来,42名车主被骗80余万元。警方经过60余天奔波,仍在厦门捣毁骗子老巢。手法还是老手法,连"话务员"的"教材"也是老版本。说到底,利用的还是少数车主的麻痹大意和"馅饼心理"。提醒刚购新车或即将购车的人们一定要拒绝此类诱惑。《车辆购置税征收管理办法》第22条规定,只有"因质量原因,车辆被退回生产企业或经销商",或者"公安机关车辆管理机构不予办理车辆登记注册"这两种情况,纳税人可以申请退税。此外,退税款是由国库直接退还到纳税人账户。公安机关、车管部门不会打电话通知退税,税务部门如要退税,也会在报纸、电视等媒体发布公告。

案例 5

花钱帮你平事
——怕"黑社会"砍胳膊，乖乖"出血"

2015年5月30日，周六，极其平常的一天。

上午10点，太阳高悬，无锡北塘地区某居民楼，26岁的夏锋还在蒙头大睡。昨晚，同学难得一聚，他喝多了。夏锋在一家事业单位工作，朝九晚五，工作生活十分规律。他性格内向，甚至有点胆小怕事，跟人交往谨小慎微，人缘挺好。平时，夏锋不是上班就是在家看电视，偶尔玩玩电游。

家里静悄悄的，父母外出买菜去了，一阵急促的手机铃声响起，打破静谧，也扰乱了夏锋的清梦。

"谁呀？正睡觉呢。"迷糊中，夏锋按下接听键。

"你是夏锋吗？"来电的是个陌生男子，操着浓重的东北口音，准确地叫出夏锋的姓名。

"我是啊，你是谁？"

"我是谁？说出来吓死你。我是东北黑社会的，在你们这边混。你最近是不是得罪了什么人？现在他花钱雇我们。"对方口气恶狠狠的，夏锋睡意顿消。

"你们是不是搞错人了？我从不与人结仇，也没得罪过什么人。"夏锋为人和善，实在想不出自己会和什么人结仇。

"你是不是住在北塘地区某小区×号××室，在××单位工作，你的身份证号是……"对方对夏锋的情况一清二楚。

"是的，这不错，你们怎么知道的？"夏锋格外紧张。

"这就对了，有人出钱买你一条胳膊。"

"什么！要砍我胳膊？不可以的，我还没结婚成家呢，大哥，饶了我吧。"夏锋求饶。

"看你也是个老实人，我们也不想把人逼上绝路，要不这样吧，我给你想个办法,花钱消灾吧。想'平安'就得'出点血'。"对方终于露出本意。

"花钱消灾?要出多少钱啊?"

"不多,5万元吧。你把钱给了,我们就不再找你麻烦,然后告诉你到底得罪了谁。"

"5万?我上班没几天,没那么多钱,我只有1万元。"

"1万就1万。"对方发过来一个账号。

为了自己和父母的安全,夏锋决定花钱买个安心。他通过支付宝给对方汇去9900元。钱汇出,他回拨对方电话,关机了。仔细回忆整个过程,他感觉被骗了,遂报警。

在侦查此案过程中,警方通过作案手法和资金流向串并到6起同类案件,作案人所在地点指向河北承德。警方派出侦查小组赴河北。经过1个多月辛勤工作,杨飞、李建兴、张以南等3个嫌疑人浮出水面。这3人分散居住在承德市下属的隆化县韩家店、郭家屯。

2015年7月24日,侦查小组在当地警方配合下,兵分三路实施抓捕行动,杨飞等3人悉数落网,同时抓获其同伙于全。

这是一个组织严密、分工明确的诈骗团伙,李建兴与张以南是同村发小,而杨飞、于全则是李建兴的表弟。2015年初,李建兴通过非法途径购得公民信息资料和银行卡,张以南等3人则购来作案手机、假身份证等。他们千方百计找来诈骗"台词",作案前先进行培训。据李建兴交代,为了冒充"黑社会",他们还专门苦练了一段时间东北话,学习"黑社会"的切口。

此类诈骗形式软暴力化,欺骗性强,被害人往往因对"黑社会"存有恐惧心理,很容易上当受骗。该团伙在2015年4月至6月3个月时间里屡屡得逞,诈骗作案30余起,案值26万元,被害人涉及多个省(市)。

防骗贴士

冒充"黑社会"打电话诈骗,被公安部列为新型电信诈骗手法之一。其实,此类诈骗技术含量很低,骗子玩的就是心理战。诈骗第一步,通过网上购来个人信息,准确说出受害人的身份等信息,造成"尽在掌握中"的假象,然后编造寻仇剧情,对受害人进行恐吓。受害人如果入戏,便转变话锋,提出可以"花钱买平安",同时加大恐吓力度。如被害人语气中出现惶恐,便会以帮其消灾为名,再次索要辛苦费,直至得逞。一般来说,这种远程诈骗,如骗子当时未骗到钱,通常不会再打电话。因此,市民一旦接到此类电话,一定要冷静下来,或者设法拖延时间,这种骗术便会不攻自破。

你到我办公室来一趟
——领导借钱咋回事

小章出生在贵州山区农家,父母含辛茹苦供他读书。小章挺争气,一路顺顺利利读到大学毕业,学的是中文专业。2015年秋天,通过笔试、面试,过五关斩六将,小章被一家事业单位录取,来到太湖之滨的这座江南名城,在单位办公室当文员。

乍到江南,摆在小章面前的最大难题是语言关,满耳吴侬软语,他恍如置身另一个国度。为此,他与地方电视台的方言节目较上了劲,总算对"白相"(玩)、"一歇歇"(一会儿)、"过海面"(那边)之类的常用方言有了些许了解。但在关键时刻,还是常常掉链子。在他听来,好多人说起话来都是一个腔调,简直分不清谁是谁。

"喂,小章啊,你在哪儿白相呢?"2016年夏天的一个傍晚,小章正在住处准备晚饭,突然接到"133"打头的陌生来电。来电的是个男子,普通话夹杂着本地方言,似乎非常熟悉他。

"请问你是谁啊?"小章疑惑地问。

"怎么,我的声音都听不出来?我是你领导,陈局。"对方有些愠怒。

"哦,陈局,不好意思,您找我有事吗?"小章不由双腿并拢成立正姿势。单位里确实有个陈局,小章这个职场"菜鸟"工作1年多,还未与陈局面对面说过话,更没有陈局的手机号码。

"明天早上到我办公室来一趟,有事找你。"

"好的。"是夜,小章兴奋得久久无法入眠,领导找他去办公室,什么事呢?他揣摩了好久也没理出个所以然。

单位执行的是朝九晚五的作息制度,年轻人爱睡个懒觉,8点半磨磨蹭蹭起床,穿衣洗漱间,"陈局"接连来了好几个电话,问其几点能到单位。

"9点准时到。"小章顾不上吃早饭,骑上电动车直"飞"单位。进了单位大门,他顾不上去办公室,蹬蹬蹬就来到三楼局长办公室。办公室门紧闭,没人在。就在这时,手机适时响起,正是"陈局"来电:"小章,我有事在外,急需用钱。你卡里有钱吗?给我转点,不够就借些,下午回局里就还你。""陈局"发过来个账号。

"局长借钱,是看得起我,要不局里那么多人,怎么偏偏就选了我。"小章这样想着,脚步往离单位不远的银行挪动。他给"陈局"汇去1万元,这是他的全部积蓄。虽工作两年多,但工资收入有限,吃用开销外,他每月还得给父母汇钱,家里还有妹妹正读初中。

"1万元钱不够,去问同事借点。""陈局"来电,听口气好像不开心。小章不好意思向老同志开口,只得硬着头皮向2位与他一样的新人各借了4000元,共8000元,汇给"陈局"。

"办事这么不利索,借点钱就这么难,找你们主任再借点。又不是不还你。""陈局"发火了。

小章原以为局长找他有什么好事,没想遇到"借钱"这样的尴尬事,不禁有点窝火,没好气地回答:"主任不在,实在借不到了,您找别人吧。"说完便挂了电话,"陈局"倒也没再来电。

1.8万元"借"出去,小章有点忐忑不安,毕竟对他来说,这是一笔巨款。好不容易挨到下午,有人告诉他,陈局回来了。小章试着拨打那个"133"电话询问"还钱"的事,话筒里传来一阵嘟嘟声,随即关机。

"怎么回事啊?"挂了电话,小章去往陈局办公室。

陈局果真在办公室,桌上刚泡的一杯茶冒着袅袅水汽,他正在向下属交代事宜。小章耐着心在门口等候,待来人离开,他方才走进去。"陈局,我的钱?"

"你是谁?什么钱?"陈局一头雾水,单位好几百人,他不熟悉小章。

"您不是在电话里问我借了18000元吗?说有急用,我汇到您账户上,您说下午还的。"小章急忙从手机里调出号码和账号。

"我的手机是'139'开头的,这个号码用了20多年,这个账户也不是我的。再说,一上午我都在市里开会。你不会是遇到骗子了吧?赶快报案!"原来彼"陈局"非此陈局。

无助的小章向警方报警求助。

小章这个职场"菜鸟"被骗令人叹息。赵乙这个在社会上爬滚多年的"老江湖"也被"领导"涮了一把。

赵乙是做挖土工程的,时下资金紧张,建设项目少,他的公司资质不高,通过正常程序竞标很难觅得项目。他千方百计找关系,走门路。

2016年3月16日上午,他好不容易托关系搭上某项目的负责人,中间人约定第二天晚上在一家酒店会面,介绍双方认识,洽谈项目事宜。

"小赵,你的事情有点麻烦,明天早上来一趟我办公室。"赵乙万万没有想到,当日下午,他接到一个陌生电话,对方一开口就称"小赵",语气颇有领导范儿。赵乙不敢多问,连忙说行。

第二天早上,赵乙正准备去项目负责人办公室,又接到那个电话。电话中,"领导"称正在接待省厅领导,让其稍稍等待。

"要给省厅领导送点礼,领导不收现金,帮忙转账2万元钱吧,账号是××××,等下见面还你。"等了约5分钟,"领导"打来电话。

赵乙没有多想,生意场上就是这样,他多次遇到类似转账的事。他去银行汇了2万元钱给"领导"。汇完钱,"领导"又来电称省厅领导不满意,钱太少,让其一次性再转10万元。

"这省厅领导的胃口倒不小。"赵乙嘀咕。他的卡里前几天刚进了一笔工程款,汇就汇吧!他如数汇出10万元。等汇好钱,"领导"的手机关了,怎么也打不通。他冲到项目负责人办公室,人家正在召集部下开会呢,哪儿来"汇钱"一事。赵乙阴沟里翻船,懊悔自己太大意。

> **防骗贴士**
>
> 2015年以来,"冒充领导"的电话诈骗案件频发,好在大多数人接到此类电话会核实一下,也有少数人稀里糊涂上了当,给"领导"汇去钱。防范此类案件,要认清套路。但凡接到陌生电话,对方在电话中称"我是你领导,明天一早来一趟我办公室",接下来要求汇款的,都是诈骗。

案例 7

医保卡里资金被人消费
——竟要将银行卡资金转至"安全账户"

"我们监测到你的医保卡有异常,里面的资金被人冒名消费,现帮你转接公安局的电话,再将银行资金转移到安全账户。"

如果你接到这样的电话,你会相信这是真的吗?

2016年八九月,无锡开始出现冒充"医保中心"工作人员的新骗局。

2016年10月7日,国庆黄金周最后一天,回家探望父母、热闹了好几天的孩子们纷纷回归各自的小巢,郭阿婆独自在家整理屋子。上午11点,她接到一个陌生来电,对方自称是无锡"医保中心"的工作人员,询问其最近是否去上海看过病。郭阿婆70多岁,身体尚硬朗,只是血压有些高,但一直吃药控制着,怎么会去上海看病?她连称没有。"那么,一定是有人冒用了,最近发生不少这样的事。"对方说监测到有人用郭阿婆的身份信息,在上海嘉定区医保中心报销15680元现金。

"怎么会这样?怎么办呢?"郭阿婆有些慌了。

"赶快报警吧。"工作人员提供了一个报警电话。

"你好,这里是嘉定区公安局刑警队。"电话拨过去,接电话的自称是上海警察,称已接到几十起这样的报案。

"你有银行卡吗?"对方问。

"有1张,是发退休工资用的。"郭阿婆如实上报。

"卡里多少钱?"

"3万多。"

"把钱转到安全账户,坏人还没抓到,你的钱放在卡里不安全。你记一下账号,坏人抓到后再还你。"

"好吧,谢谢了,想得真周到。"郭阿婆到银行把钱转入安全账户。

"你有存单吗?也取出来放到安全账户。"下午1点多,对方又来电话。郭阿婆一愣,存单在自己手里,设有密码,怎么不保险呢?有点不对头。她没理对方,打电话给女儿讲了此事。"不好,你遇到骗子了,快报警!"女儿倒是头脑清醒。

无独有偶,第二天,10月8日,也是中午,市民老高接到"医保中心"工作人员电话,说辞也是有人冒用其身份信息在上海医保中心办理医保卡,消费16000多元。紧接着,对方把电话转接至"嘉定区公安刑警队"。电话里,老高听到一个吓人的消息,对方称其"涉嫌拐卖儿童案,必须配合调查,还要将家中所有钱转至安全账户,以确认这些钱是否犯罪所得"。

晕头转向的老高来到ATM机前,按对方要求操作,将银行卡内39412元存款转账至"安全账户"。转账成功,老高查看该账户,是个私人账户,遂发现被骗。

防骗贴士

　　此类案件中,上当受骗的大多是中老年人。市民接到来历不明的电话,应先确定对方身份。社保部门如果要冻结持卡人的医保账户,绝不会通过电话询问对方的银行账户情况。如果医保卡在使用中遇到问题,持卡人可以到社保部门查询账户,切勿随意转拨电话,特别是不要轻易汇款。

案例 8

请把验证码报给我
——银行卡余额瞬间消失

黄庆在江阴一家企业的技术部上班。小伙子技术精湛,脑袋聪明,阳光帅气,整天乐呵呵的。2016年8月的一天,他接到一个疑似诈骗电话,没理睬对方,随即挂断电话,最终却还是被骗了钱。这是咋回事?

"您好,请问是黄庆先生吗?我是××网络游戏公司客服,您在我公司官网充值5600元购买游戏币,现准备发货,跟您确认一下……"号码显示此电话来自广东深圳,"客服"是个声音甜美的小姐。

"骗子!"黄庆从不玩网络游戏,不可能去购买游戏币。他意识到这是个骗局,连话都没回,便挂断电话。

电话刚挂断,又响起。"95580",这是个银行客服电话。"黄庆先生您好,我是邮储银行客服,工号12111,我们后台监测到您尾号为2777的账户有一笔异常消费,请问是否您本人操作?"

"不是,我没有操作,怎么会有异常消费,快帮我查查!"黄庆一看卡里的钱确实少了,急得大喊。

"后台监测显示您的账户被盗刷5600元,我们已经采取拦截措施,马上您会收到一条确认短信,请把验证码报给我,我帮您取消这笔交易,钱退还您卡上。"银行客服很有水平,普通话不错。

"谢谢,我看下。"黄庆马上查看验证码,报给客服。

黄庆挂了电话,没一会儿收到银行短信,他以为是钱退回来了,没有想到屏幕上显示的是转账5600元。怎么会呢?他立即拨打"95580"转人工客服:"你们刚才不是说把钱退到我卡上吗,怎么反而倒扣5600元?"

"先生别着急,您把事情前后经过说清楚。"客服也是莫名其妙。"先生,我查了一下,5600元一开始从活期转成定期,后又转为活期,最后汇出。您被假的银行客服骗了。我们不可能向您索要验证码,建议您赶快报警。"客服听完黄庆的叙述,给出上述回答。

"还是被骗了,这骗术也太高明了。"黄庆直摇头。

真是防不胜防啊!

防骗贴士

此案骗子使用了连环骗局。黄庆接到第一个电话时,这笔钱虽然显示"不见了",其实仍在其名下,只不过被转为定期,被"藏"了起来;待他接听第二个电话,假"银行客服"骗走验证码,这笔钱才真正转到骗子账户。其实,骗子已通过非法渠道事先盗取了事主的卡号和网银密码,所有"套路"只为骗取转账验证码。千万牢记,银行不会来电话索要验证码。凡是索要验证码的行为都是诈骗,千万别给!

案例 9
你黑了人家的钱
——两位耄耋老人葬送一生积蓄

尽管事情已过去很长时间,季云英阿婆还深陷自责和悔恨中不能自拔,把自己关在家里不愿见人。她自己的养老钱被骗不说,还"帮"79岁的姜阿婆把一生积蓄"送"给骗子,临了临了,欠下这么大一笔良心债。

2017年新年伊始,在无锡学前街派出所工作的校友玲玲就给笔者讲述了一个令人心酸的故事。

说起无锡中山路,那可是无人不知无人不晓的商业街。"到市中心逛街去!"这句无锡市民的口头禅,就是特指中山路。中山路地处无锡核心商业圈,是全国百家商业示范街之一。81岁的季阿婆居住在中山路一侧的一个老居民小区,两室一厅,配有厨房、卫生间,收拾得干干净净。

在这个70多平米的单元房里,季阿婆和老伴辛辛苦苦养大一儿一女。后来,子女各自有了小家庭,搬出去住了。再后来,老伴患病先她而去,剩下季阿婆独居空房。儿子、女儿都孝顺,劝她搬去一块住。她不愿意。一者,生活方式不同,还是距离产生美。再者,老房子里装满记忆,她舍不得离开。季阿婆更舍不得的是小区里的老姐妹和朝夕相处的热心邻居,还有出门就是菜场,穿过中山路就是三甲医院。老人有老人的想法,子女尊重她,只得常回家看看。

季阿婆高中文化,在她那个年代,已经算是高学历。退休前,她是单位的会计,长期与钱打交道,养成了精打细算的好习惯。她退休工资不是很高,3000元出头,刨去吃用开销,每月有一两千积蓄,存进银行"生钱"。利息虽不高,总比放在家好吧,况且安全,这些年来存下11万多。虽然看病有医保,谁能保证不发生这样那样的事。手中有粮,遇事不慌,她可不想给子女增添负担。

"您好,阿婆,我是快递公司的小刘。"2016年12月3日,周六,上午10点多,季阿婆在家拾掇鱼啊肉的,按惯例,儿子今天要来看望她。她一早去菜场,把菜买妥。家里的座机响了,来电的是个女子,她开始以为是外孙女,对方自称是快递公司的。

"我没买快递啊。"季阿婆有些纳闷。

"阿婆,我不是快递员,我要告诉您的是出大事了,您牵涉到一起刑事案件,要不要报案啊?"小刘一番话说得季阿婆心惊肉跳。她一只手捂着胸口,企图按住那"咚咚"直跳的心脏。"我不懂如何报案啊。"也是哈,季阿婆一辈子谨小慎微,从未与警察打过交道。以前孩子上户口之类的事也都是老伴去派出所办的。社区民警倒是时常上门来看看,但她从来没有想过自己会与刑事案件沾上边,一下乱了方寸,连快递公司来通知她牵涉案件这个破绽都没看出来。

"那我帮您报案吧!"小刘说完,电话"咔嚓"挂了。一会儿,电话又响起。

"季云英,你听好,我是北京市公安局曹强警长。现在已查清,你涉嫌参与一起诈骗洗钱案,是犯罪嫌疑人,要判刑坐监狱的。现在封存你的钱。"曹强警长口气强硬,说是北京市公安局的,讲话却没京味儿。

"我不是坏人,我的钱要派用场的,不能封啊!"牵涉的是洗钱案,怎么可能?季阿婆抗争。

"那我帮你向上汇报,汇报到方圆公证处,他们会帮你解决的。"曹强警长说。这事跟公证处搭什么界?真是匪夷所思。

方圆公证处果真来电,是个叫"罗刚"的主任。他对季阿婆说,不进监狱可以,但要到农业银行开个户,再开通网上银行和口令,把所有的钱转到农业银行。

"为什么呀?"季阿婆弱弱地问了一句。

"别问为什么,办案需要。"罗刚主任有点恼火。他话锋一转:"你去银行开户时,银行里的人可能会劝阻你,你别理他们,就说家里有电脑,你会操作。每天早上8点半、晚上5点,你要打电话向我汇报情况,不能告诉任何人,包括子女、亲戚、朋友,否则你就等着警察来抓你进监狱吧。"

"知道了,知道了。"罗刚的话实实在在把季阿婆吓傻了。

季阿婆再无心做事,丢下择了一半的菜出门。先去了中山路上农业银行的网点,银行休息不营业。她便乘公交车去西门网点,还是关门。她回家打电话"汇报"罗刚主任。罗刚主任同意"星期一再办这件事"。

傍晚,儿子来家,看母亲没精打采,脸色不好,关切地询问是不是身体不舒服。季阿婆压着一肚子话,多想对儿子说说,问问儿子怎么办。可想到罗刚主任"关照"的话和威胁,她忍住了,只是淡淡地说,早晨出去买菜着凉了,没事。见母亲这样说,儿子没再追问。

12月5日,星期一,上午9点,季阿婆来到中山路上农业银行的网点开了个账户,并要求开通网上银行和口令。看着一头白发的季阿婆,银行柜员有些不信,问:"阿婆,您确定要开通网银?"

"我年龄大了,腿脚不方便,所以要开通网上银行。我家里有电脑,会操作。"季阿婆的说辞,正是罗刚主任教的。

"阿婆,您真时尚,跟得上潮流。"柜员佩服得不得了,帮她办妥手续。

回家路上,季阿婆手机响了。这是女儿专门为她买的老年手机,功能简单,操作方便,声音响亮。来电者是罗主任。罗主任要她先去取钱,然后存到西门那家农行的网点。他"叮嘱",如果银行的人问为什么取这么多钱,就说儿子买房要首付,不能说涉嫌案件。季阿婆连连应允。

回到家中,季阿婆找出工资卡和3张存折。工资卡里有6000元退休金,3张存折共11万元,都是江苏银行的户头。这是她的全部家底。

到银行取钱时,柜员果真问她为什么取这么多钱,存折还未到期,损失很大的。她说,儿子要买房,首付不够,凑一点是一点。有道理。柜员给她做了张汇票,3张存折,加上工资卡里的6000元,共计116000元,全在这张汇票里。揣着汇票,季阿婆来到农业银行西门网点,把这些钱转进新办的农行卡。

季阿婆前脚刚踏进家门,后脚罗刚主任电话就跟来。他要季阿婆打开电脑,根据他的指令操作。口令、按键、转账、按键……钱转出,罗刚留下一句话:"你的问题会尽快解决的。"季阿婆听了,顿时放心。她以为遇到了好人,会证她清白,她的钱现在很安全。

5日傍晚,季阿婆拨打罗主任电话询问情况。罗主任说事情还在处理,很快就有结果。他又说:"现在需要你帮个忙,你们无锡另外有一个老太也涉嫌犯罪,跟你一样的事。但这个老太眼睛失明,不会操作电脑,你能不能帮帮她?"

"好,好,我去帮她。"季阿婆没想到还有比她更倒霉的人,同情心顿生,忙不迭答应。

12月6日一早,一个自称北京方圆公证处"夏冰"的人打来电话,让她速去清扬路上的某小区,找姜彩芬老太。季阿婆收拾出门,打车直奔某小区。

姜彩芬阿婆79岁,出身贫苦,没读过书,年轻时在纺织厂干,退休20余年间先后患上高血压、糖尿病等慢性病。血糖没有控制好,影响到视力,眼前一片灰暗,仿佛成天生活在雾霾中。尽管有诸多不便,她还是不想麻烦子女,选择独居在某小区的底楼,平日里左邻右舍挺关照她的。

2016年11月25日下午1点,正在午睡的姜阿婆被刺耳的手机铃声惊醒。对方自称是顺丰快递的,说姜阿婆犯了案。"我一个瞎老婆子,能犯什么案。"姜阿婆挂了电话,以为打错了。没想到,不一会儿又有电话打进,一名自称北京最高人民法院的男子说姜阿婆拿了别人23万元钱,涉嫌犯罪。

"你不要胡说八道,我怎么可能拿人家的钱。"姜阿婆气愤地说。

"拿没拿人家钱,不是你说了算,你问方圆公证处的夏冰主任。"电话转到公证处。夏冰对她说:"你拿了一个叫陈徽年的人23万元钱,如果你不交出来,就要坐牢。"一听坐牢,姜阿婆打了个冷战,腿一软,差点就站不住了。都是黄土快埋身的人了,还去坐牢,老脸往哪搁。再说那高墙铁窗,哪是一个风烛残年的老人待的地方。

"我不想坐牢,怎么办呢?"没了主张的姜阿婆请求帮助。无疑,这等于向豺狼求助,对方正张着血盆大口等着咬人呢。接下来,那个夏冰主任以"把钱汇到安全账户'检查'"为由,套出姜阿婆的家底,并要其开通网上银行。姜阿婆目不识丁,眼睛不济,无法照办。夏冰主任让她在家等着,有人会上门帮忙,并关照其不能告知任何熟人包括家人,否则立马发出逮捕令上门抓捕她。

姜阿婆这一等就是10天,等来季阿婆帮忙。

"终于把你等来了,快帮帮我。"12月6日上午,季阿婆上门,姜阿婆如同见到救星,连忙把自己的身份证、2张银行卡、8张存折全给了季阿婆。季阿婆以"表妹"身份到银行取款,把共计27万元现金汇到"安全账户"。

钱汇出,季阿婆将情况报告夏冰主任,对方不提什么时候把钱还回来,又要她过几天去帮一个85岁的老人转账。

8日傍晚,季阿婆再次拨打方圆公证处的电话"汇报",奇怪,一连打了5天的电话居然变成空号。"儿子,我可能遇到骗子了!"季阿婆似有醒悟,哭着打电话给儿子。

"妈,你别哭,别着急,我马上回来。"季阿婆的儿子匆匆赶到母亲家,询问事情经过。他查看来电记录,区号010,确实是北京的,但电话号码是假的。

"钱肯定被骗了。"季阿婆的儿子搀扶着母亲到派出所报案。

"我还帮姜阿婆转了账,快去说清楚。"9日上午,季阿婆在外孙女陪同下到姜阿婆家"负荆请罪"。姜阿婆一听,浑身发抖,手脚冰凉。两位老人泪眼相对,原本佝偻的脊背更弯了。善良的她们怎么也想不明白,可恶的骗子居然连老人都不放过,真是丧尽天良。两位老人的子女也深深自责,如果平时常回家看看,多问问,也许可以发现些许迹象,也许钱就不会被骗,也许……

可世上没有那么多也许。

防骗贴士

纵观此案,骗子的手段实在是不算高明,快递公司、公证处轮番上阵"办案",可谓破绽百出。善良的老人被"坐牢"吓到,养老钱被骗个精光。为防范电信诈骗,从2016年12月1日起,银行账户实施新规,用户通过自动柜员机(ATM)向他人转账,24小时后才能到账,一旦发现受骗,可以撤销转账。于是,骗子把目光转向网上银行,而且以70岁以上独居老人为目标行骗,还动员老人帮老人,真是可恶至极。因此,单身独居的老人接到陌生可疑电话,凡是涉及钱的,一定不要理睬。遇到想不明白的事或受到"坐牢""涉案"等威胁时,一定要找子女或邻居、亲朋商量,也可报警求助,切莫一个人硬扛。

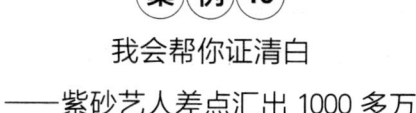

案例 10

我会帮你证清白
——紫砂艺人差点汇出1000多万

宜兴丁蜀镇,著名陶都,陶艺创作异彩纷呈,紫玉金砂享誉世界。丁蜀以紫砂闻名,紫砂更是当地百姓的"金饭碗"。据统计,截至2017年6月,丁蜀有4万多名紫砂制作者,6万多名产业配套人员,12000多个家庭作坊。宋大妈家的紫砂作坊,就是其中一个。60多岁的宋大妈和老伴都是紫砂艺人。她的老伴因手艺了得,壶做得好,在当地"紫砂圈"里颇有名气。老两口一辈子勤勤恳恳,省吃俭用,靠手艺吃饭,至今还住在丁蜀镇上一个老小区内。近年来紫砂壶市场生意火爆,老两口的作品颇受人追捧,渐渐积攒下1000多万存款。握着这笔巨款,老两口仍过着俭朴的生活。钱是存着给儿子买房的,现在的房价,你懂的。

就是这样一笔巨款,却差点被骗子的一个电话骗了,多亏警方及时发现、拦截,才得以保全。

"铁肩担道义,慧眼识骗局。"一面锦旗,表达的是宋大妈一家的感激之情。

险情发生在2017年7月10日,天空飘起绵绵细雨,给入夏的陶都送来丝丝凉意。早上,一家人吃完早饭,儿子上班,老伴被圈里朋友约去喝茶,宋大妈一人在家。上午8点30分,她的手机响了,来电显示是上海移动。因为经常有外地来电购买紫砂壶,宋大妈没有在意,按下接听键。

"您好,请问您是宋女士吗?您在上海工商银行办过卡吗?"来电的是个女性,自称上海工行客服,要核对一些信息。宋大妈纳闷,自己什么时候在上海办过银行卡啊,莫名其妙。她一连回答几个"没有",挂断电话。不到2分钟,手机又响起,这是一个以"88"开头的电话,后面跟着一长串号码(其实这是一个网络电话),来电者说宋大妈的银行卡透支15680元,必须马上还款。

"怎么可能?"宋大妈恼火地挂断电话。

"您好,我是无锡市公安局的陈浩警官。刚才,上海市公安局跟我联系,说你的卡透支了,不肯还款,到底是怎么回事?"5分钟后,手机又响,来电者居然是公安局的同志。宋大妈懵了,这是摊上什么事了?"我从没在上海办过什么卡呀。"

"既然这样,我们先核对相关信息。姓名、年龄、手机号码、家庭地址、身份证号码。"陈浩问一句,宋大妈答一声,一一核查无误。

"我帮你查了一下,你这张卡有很大漏洞,刷来刷去,资金流动量很大,总共有216万。你这是洗钱的。"陈浩告知宋大妈。随后,他加宋大妈微信,发来张公安局的"刑事逮捕冻结管制令"。这张冻结令有"中华人民共和国最高人民检察院"字样,上面写着宋大妈姓名,称其在工商银行开具非法账户,涉及拐卖儿童洗钱一案,要求其配合银监会清查资产,不配合者,将对其逮捕拘留45天,冻结名下资产1年6个月,具体由上海市公安局南汇分局执行。

"这个事情大了,我害怕。到底怎么回事?陈警官,你要帮帮我。"这是一张不合法理、漏洞百出的逮捕令,宋大妈居然信了。她急得六神无主,顾不上与老伴、儿子沟通,也没想到向朋友求助,只想着通过电话里的"公安"帮她洗清罪名。"我就是个普通老太,流动资金是有的,在银行里买买理财,可我没干违法犯罪的事。"

"你不要着急,可能是你的信息泄漏,被人盗用,实施拐卖儿童、洗钱犯罪。我们还要去查一下银行。别人用你的身份证复印件可以办理很多事情。怎么一点防范心都没有,轻易把信息泄漏出去。现在唯一办法是把钱转到'安全账户',接受清查。只要你配合,我会帮你的。如果不这样,就会被拘捕。"陈浩警官指明道路。

"是我疏忽大意了,我也不知道什么时候泄漏了信息。我听你的,我愿意配合警方调查,洗清自己的罪名。"宋大妈接受批评,入了套。

"你有几张卡?"

"我有3张银行卡。"

"你的防范意识真是太差,人家用你的身份证干犯罪的事,你还不知道。银行有人把你的信息卖出去了,所以不能去银行问。"陈浩警官又是一顿训。"现在你家里有人吗?"

"老伴、儿子不在家,有个钟点工在打扫卫生。"

"这事重大,不能让任何人知道,包括家里的人。让钟点工走人。现在你到卧室去,把门锁上,不能让人听到。"

宋大妈听从对方指令,以"有事要外出为由",把钟点工打发走。

"你的卡上总共多少钱?"这是骗子最感兴趣的。

"3张卡上总计1300万,是多年的积蓄,都在银行理财,准备给儿子买房的。"宋大妈暴露家底,还把卡号、密码通通告诉了对方。

"丁零零",就在这时,家里座机响了。

"不能接电话,手机不要挂,正在做笔录,如中断我就不管你了。"对方听到电话铃声,阻止宋大妈接电话。座机顽固地响着,陈浩让宋大妈出门,找一个空旷无人的地方接听电话,手机保持畅通,随时接受指令。

宋大妈遵命来到偏僻的小河边,手机收到验证码,她把号码告诉了对方。陈浩让她立马删掉验证码,而且不能告诉别人。他要求宋大妈回家拿上3张银行卡,带一张纸、一支笔和U盾出门去银行。

眼看1300万元就要进入骗子口袋,情况紧急!

江苏省反骗中心依托大数据即时捕捉到骗子的行踪。省、市公安干预机制迅速启动。

中午11点04分,正在丁山派出所值班的刑侦副中队长王轶接到宜兴"110"指令:"辖区有群众可能遭遇电信诈骗,立即出警寻找处置!"

派出所民警兵分几路,去家里、宾馆、银行、公园以及宋大妈可能会去的地方寻踪,宋大妈老伴、儿子和徒弟、朋友闻讯加入寻找队伍。

宋大妈的手机始终处于占线状态。其老伴反映,从上午9点多,家里的座机就无人接听,他赶回家查看,家中空无一人,而手机一直处于通话中。正在他不知所措时,民警找上门来。

宋大妈可能正在与骗子通话,也可能正根据骗子的指令在转账,时间迟一分危险就多一分。丁蜀镇镇区银行网点有十几家,民警谈尹一连跑了六七家,未见宋大妈人影,分头寻找的同事也没传来消息,他非常着急。

雨越下越大,谈尹顾不上打伞,步履匆匆,赶往解放路上的工商银行网点。接近午饭时分,大堂里人很多,有不少是避雨的。在人群里转了几圈,没有宋大妈。值班经理也提供不出任何线索。

谈尹拭去脸上的雨水,赶往下一家银行,刚跑出几十米,脑中灵光一闪,ATM机那里还没查看,他返身冲向ATM机。刚到门口,只见一个身穿紫红色上衣的老太太正向银行走来,左手打伞,臂弯里一只拎包,右手持手机正与人通话。衣着、年龄、相貌表明,此人正是宋大妈。

来者就是宋大妈,她听从陈浩指令,到银行ATM机给对方发来的账户转账。骗子在电话中耐心指导,但试了几次都未转账成功。多亏宋大妈不会在ATM机上转账,才为民警找到她赢得了时间。

"我是丁山派出所的民警谈尹,您是宋大妈吗?"谈尹上前拦住宋大妈,表明身份。处于高度紧张状态的宋大妈抬头看到一个穿警察制服的人,吓了一大跳,连忙对电话那头说:"警察来抓我了。"

"快离开银行,设法逃走。"骗子指令。谈尹抢过手机,迅速挂断骗子的电话。"大妈,你遇到电信骗子了,我们是来阻止你被骗的,不是来抓你的。"

宋大妈还没回过神来,一脸迷茫:"我遇到骗子了?"

"是的,你遇到骗子了。"谈尹耐心地给她解释了电信诈骗的作案手段以及警方发现、寻找她的过程。

"天哪,1000多万差点送给骗子。"宋大妈一听,冷汗直冒,手脚发抖,直接就要往地上倒,闻讯赶来的徒弟和朋友把她抱住。好久好久,她才缓过来。民警找到她时是12点。从上午8点半开始,3个半小时,她滴水未进,一直在说话,精神几近崩溃。

"多亏民警及时找到我,我已把卡号、密码、验证码都给了骗子,只差一个U盾,真是万幸哪。"宋大妈惊魂未定地说。

谈尹陪宋大妈到银行查询，卡内存款一分不少，当即让宋大妈对银行卡密码做了修改。

为警醒更多人，事后，宋大妈接受了多家媒体的采访。她在叙述如何一步步跌进骗局时说："我是一个很正直、正派、守法的人，从未做过坏事。骗子一开始说我透支欠债我是不相信的。但他说他是公安，还发来逮捕令，警方的办案程序我是不懂的。因为害怕，只得按照他说的去做。我当时根本不认为是诈骗，一味想着他是在帮我，在还我清白。我真的要好好谢谢人民警察。平时，我也不时听到这些诈骗新闻，从没想到会发生在自己身上，想想真是可笑。大家要从我身上吸取教训，及时认清骗子的真面目。"

防骗贴士

骗子在作案时，往往会要求上当者保持通话，一通话就是几个小时，直至钱汇出才挂机，目的是不让上当者有求证和揭穿骗局的机会。一旦遇到此类情况，要果断挂断电话，不再予以理睬。

警方要审查网上信用额度
——存款加网贷，被骗 25 万元

现如今，相信很多人听到"安全账户"四个字，就知道是骗局了。不过，进入 2018 年，此类骗局又升级了。除了"安全账户"，贪婪的骗子竟让受害人通过网贷平台借款，谓之"审查网上信用额度"。无锡的路英英接了个"警察"电话，存款加网上借款被骗 25 万元。

2018年1月5日中午,路英英在家接到一个电话,本地号码,但很陌生。来电话的是个男性,自称是无锡市公安局的"孙警官"。"孙警官"称正在协助上海警方办理一起刑事案件,说是牵涉到路英英,其涉嫌"洗黑钱"。

"不可能,我可是个守法公民呀!"路英英吓坏了。

"无风不起浪。我帮你把电话转到上海市闵行区公安刑侦队,自己去问。""孙警官"说。

"路英英,我是上海刑警,正在办理一起网络诈骗团伙案,有人供出你帮他们洗黑钱。"不一会儿,有个上海电话冲进来。

"不会的。你是不是骗子?"路英英不信。

"不信你可以拨打'114'查询。"

路英英查询后发现,那个上海号码果真是上海警方的。她相信自己遇到麻烦事了。

"这到底怎么回事呀?"路英英疑惑自己怎么就无缘无故扯上了犯罪。

"这里是上海公安局803专案组刑事侦查队,我姓王,你加我们李队长的QQ吧。"对方发来个QQ号。之后,路英英便与"李队长"在QQ上交谈。

"你是一个网络诈骗团伙的嫌疑人,现在要对你名下的资产进行清查。""李队长"给路英英发来一张有"上海市人民检察院文件"字样的图片。

"我没有参与犯罪,我是清白的。"路英英极力辩护。

"你要证明清白可以,但必须按警方的要求清查资产。""李队长"口气十分严肃。

"清就清。"路英英按对方要求,将全部24万元积蓄合并到自己的一张银行卡内,并将卡号、密码提供给了"李队长"。

"你在网上的信用额度也需要审查。你到网上去贷几笔款以验证。""李队长"发来新指令。路英英到"蚂蚁借呗""马上金融"等借贷平台上分别借了3600元、10000元、1000元转入同一张银行卡。做完这一切,"李队长"让路英英安心在家等待清查结果,"如你是清白的,钱一定会还你"。

直至1月13日下午,路英英也未等到上海警方的电话,她试着查询自己的银行卡,上面的钱已全部被人转走。她急着联系对方,却发现QQ已被拉黑,电话查无此人。这时,路英英才意识到被骗,遂报警。

防骗贴士

冒充公检法诈骗是老套路,但路英英遭遇的骗局出现了新动向,没有出现"安全账户",而是让其提供银行卡号和密码,而且除了存款,还要求通过网贷平台贷款审查,给受害人造成更大损失。银行账户和密码泄露,账户安全便全面失守,骗子即可恣意妄为。银行密码是保障资金安全的防火墙,将银行卡密码轻率地通过电话告诉陌生人,无异于自拆防火墙。在此提醒,无论什么时候,你的密码只有你自己知道,其他任何人(包括银行)都无权知道;无论什么时候,都不要将密码告诉他人。

电话骗局防范重点

随着电话、手机的普及,电话诈骗的花样也在不断翻新,名堂越来越多。较之"电话欠费"等传统的电话诈骗,"涉嫌洗黑钱"之类的诈骗手法更具欺骗性,特别是一些老年人,一听到涉嫌犯罪就吓晕了头。作案时,骗子通过软件任意设置来电号码,利用人们对国家机关的信任,冒充公安、检察院、法院、税务部门工作人员作案,令人真假难辨,一不小心就上了当。与此同时,骗子还抛出所谓中奖、退税、补贴之类的"好消息"来诱人上钩。我们要牢记以下几点:

1. 公检法机关作为执法部门,绝不会使用电话方式对所谓的涉嫌犯罪、银行卡透支等进行调查处理。公检法机关及其他部门之间也不会相互接转电话,更不存在所谓的"安全账户"。凡通过电话要求你对自己的存款进行银行转账、汇款的,或声称进行资金审查的,一概不要相信。

2. 骗子利用特殊的计算机软件,能模拟各类电话号码,接到类似电话时一定要冷静,特别是涉及钱款转账时,要立即停止。

3. 保管好自己的银行卡,切莫泄露银行卡密码,更不要轻易转账汇款。不要轻易尝试使用自己不熟悉的银行业务,如ATM机转账或网银功能。

4. 社保、税务等部门有重要政策调整或出台实施,均会通过媒体或官方网站、微信公众号等正规渠道公告。接到类似的可疑电话切莫轻信,要及时向相关部门咨询求证。

第二章

短信骗局

手机短信在带给我们无限方便的同时,也带来诸多风险。曾经,几乎在同一时间,无锡上千手机用户都收到了同一条来自"95588"的短信。"紧急通知:您的电子密码将于次日失效,请登录网站 wap.×××××.com,激活密码器,进行系统升级。给您带来不便,敬请谅解!"于是,有一些持有工商银行卡的人登录网站,根据提示输入卡号及动态验证码,结果,卡里的钱被转走了。

登录银行网站,为何钱被转走?警方接到报案迅速出击,将 2 名躲在出租屋利用伪基站群发诈骗短信的骗子当场抓获,并抓获 3 名正在街头流动发送虚假信息的作案者。

随着手机用户的增多,越来越多的骗子使用短信群发器和群发软件等专用工具,在短时间内向某区域大量用户号段发送虚假信息。一次发出成千上万条信息,总有上当的。随着人们认知水平的提高,短信中的语言和内容也是日新月异,不断变化,极其诱惑,"恭喜您中奖了""提供内部试题""领取政府补贴"之类的短信就是这样来的。

信息社会,我们需要有辨别信息真伪的能力,否则,吃亏的还是自己。

案例 12

银行卡欠年费
——"老江湖"也上了当

在无锡一家大公司销售部当经理的李杰,这么多年走南闯北,足迹遍布全国,也算是经过风浪、见过世面的"老江湖"了。可他还是被骗子忽悠了一把,骗走 49800 元。多亏他及时醒悟,才避免更大损失。

这是 2011 年夏天发生的事。中午 11 点多,销售部开完会,会议室里人散尽。李杰收拾报表、茶杯等准备回办公室,一条短信冲进手机。发来短信的是一家银行,称其所办的一张银行卡被激活,欠缴年费 1200 元,要求其在 2 天之内到网点缴费,逾期将从他的其他银行账户内扣除。如有疑问可拨打银行客服热线,短信后面附了个客服电话。

李杰有些纳闷,自己确实在这家银行办了几张银行卡,但使用正常,信用良好,从不欠费。"是不是银行系统出错,错发短信?"李杰担心银行从其他账户扣钱,根据短信里留的联系电话打过去。他要问个清楚。

其实,这是一条诈骗短信,骗子是通过群发器将短信发到受害人手机上的,号码也是随机的。一旦回拨,便有可能跌入圈套。

"你的银行卡消费很大,最近在商场购物,还在酒店消费。"电话接通,对方自称"银行工作人员",话筒里传来敲击电脑键盘的声音。

"我这段时间没出差,一直在公司,哪来这些消费?"李杰有点愣怔。

"你这种情况可能是证件被人盗用了,如果这样,你其他银行卡也危险了。""银行工作人员"一番话令李杰更加担心。这些年,他在职场上打拼,颇有成就,几张银行卡里的钱加起来有上百万。如果身份被人盗用,账户里的钱随时可能被人取走。这可是全部家底,改善生活还指着这些钱呢。

"那怎么办呢?"李杰来不及思考,也没找人问问,便向对方求助。

"这可能涉及案件,赶快向公安局金融科报案吧,我帮你把电话转过去。"

"银行工作人员"倒是替"客户"着想。

"这里是公安局金融科。"电话转了过去,李杰把情况说了一下,听到这样一番话:"你的个人资料泄露了,你的银行卡已涉嫌犯罪。要证明你的清白,必须到自动取款机上去验证你的资金,给资金做保全。"

李杰没想到情况如此严峻。销售市场如战场,每次遇到竞争对手,他都不慌不忙,沉着应对,也算是"老江湖"了,这次不知怎的就慌了手脚,一心想的是卡里百万资金不能有任何差池。

下午还有个会议,他顾不上吃午饭,请了假,赶到离公司最近的ATM机。

"把银行卡插入取款机,然后输入密码……"按照"公安局金融科警官"的提示,李杰一步步操作。

"你先等等,我正在打开升级保护密码。"话筒里传来敲击电脑键盘的"嗒嗒"声。"好了,保护系统已启动,这是条码,现在你按转账键。"条码输好,对方让李杰将一个"49"开头的升级保护系统的安全密码输入取款机转账金额处,接着输入银行卡号。

这个所谓的升级保护系统的密码其实是骗子想要转到自己账户上的金额。自动取款机上,银行卡每天的转账额不能超过5万元,骗子常常把转账金额控制在5万以内,一般是49760或49800。李杰做梦也没想到输入的"49800",正是从自己银行卡上转出的金额。折腾一中午,终于给银行卡完成了升级保护,他稍感放心。回到单位,灌下一杯凉茶,吹着空调,冷静下来,他仔细回忆事情过程,觉得有些蹊跷。想起前几天电视上公安机关的提醒:接到来历不明的电话、短信,一律不要到取款机上去操作。他立即打"114"查询某银行的客服电话,与短信上的并不相符。找公安局的熟人咨询,人家压根没有"金融科"这个部门。

"上当了,我被骗了。"室内凉飕飕的,李杰额头上冒出密密的汗珠。

像李杰这样上当的,大有人在。短短一个月,无锡警方就接到47人报案,案额超百万元。

民警拉出十几米长的转账单,账户各异,账户人也不同,开户地址更是遍布各地。警方大海捞针,历经曲折,线索集中到一个叫苏智的人身上。

苏智30岁出头,福建安溪人,在广东惠州经营茶庄,兼营网店。茶庄开在一个偏僻巷口,十几平米的门面,茶叶品种寥寥,门可罗雀,只一个小姑娘守店,苏智十天半月露次面。生意虽惨淡,苏智的日子却过得滋润。他与妻儿居住在惠州市中心的高档小区,三室两厅,装修豪华。

苏智虽不去茶庄上班,也不在网上卖茶,却每天夹个公文包,朝九晚五上下班。苏智上班的地点在紧邻其家的另一个小区的905室,也是三室两厅,进出人员复杂,有男有女,常常深夜还在打电话,吵吵嚷嚷,邻居意见颇大。

早上7点半,苏智一如往常到"905"上班,推门一刹那,突然被人扑个嘴啃泥。室内2男3女,有的正发短信,有的正打电话。十几个精壮汉子现身,他们一个个惊如泥塑木雕。

苏智一伙,正是李杰等几十人被骗案的始作俑者。这个团伙成员均为安溪人,至落网共作案200余起,江苏、浙江两省是重灾区。

防骗贴士

短信诈骗有许多变种,在银行短信骗局中,除李杰遇到的"银行卡欠缴年费",还有诸如"升为优质客户提升额度""开展回馈客户活动"等。凡收到"银行卡欠年费"之类的短信,应直接向银行客服咨询,而不是通过诈骗短信提供的联系电话咨询。银行客服电话是全国统一的,常见银行客服热线如下:中国银行95566;工商银行95588;建设银行95533;农业银行95599;交通银行95559;招商银行95555。

案例 13

还是打到农行卡号上
——30万元汇进骗子账户

惠峰做梦也没想到,自己会因为一条借钱短信,阴差阳错,害生意伙伴陈松损失不少真金白银。

而立之年的惠峰是个体经营者。做生意最要紧的是交朋友、聚人气。惠峰性格豪爽,为人仗义,从不缺朋友。你看他整天电话接打不停,办公室里人来人往,人缘之好,可见一斑。

2012年新年刚过,一天上午,惠峰正与客户洽谈业务,接到阿娟的电话:"惠峰老弟啊,最近厂里想进批货,资金一时周转不开,能否借我30万?"阿娟是个爽快人,开门见山。

阿娟是惠峰的圈内人,都是做带钢(钢材的一种)生意的。不过,她做的是热轧。平时,大家经常在一起品品茶,喝喝小酒,交流交流市场信息。他尊称阿娟"大姐"。资金不足,调调头寸,常有的事。只是这一阵惠峰手头也紧,挤不出这么多钱。他不好意思拒绝,大姐的忙是要帮的。

"大姐,你放心,一会儿给你回音。"惠峰挂了电话,想到另一个朋友陈松。陈松生意做得比惠峰大,挺仗义的一个人,惠峰的事就是他的事。他说:"这个忙要帮!"

"那让阿娟将银行卡号直接发你手机?"

"好的。"

"还是打到农行62284817111××××××卡号上,张翠云。"事情就这么凑巧,陈松挂了惠峰的电话不到10分钟,手机响起短信提示音,屏幕上跳出一串账号。这陈松也真粗心,他以为"张翠云"是阿娟厂里的财务人员,马上派人到银行把30万元汇到"张翠云"账户里,并把银行的转账记录打印凭条给了惠峰。

"钱汇了吗?"说来也巧,就在陈松与惠峰闲聊时,阿娟来电催问。

"汇啦,你没收到吗?"惠峰惊讶。

"没呀,咋回事?"阿娟也觉得奇怪,她相信这个老弟不会忽悠她。

"不好,钱汇到别人账户了!"惠峰仔细查看陈松给的凭条,收款人姓名、卡号均不对。陈松慌了,点开短信,阿娟的短信赫然在目,只是比"张翠云"晚5分钟。

"一定是遇到骗子了!"惠峰和陈松一阵风似的冲到银行。一查,30万元巨款确实汇到了陌生人的账户。

"赶快报案！"银行工作人员提醒。

但凡电信诈骗,骗子用于接收被骗人钱款的账户不可能是实名账户,往往是用假身份证或他人身份证到银行开立的账户。钱款一旦到账,即层层转账,化整为零,最后在 ATM 机上提现。骗子多个账户交替循环使用,几十万几百万甚至上千万资金到账后,很短时间内即能取走。

此案也是如此,待民警到银行一查,骗子已采用上述手法取走 13.5 万元。陈松、惠峰在一旁看得目瞪口呆:"这骗子真是厉害啊！"在银行的协助下,对方的银行卡被临时锁卡。

魔高一尺,道高一丈。在与电信诈骗这种非接触式犯罪博弈中,公安民警擒骗的本领也与时俱进。你从银行卡里骗钱,我就从银行卡里寻找蛛丝马迹。民警循线查下去,取款地直指湖南娄底。

娄底是湖南省一个重要省辖市,这里文化厚重,人杰地灵。娄底市下属的双峰县系湘中名县,曾国藩、蔡和森的故里,近年来却因诈骗致富出了名。2007 年以来,这里走出数量众多的诈骗犯罪者,一度被媒体称为"假证之乡""电信诈骗之乡"。据了解,高峰时从峰县有上万人在外从事诈骗活动。这些人在娄底或者更远的城市租房作为窝点,疯狂作案,受骗者遍布全国各地。

陈松被骗一案取款地在娄底,作案者完全有可能隐身该市。办案民警连夜驱车前往湖南,于 12 日中午抵达目的地。可惜还是晚了一步。当他们来到银行冻结涉案银行卡时,因临时锁卡的银行卡已解锁,骗子又分 2 次取现 2 万元。在娄底银行的支持下,警方及时、果断、快速冻结了卡里 14.5 万元余额。

民警调取到相关时间段的取款监控录像,初步确定取款人系一年轻女子,还有一名男青年陪伴。顺线追踪,查明该女子叫王玲,无业,1988 年出生,娄底市梓门镇人。

拔出萝卜带出泥,取款人浮出水面,幕后人随之大起底。王玲的同案是其姐夫谭力、姐姐王燕,陪王玲去取款的则是谭力的外甥秦强。

时年 35 岁的谭力系湖南双峰县人,他是个诈骗老手了。其虽然无业,用钱却很潇洒,酒店、宾馆常见他的身影,麻将台上也少不了他,输赢还不小。他的钱从哪里来?

在追查资金流向时,民警查到不久前,有一笔14万元的款项存入王燕名下的一张银行卡。王燕没有稳定的经济来源。无疑,这是诈骗所得。

双峰县洪山殿镇泉水村,刚刚下过一场小雪,土路泥泞、坑洼。一栋平房窝在村口,大门紧锁,窗户洞穿。这是谭力、王燕夫妇的家,与周边村民的三层小楼格格不入。

村人反映,谭力夫妇户口虽在村里,人却早已不着家,听说在娄底城里买了房子。其他的,村邻不愿意透露过多信息。

"他们夫妇没有工作,哪来的钱在城里买房,城里的房在哪个小区?"民警问。无人作答。村民们纷纷散去。

民警们返回娄底寻踪,查到房主"王燕"的一套住宅。这套商品房位于市中心"姑苏名园"小区。小区内小桥流水、绿树成荫,颇有江南韵味,是个高档小区,没点实力是进不去的。谭家买的是底楼,有个宽敞的院子,院子前停着一辆全新的本田轿车。

老巢曝光,4名诈骗疑犯无一漏网。房内有个房间改造成了工作室,黑洞洞的室内,电脑闪着幽幽的蓝光,桌上堆满短信群发器、银行卡、手机,还有记满手机号码的纸条。面对确凿罪证,谭力低下头,他知道,等待他的又是高墙铁窗。

在双峰乡下那个偏僻的小村里,靠坑蒙拐骗发财的人还不少,而且骗术繁多,紧跟"潮流"。2005年,谭力与人结伙,用PS技术合成一批淫秽照片,专门向江浙一带发送彩信进行诈骗,钞票哗哗地来,不久他就在娄底城里买了房。他干得更欢,没想到栽在浙江警察的手里,当年11月被判刑入狱。2009年,假释回家,他不敢轻举妄动。2011年11月,假释期满,他那颗不安分的心又开始蠢蠢欲动。妻子王燕一开始不愿意。丈夫坐牢那几年,她带着年幼的女儿艰难度日,孤独、贫困、无助,不堪回首。丈夫又要去走犯罪老路,她百般劝阻,吵了几次,都没有说服谭力。再后来,在丈夫"女儿上学要钱,将来要让她过好日子""诈骗来钱快,做几笔大的就歇手"的说辞下,她选择默认,最终沦为同伙。

歇手五六年,谭力不知"形势"如何。他设宴请客,向人"取经"。酒酣耳热之际，有人"传经送宝"，只要上网，什么都可以办到，不仅能代办短信群发器、银行卡、电话卡，还有人帮忙发短信，自己在家坐收渔利，等人送钱上门就行了。

谭力当即买来电脑，通过网络找到代办人，订购作案用银行卡、手机卡，然后又以2300元的价格，雇人向江浙地区狂发10万条短信。据其落网后交代，江浙沪经济发达，资金来往频繁，往往发送银行卡账号、持卡人姓名转账汇钱，如果短信凑巧发到正要汇款人的手机上，便会以为是熟人发过来的，从而把钱汇到指定账户。陈松正是不慎跌进这样的陷阱的。

谭力是个聪明人，他知道自己和老婆无业，频频到银行取钱会引人注目，便以取1万给500元"跑腿费"为诱，聘请小姨子王玲、外甥秦强为他取钱。王玲在娄底小商品市场摆摊卖低廉服装，借住姐姐、姐夫家，整天风里来雨里去，吃喝得口干舌燥，赚不到几个小钱。她心里明白姐夫的钱不干净，但只要有钱挣，管它干净不干净。秦强大学毕业半年多，找工作四处碰壁，宅在家里啃老，心里不是个滋味。舅舅有邀，他欣然应允。

2012年1月10日、11日，10万条短信分批发出。谭力天天聚众打牌赌钱。11日那天中午，他照例外出赌钱，出门前关照王燕："注意手机，收到汇款信息就打电话给我。"下午2点多，桌上十几部手机中的1部果然响起短信提示音，点开一看，王燕兴奋得差点跳起来。"您尾号××××的卡现转存现金299950元。"这笔钱正是陈松收到短信后到银行汇的。

"阿力，进鸡了（诈骗暗语，指有人汇钱了），几十万呢！"接到王燕电话，谭力麻将牌一推，飞奔回家，立马指使王玲、秦强化整为零，将这些钱分别从取款机上取出，存入王燕的账户。王玲分得3000元"跑腿钱"，秦强拿到1000元。

谭力不是没想到会再次被抓，特别是银行卡两次锁卡，他察觉事情不妙，可一想无锡距娄底1100多千米，山高路远，且他用的是假身份，警察肯定找不到。他太过自信了。

看守所的大铁门"咣当"一声关上。夫妻、姐妹、舅甥在牢房"相聚"。想到11岁的女儿，王燕泪眼婆娑，父母双双入狱，会给孩子造成多大的心理伤害？本意是想给女儿一个美好的未来，结果落得自己身陷囹圄，孩子过早经历人生的磨难。一失足成千古恨,她恨自己经不住金钱诱惑,丧尽天良与丈夫合伙骗人,还将青春年华的妹妹、外甥拖进深渊。

> **防骗贴士**
>
> 　　陈松是幸运的,警方为他追回大部分被骗款。在谴责骗子的同时,他深深自责"太粗心了"。相信有陈松这样遭遇的不在少数。但凡与生意伙伴或亲戚朋友有资金往来,一般不要通过发手机短信的形式。确需短信发送账号、收款人姓名的,一定要在收到短信后打电话与对方核对。一旦发现被骗,第一时间报案,或许能追回被骗钱款。从 2016 年 12 月 1 日起,银行实施新规,用户通过 ATM 机转账,资金在 24 小时内可以封堵。

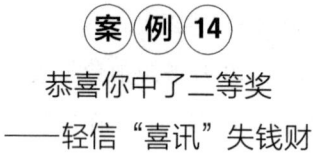

案例 14

恭喜你中了二等奖
——轻信"喜讯"失钱财

　　在中国最南端,有一个地方叫海南,别称琼崖、琼州。海南岛是仅次于台湾岛的中国第二大岛,这里资源丰富、风光旖旎、景色秀丽、气候温润、长夏无冬。从海南省会海口往西北方向 130 多千米,濒临北部湾处,有一个叫儋州的地方。

　　洪能起、陈其乐生长在离儋州几十里地的海边渔村。2 人均为 1988 年生人,属龙。小渔村的人有点重男轻女。洪能起有 2 个姐姐,洪能起自打出生就受到父母的千般宠爱,姐姐的百般呵护。起名"能起",就是希望他既聪明能干,又能扛起传宗接代、光宗耀祖的重任。陈其乐家情况差不多,其出生时,大姐已上初中。尽管家中经济窘迫,好吃、好玩的依然都尽着他。父母的期望很简单,希望他其乐融融,永远快乐。

洪家、陈家紧邻着,两男孩打小滚在一起,风里浪里,捕鱼捉蟹,度过无忧无虑的童年。一起背上书包进学堂,小学、初中、高中,两人同进同出,同窗12载,不是兄弟,胜似兄弟。2005年,黑色7月,高考发榜,陈其乐败北,垂头丧气在家窝了1个月,父母筹资送他去驾校培训,当年年底,他成为海口市一家海鲜酒楼的运货司机,每月收入四五千元。

在亲朋的祝贺声里,在村邻羡慕的目光中,洪能起带着对未来的美好憧憬,意气风发跨进大学门。孰料专业冷门,4年后,洪能起揣着一纸大学文凭,却找不到工作。他无颜回乡,与几位同学结伴去广州打工。流水线上的活丢份,建筑工地太苦,创业没有资本,混了2年,没混出一点名堂。2010年夏天,他硬着头皮回到小渔村,宅在家里当"啃老族",与电脑、手机为伴,过着晨昏颠倒的日子。偶尔,他会到海口找陈其乐玩耍。

一来二去就是两年,转眼到了2012年。2012年新鲜事物真多,《中国好声音》就是其中一桩。《中国好声音》是由浙江卫视联合星空传媒旗下灿星制作强力打造的专业音乐评论节目,刘欢、那英等"大腕"担任导师。该节目自2012年7月13日首播,受到人们的狂热追捧,洪能起便是铁杆粉丝。

洪能起喜欢唱歌,《中国好声音》他一期不落。每期节目结束,他余兴未尽,总要到网上聊天室聊聊,七扯八拉到凌晨。一天深夜,他在聊天室里看有人在利用《中国好声音》行骗,上当的人还不少。当夜,他难得失眠了,睁大眼睛看着窗户发呆,月光洒到床上。

这几年,因为无业,他活得很窝囊,一个大小伙子窝在家里吃闲饭,母亲虽一如既往宠他,但她那担忧的神情让他心酸。父亲日渐沉默,经常喝闷酒,家里没有一丝生气。两个姐姐出嫁了,家境一般。他曾尝试去借点钱创业,但看到姐夫那厌恶的眼神,他把话缩回肚里。现在有这么个赚钱门道,何不去试试?他知道这是诈骗,是犯罪行为,可为了钱,他顾不了那么多了。不冒险哪来收获?!

骗钱也要成本,洪能起口袋里一文不名。2012年9月底,他乘车到海口找陈其乐。兄弟相见,少不了把酒言欢。"阿乐,我这有个赚大钱的道,你要有兴趣,我们一起干。"喝得高兴,洪能起托出自己的计划。

"赚大钱,好啊。"陈其乐每月收入固定,吃用开销绰绰有余,但要想今后在海口这个大城市生根,买房娶妻,没有钱是不行的。一听有钱赚,对方又是自己兄弟,他咋能不喜。

"最近有人利用《中国好声音》场外抽奖弄钱,我们也可以弄。"洪能起已在网上研究了一番。

"这不是诈骗吗,警察找上门咋办?"陈其乐有些害怕,他没想到弄钱的办法是"骗"。

"别怕,我们躲在暗处,再说骗的又不是本地人,我们找远一点地方的人整,警察找不到的。"其实,洪能起也有这担心。但此时,他还是对兄弟拍胸脯。

"那好吧。"陈其乐喃喃。

"做这事要成本,启动资金6000元,我们各出3000元,用于租服务器和群发短信,利润平分。"洪能起早就算好账。

"我这就给你。"陈其乐掏出银行卡,欲去取款。

"阿乐,我最近手头紧,我那3000元你帮我出,算我借你的。"洪能起有些难为情。陈其乐倒爽快,二话不说去ATM机上取了6000元现金给他。

回到家中,洪能起认真做"功课",埋首电脑"拜师学艺"。看到一向懒散的儿子终于振奋,年迈的父母脸上露出笑容。他们何尝知道,自己的儿子已一脚踩在犯罪边缘。

"听说《中国好声音》是个不错的赚钱门道,谁能提供帮助,报酬优厚……"2012年国庆节期间,洪能起在论坛里发了个帖子。不到一个小时,有人联系他。对方自称网络高手,"一条龙"服务溜溜的,既可以帮他建立《中国好声音》虚假网站,办妥"400"打头的网络电话,还可以提供跑腿取钱的"马仔"。洪能起一听,正中下怀,当即将"好消息"通报给陈其乐。2人以1000元购1万条短信、每月400元维护网站的价格,与对方在网上谈妥交易。

2012年10月14日一早,洪、陈转账1000元之后,1万条诈骗短信飘过海洋,飞过高山,飞向2000多千米外的太湖之滨——江苏无锡。这也是他们预先密谋的,江南人富裕、钱多。信息发出不到1个小时,就有人来电询问领奖事宜。

"我们要发财啰!"大清早的,这对发小打开啤酒庆祝。

第一个上当的人叫阿海,二十四五岁,居住在无锡新吴区(原新区),每天朝九晚五,是一家企业的工人。这天,正是周日,早上7点30分,他尚在沉睡,清脆的手机短信提示音扰了清梦。点开一看,是条喜讯:"您好,恭喜您在《中国好声音》电视栏目场外观众抽奖中获二等奖,奖金198000元,还有苹果笔记本电脑1台。领奖事宜请与××××联系,联系电话4006××××××。"

"这不是真的吧?天上掉馅饼了?"阿海揉揉眼睛,手机屏幕上清清楚楚,确定不是做梦。他正想买台笔记本电脑,这不,送上门来了,还是"苹果"牌的。可惜他独居一室,无人分享惊喜。顾不得起床洗漱,他急不可耐拨通那个联系电话:"我真的中奖了吗?"

"先生,您确实中奖了,恭喜您。请您提供银行卡号和邮寄地址。"接电话的是一个男子,一口不太纯正的普通话。

阿海直奔主题:"领奖要办哪些手续?"

"需交2700元保险费,200元邮费。"

"好,我立马去汇钱。"阿海从床上一跃而起,冲到银行汇出2900元现金,随即与对方通话,"何时能领奖?"

"别着急,正在与税务部门沟通。"领个奖与税务部门有什么关系?阿海没想通。他脑子里全是中奖的喜悦,哪儿顾得上去论证这件事的真伪。

"领奖的事在税务部门卡了壳,需交10%的税费,共1.98万元。"上午10时,阿海的手机响起,是"《中国好声音》工作人员"来电。

"这么高的税?"阿海有些犹豫,银行卡里只有2万多元存款。想到2900元已付出,奖金、奖品又是那么诱人,不拿可惜,他硬着头皮去银行汇出1.98万元。不一会儿,对方来电告知:"奖金、奖品已寄出。"

那几天,阿海天天偷着乐,工友问他遇到什么好事了,他故作矜持,不予回答。他想等奖品到手后扔个"炸弹"。事不遂人愿,时间一天天过去,阿海翘首以盼的奖金、奖品石沉大海,那个联系电话再也打不通。他意识到事情不妙,一问周围的人,不少人也收到这样的"中奖"短信,这压根就是个骗局。

"翻船了,真是脑残!"阿海懊恼地直揪自己的头发。他未敢向家人和工友透露半点儿上当受骗的事。

在派出所,阿海遇到阿旺,也是来报案的。阿旺的遭遇与阿海一模一样,只是他在汇出 2700 元保险费后,察觉事有蹊跷,及时收手。

2012 年 10 月中旬,无锡有几千人接到所谓的《中国好声音》中奖短信,其中 5 人上当被骗。警方成立专案组侦查这串案件,经过 1 个多月的奔波、排摸,确定骗子藏身海南。

再说洪能起、陈其乐牛刀小试,钞票源源而来,1 个多月诈骗得款 20 余万元,刨去成本,每人分得 10 万元。两人偷乐,按照这样的进账,成为富翁指日可待。

然而,如意算盘很快打碎。2012 年 12 月某日凌晨,洪家的门被拍响。"谁呀?"洪父打开门,一群便衣警察冲进儿子房间。电脑记录、手机、银行卡、短信群发器,罪证确凿。

"咔嚓",冰冷的手铐锁住洪能起的双手,也冰冻了他父母的心。辛辛苦苦培养一个大学生,竟然沦为罪犯,天明消息传开,怎么面对村邻的目光。

同天凌晨,陈其乐在海口市其供职的海鲜酒楼宿舍落网。

在贪欲的驱使下,一对发小、同窗,一起沦为囚犯。两人在无锡市看守所聚首,心情可谓五味杂陈,还有些许悔恨。

> **防骗贴士**
>
> 手机用户没有参加抽奖,却收到中奖短信,这是典型的诈骗手段。骗子利用热播节目的名义,向人们发送"中奖"短信,然后以各种借口实施连环诈骗。抽奖活动一般采取电话抽奖、现场抽奖或到现场兑奖等方式进行,所需个人所得税等各种税费均会从奖金中直接扣除,不会要中奖者事先支付。"中奖"事大,切莫"独享",千万要记得和家人、同事、朋友"分享",听听大家的意见。

案例 15

辅导中心可提供绝密试题
——考建造师欲走捷径反进套

"一级建造师考试,提供绝密内部题,比去年更准,可拿证后给钱。联系电话156××××××××,QQ 758××××。"2013年8月13日上午,正在工地上忙碌的姜达收到这样一条短信,他心里一动。

姜达大学本科毕业,学的是建筑专业,在一家建筑公司上班,可谓专业对口。他头脑聪明,已有7年工作经历,有一定实践经验,但因没有一级建造师的硬"派司",无缘项目经理。自工作满4年,他每年都报名参加考试。可一级建造师通过率很低,他每次都名落孙山。姜达锲而不舍,这年又早早报了名。为了迎考,这样那样的复习资料买来一大堆,白天上班跑工地,晚上挑灯夜战,脑子里装满复习题,总感到没有底。不期而至的短信,似乎让他看到希望。

"真的吗?"姜达欲拨打那个联系电话,又停下来,"现在国家管理这么严,哪来的内部题?再说,即使有,这不是作弊行为吗?"他思想斗争一下午,还是未能抵御住诱惑。傍晚,他试着拨打那个联系电话。

"您好,这里是××辅导中心。"接电话的是一女子,听上去挺专业的。

"你们真能拿到一级建造师的试题吗?"姜达小心翼翼提出疑问。

"当然,我们是专业辅导机构,与考试中心有合作关系,有特殊渠道。"那女子说得斩钉截铁。

"你们的试题是真的吗?"姜达还是不信有这等好事,追问一句。

"100%的原题和标准答案,如假包换。放心,保证你通过。"

"那一套题多少钱?"

"不贵,4500元。"

"我再想想。"姜达搁了电话。

姜达这一想就想了10余天,下不了决心的原因是如今各类骗局防不胜防,他怕中圈套。他不急,人家倒急了。8月23日晚,辅导中心那个女工作人员主动打来电话:"你怎么说,再不买就没有机会了。山东的王婷考会计师,3年没通过,去年用我们的题,高分过了。还有辽宁的李三宝,也是考一级建造师,去年也如愿以偿,今年专门介绍几个人来买我们的题。不信我给你电话,你可以联系他们咨询。真的是物有所值,机不可失哦。"

"是吗?"姜达还是有些疑惑。

"你这人怎么这样不信任人,你不会以为我是骗子吧?实话告诉你,这次搞到试题和答案不容易,如果需要,必须先付款,后给题,质量绝对保证。"对方似乎有点恼火,挂了。

一级建造师考试的日子是9月22日,眼看考试日子一天天逼近,专业资料不知看了多少,复习题更是做了不计其数,望着桌上那厚厚薄薄的书籍,姜达脑子里一团糨糊。"不如搏一把吧。"根据辅导中心提出的预付款方案,他通过网银汇去4500元购题款。对方承诺,考试日前3天,即9月19日,提供试题及答案。

时间一晃而过,19日那天一早,姜达分分秒秒盯着手机静候佳音。中午,短信姗姗来迟,内容令他目瞪口呆:"如要答案,还要交3000元。"

"不是讲好4500元吗,怎么又要钱,真是不守信用。"姜达心急火燎拨通对方电话。

"帅哥,别发火,我们也不想这样的。这次的题实在是太难弄,总部刚刚发通知要求加价。要不,我向领导汇报,商量商量,给你搞点优惠。"女工作人员挺有涵养,态度颇诚恳。

10分钟后,对方来电,打对折,交1500元。4500元既然给了,总不能为了这1500元拿不到题吧。姜达硬着头皮汇出1500元。岂料,钱刚汇出,对方便人间蒸发,电话关机。对方私人的QQ也把他拉到了黑名单。

"真是偷鸡不成蚀把米,捷径走不得啊。"姜达自怨自艾好长时间,考试结果可想而知。

仅仅 8、9 月,像姜达一样想走捷径到网上买题中了圈套的,在无锡地区就有 20 多人,涉及的专业考试除建造师,还有会计师、约剂师等等,可谓门类齐全,无所不包。当事人上当受骗的过程,与姜达的经历无异。被骗金额 5000 元到 10000 元不等。可以确定,他们是被同一伙骗子骗的。

顺着银行汇款、取款轨迹,无锡警察辛苦奔波 2 个多月,在湖南长沙锁定骗子行踪。12 月 3 日晚,该害人团伙被彻底摧毁,8 名团伙成员无一漏网。

团伙头目周明系湖南人,无业。自 2011 年 11 月起,他纠集八九个男男女女,结成诈骗团伙,先后在重庆、长沙租房为据点,配备电脑、手机、无线上网卡等作案工具,以"辅导、助考"为幌子,虚构通过内部途径获得各类专业考试试题、答案的事实,群发短信,诱人上当,骗取钱财。一年多里,全国有 500 余人上当受骗,遍及 22 个省(市),涉案金额数百万元。

据周明交代,每年都有五花八门的专业考试,他们通过非法渠道购得参考人员的信息,群发短信,漫天撒网。发送的内容是:"考生你好,我们有 ×× 考试的内部资料,如需要,请联系客服,联系电话××××,QQ 号××××。"一旦有人心动,电话或 QQ 联系,客服便穷追不舍,想尽办法让人掏钱。钱到账,客服瞬间消失。

19 岁的张炜加入团伙不到 1 个月,短短二十几天里,底薪加提成拿到 5 万元钱,数目之大着实让人吃惊。张炜说,他在一个偶然场合认识周明,留下联系方式,加了微信。后周明主动联系他,让他跟其干,保管发大财。其时,张炜正为找工作焦头烂额,当即决定去试试。"上班"第一天,他就成交一单生意,拿到第一笔提成 1000 元。他感觉这工作既轻松又赚钱,真心不错,因此非常努力。即使后来知道这是骗人的勾当,他已然无法拒绝高收入的诱惑,越陷越深。真是上贼船易,下贼船难啊。

张炜说,那些要参加这样那样资格考试的人,或多或少存有侥幸心理,正是这种侥幸心理,才让他们有机可乘。加上媒体、网上时不时有考试试题泄露的报道,一些人看了难免有几分相信。再加上我们每天都给他们打电话,第一个电话可能不相信,打多了,胃口也就吊起来了,慢慢也就相信了。张炜还说,打电话还得有技巧、有套路。一是热心、诚恳,二是换位思考,站在考生角度说话,让人感到设身处地为对方着想,因此,成功率还是挺高的。

> **防骗贴士**
>
> 每年各类考试前夕,不少考生都会收到类似"绝密考题""交钱包过"等短信,这类信息多是骗子趁机采取的诈骗伎俩。由于买试题作弊本身就是违法的,更多的人在上当后只能选择吃"哑巴亏"。提醒将要参加各种资格考试的人们:首先,应凭素质和能力参加考试,自我约束,诚信考试,遵守考试纪律和规定,远离作弊,切不可存侥幸走捷径,既失诚信又失财;其次,切勿轻信任何渠道提供的所谓试题、真题和答案。国家考试的相关试题有严格的保密要求,各种职业资格考试和公务员、研究生招考等考试题在启封并使用完毕前,包括答案及评分参考,属国家"绝密级"事项,任何声称可以提供答案者,一定是骗子。

你的邮包藏有毒品
——莫名惹上"毒案",损失 2 万元

顺丰、圆通、申通……近年来,快递行业风生水起,到邮局寄邮包的人日渐稀少。在家坐等快递员上门服务,何等方便,谁还会费时费力跑邮局。

徐大宝与时下大多数年轻人一样,也是"快递一族"。2014 年的一天,他收到邮局"有你包裹,因发件人填写的地址不详,无法派送"的短信,着实"穿越"了一回。

"这年头,谁给我寄包裹呢,会不会是父母寄玉米渣子来了?"徐大宝暗忖。大宝出生在歌里面唱的那片黄土高坡,漫山遍野玉米、高粱。春天是迷人的青纱帐,秋天则是一幅金灿灿的丰收图。他吃玉米渣子粥、高粱饼子长大,大学毕业来到江南,天天大米饭、白馒头,还真惦念那稠乎乎、香喷喷的玉米渣子粥,又好喝又耐饥,且营养丰富,据说常食还能防癌抗癌,预防心脏病等,好处多多。过年回家,他一口气喝下两碗,真是纯正的家乡味道啊!妻子笑话他是吃粗粮的命,母亲乐呵呵地说:"儿啊,你爱喝,新苞米下来的时候我给你寄。"父母不识字,更不会找快递,一定是跑到镇上邮局找人代寄的,地址没说清楚。想到这里,大宝拨打了短信提供的那个客服电话。

"您好,这里是××邮政局。"客服的普通话透着南方腔调。

"我叫徐大宝,刚才短信说有我包裹,因地址不详无法投寄,我的住址是……,请问包裹是陕西寄来的吗?"大宝一口气说了这么多。

"别着急,我帮你查查,稍等。"只听电脑按键一阵乱响,客服回话,口气骤然严肃:"徐先生,你确实有个包裹,是从云南大理寄来的。经例行检查,里面藏有冰毒,还有一张存有30余万元涉毒资金的银行卡。目前警方已介入调查。"

"不可能啊,我从没接触过毒品,更别说贩毒了。"大宝吓得不轻,一时蒙圈。想当然以为是母亲寄来的家乡美味,没想到是毒品,这哪儿跟哪儿啊。他从未去过云南大理,更别说有什么吸毒贩毒这些乌七八糟的事。是谁恶作剧,开这么龌龊的玩笑!

"你要是没有参与贩卖毒品,那估计是你的身份信息被盗用,我们已碰到好几件类似的事。要不,你跟禁毒大队的民警说说清楚。"客服给了个电话号码,说是公安局禁毒大队的。

大宝顾不上辨真伪,心急火燎打电话报案。对方自称是办案民警,姓李。他告诉大宝,包裹里确有冰毒,数量还不少,按刑法规定要杀头了。李警官还说,利用邮包寄毒,这是毒贩惯用的手法。前期调查证实,大宝不知情,是有人盗用其身份信息作案。听李警官这样说,大宝稍心安。不过,李警官随后一番话,大宝的心又吊了起来。

"调查发现,你在各银行办理8张银行卡,卡内有巨额资金。"

"不可能,我只有1张银行卡,是工行的,里面存款2万多。"大宝申辩。

"那说明毒贩盗用你的身份办理银行卡,用于周转毒资。这样的话,你的卡很不安全。你有义务配合调查,在 2 小时内将卡里的存款转入公安机关的安全账户冻结,等调查清楚再归还。"李警官的话既严肃权威,又合情理,大宝不由不信。

为赶时间,大宝乘出租车赶到银行,把银行卡内 2 万余元存款通过 ATM 机汇入对方提供的账户。

莫名惹上"毒案",大宝十分郁闷。傍晚回家,怕家人担心,他没说,只是独自闷闷不乐。妻子娟娟察觉有异,再三追问,他才说了出来。

"哎哟,大宝,你被骗了,我昨天刚看一篇报道,讲的正是'邮包藏毒'诈骗。"娟娟大喊。大宝不信,马上到 ATM 机上查账,卡内的钱没了。所谓的邮政局、公安局禁毒大队的电话也成了空号。

"你也别懊丧了,花钱买个大教训吧,赶快报案!"娟娟倒是通情达理,没有过多责怪丈夫。钱是身外之物,毕竟家庭和睦最重要。

防骗贴士

往往社会上刚出现某一新型犯罪手法或某一热点事物、话题,就会在极短时间内被电信骗子复制到诈骗中。利用邮包运输毒品曾一度是毒贩的犯罪手段,经过警方及时打击,毒贩倒是收敛不少,骗子反倒蠢蠢欲动,虚构"邮包藏毒"事实蒙骗善良民众,以"证清白"为由诈骗钱财。一旦接到这样的"涉毒"短信,千万不要惊慌。如不能确认"包裹有毒,警方已介入调查"一事的真伪,建议你亲自到公安机关跑一趟。此外,客服普通话一般都非常标准,如果你发现口音不对,可以多问一句:"你是哪里人?"有骗子落网后交代,在行骗过程中,他们有二怕,一怕事主说要亲自到公安局问,二怕问口音。

案例 17

贷款无须财产抵押

——店铺未盘成，还拉下亏空

大街小巷的楼道口、墙壁、电线杆子上，我们经常看到这样的小广告："无抵押、无担保、无须贷前费用，最快3天放贷……"人们的手机上，也时常收到类似短信。明眼人一看，就知道是个骗局，可也有人被"无息、低息""无抵押、无担保"等字样所吸引而上当受骗。在江苏宜兴创业的罗荣，就因为轻信而上当失财。

罗荣从贵州到江南七八年，最终选择在山清水秀的宜兴定居，开了个小吃店，卖些油炸汤圆、米皮之类的贵州特色小吃，慢慢地，又增加了羊肉粉、牛肉粉之类。小打小闹几年，罗荣手头稍有积蓄。2014年冬天，隔壁开面馆的老王家中有事，要回山东老家，准备把50多平米的店堂盘出去。罗荣动了心思。

3年前，罗荣与陕西姑娘小花成婚，生下儿子。夫妻俩租住在宜城老街，起早贪黑打理小吃店，只为了孩子今后过得好。老王要走，正是扩展生意的机会，罗荣想把店盘下来，两个门面打通，开个小饭店，做些家常菜，再加上贵阳酸汤鱼、荞凉粉、鸡肉汤圆这些特色菜，一定会引来不少食客。老王也有意把店转给他，两店相邻几年，相互帮衬，和睦相处，二人早已处成兄弟。

罗荣和小花把家中的钱数了又数，还差好几万。到哪儿筹呢？双方家中都是农民，平常还指着他们接济。找老乡吧，大家都是打工的，凑个三五千可以，多了也不可能。找银行贷款，手续太复杂，还不一定办得下来。真是一分钱逼死英雄汉。

"不用财产抵押，不用身份核实，3天内就能发放贷款。"就在罗荣一筹莫展之际，他的手机飞进一条广告短信，让他看到希望。这条短信落款是"北京千顷颐德公司"，还留有联系电话。

"花花，有办法了，可以贷款。"罗荣兴奋地让小花看短信。

"有这么巧的事?"小花揉了揉眼睛,可不是嘛。她有些怀疑:"不会是骗人的吧? 现在骗子太多。"

"我看不像,这公司名称看上去挺气派的,我联系试试。"罗荣借钱心切,按照短信上留的电话号码打过去。

接电话的是公司的"孙赫"经理,他在电话里详细听取了罗荣的经营情况、计划,称可以给罗荣10万元的授信额度。但是,孙经理话锋一转,说先要付半年利息,还有保密费,加上业务员来回的路费,共计1万元。钱到账,即派业务员上门办理贷款事宜。

贷款尚未见到,就要支付1万元,罗荣有些迟疑。转而一想,凭自己目前的情况,正规银行不可能给他提供10万元贷款额度。他一咬牙,给对方账户汇去1万元。再打电话给孙经理,对方关机了。

罗荣后悔莫及,自责没有听小花的话,现在倒好,门面盘不成,还拉下了亏空。

防骗贴士

眼下声称可以发放无抵押贷、信用贷、消费贷的机构众多,其中不乏骗子浑水摸鱼,而骗子敛财的主要手段就是贷前收费。正规贷款机构都是成功为借款人发放贷款后,再收取手续费、利息等费用,只有骗子公司才会以各种理由要求借款人贷前付费。如果你需要贷款,记住一点,一定要选择正规渠道,走正规程序!

生育可领政府补贴
——补贴未领成,反失奶粉钱

"您好,邓先生,我是无锡××医院工作人员,有事相告,方便联系吗? 我的电话是×××。"2015年春天的一个下午,邓俊杰正在电脑前忙碌,公司接了个项目,他是项目主管。正在赶制方案之际,他接到著名"王医生"的手机短信。

1个月前,小邓新晋成为奶爸,妻子正是在"王医生"所说的那家医院生下儿子的,这是无锡地区的一家专业妇幼医院。妻儿出院后,一切安好。王医生此刻来短信,什么事呢?他丢下手头工作,狐疑地给对方打去电话。接电话的是个女子,声音很年轻,外地口音,语调怪怪的。

"邓先生,我是医院医务科的王医生,向你核实一些情况。你是不是叫邓俊杰,你妻子余秀秀今年3月8日在我院诞下一男婴,体重3480克,身长50厘米。你家住在无锡滨湖区××小区。"这个王医生真厉害,说的和邓俊杰家的情况丝毫不差,他原有的一点防范心理顷刻荡然无存:"请问王医生有什么事啊?"

"好消息,政府发放生育补贴,有一笔4300元的补贴要发给你们,不过要去财政局领取。3天前,我们已经邮寄一份书面通知给你,是寄到你们家的,不知何故被退回。今天是领取补贴的最后一天,不领就视作放弃,太可惜了,所以跟你联系,希望你抓紧时间去办理。"王医生真周到。

"领取政府补贴?我老婆单位有生育津贴,没听说政府还有补贴呀。还有,书面通知也没收到呀。"邓俊杰有点不明白。

"你可能不了解,这是国家刚刚出台的新政策。"王医生解释。

"那怎么领,要什么手续呢?"有补贴领总是好的,邓俊杰心动了。他没动脑筋想一想,政府发放生育补贴怎么会悄无声息,由医院方面来通知?

"这样,我给你一个财政局的咨询电话,再给你一个申请领取补贴的编号。"王医生短信发来咨询电话,还有一串编号。

"您好,这里是财政局。"接电话的是个男子,讲外地普通话。他问邓俊杰要了申请编号,一查,说确有一笔余秀秀的生育补贴4300元,是落实国家相关政策对生育第一胎的补助金。对方说得有板有眼,邓俊杰更加相信。

"怎样领取这笔补助呢,要我去财政局领吗?"

"今天是领取补贴的最后一天,现在已是下午4点多,恐怕来不及了,你可以通过ATM机操作,省得你跑一趟。"

邓俊杰一看时间，确实有点紧张。他找了家银行的ATM机，根据对方的要求操作，当他发觉有异，程序已完成，再一查账，账户里不仅没进钱，反而少了4300元。他连忙拨打医院电话，医务科人员告诉他，根本没有王医生，更没有通知发放生育补贴一说。邓俊杰明白过来，这是中了骗子圈套。

邓俊杰夫妇生的是头胎，骗子编了个落实政策的谎言。随着国家"单独二孩""全面二孩"政策的出台，骗子紧随社会热点，闻风而动，翻新诈骗内容，"生二孩补贴"一时也成热门电信诈骗手段。

小高夫妇刚生二胎，从医院回家不到一个星期，小高就接到一个陌生短信，对方说是"生二胎可以享受国家补贴"。小高来自农村，夫妇俩在城里打工，收入不高，大的是个男孩，生活紧紧张张的，本来就没什么积蓄，这次找民营医院生下女儿，住5天医院花费近万元。听说生二胎有3000元补贴，小高喜出望外，信以为真。他立即与对方联系，并在对方要求下，把自己的银行账号、密码全告知对方。结果，卡里原有的3000元瞬间被转走。小高顿时傻眼，这可是他给妻子留的坐月子钱啊。他郁闷不已，却不敢对老婆和家里老人讲。

> **防骗贴士**
>
> "单独二孩""全面二孩"政策发布后，骗子很快"研发"出相应骗术。骗子往往以群发短信的方式让人上钩，也有通过非法途径购买目标人群信息，实施定向诈骗。小邓、小高被骗案中，骗子使用的正是定向诈骗手段。奶爸、奶妈或即将晋级的准爸妈要警惕了，生育津贴是我国法律规定对职业妇女因生育而离开工作岗位期间给予的生活费用，应在女职工分娩后3个月内向相关主管部门办理申领手续。如国家真有新的补贴政策，有关部门会通过文件形式下发，并在媒体上广而告之，绝不会以手机短信通知产妇或家属，更不可能由医院、计生委或财政局工作人员直接来通知。

案例 19

查看全班相册
——链接点开,网银信息被窃

年过五旬的钱长生早年毕业于南方一所工业大学。在他的人生中,大学生活是最值得回忆的,可惜毕业后同学们各奔东西,各自为事业、家庭、生计而忙乎,同学间鲜有联系。时光悄悄从指缝间溜走,一晃告别学校已 30 年。2017 年 5 月,由班长牵头,举办毕业 30 年同学聚会,地点安排在母校。

班长一声号令,全班同学积极响应。重返校园,感慨万千,昔日意气风发,如今深沉稳健。几十年不见,同学情深,你拉着我的手,我勾着你的肩,有说不完的话。大家很怀念校园里那段用泪水与欢笑来丈量心情的时光。在曾经的教室门口,大家按毕业照的站位拍了合影,老钱还分别与舍友、同桌等人拍了一大堆照片。

三天聚会虽一晃而过,但聚会吹起的涟漪让老钱好多天都沉浸在愉悦中,精神劲特别好,脚步特别轻松。

"钱长生同学好,这是 fiuiu.com,全班相册,敬请惠存。"聚会过后七八天,老钱收到一条陌生手机号发来的短信。他一看短信内容,大脑都没有思考一下,想当然地以为是哪位同学发来的,因为聚会时班长说要制作一个电子相册送给大家的。

老钱点击了短信内的链接,手机页面跳转到一个网址,并提示其下载软件观看照片。他当即点击确认,手机突然黑屏了几分钟,随后,便连续不断收到银行客服号码发来的短信,一看,都是扣款短信,款项在 328 元至 648 元之间。短信节奏之快,连绵不断,根本停不下来。最终,共扣了 58 笔,共计 36000 余元,这是他网银上的全部存款。

老钱连忙查看聚会时发的通信录,压根没有发短信的那个手机号码。再致电班长,班长惊诧:"没人在短信上发相册呀。"此时,老钱才意识到,自己刚刚点击的链接可能有问题。

老钱报警后,警方经过检测发现,那个链接含有木马病毒,老钱点击并确认安装,手机便被植入病毒,窃取到其网银信息。

> **防骗贴士**
>
> 这类骗局好几年前曾一度高发,警方在媒体配合下高密度、全方位宣传,人们防范意识明显增强,已很少有人上当。没想到,2017年上半年,此类骗局又卷土重来。因此,手机收到不明网址链接千万不要随意点击,一定要先核实清楚。对于陌生号码发送的链接,则可以直接删除。如果不慎点击了不明链接,应立即关机,并找专业人士刷机。如果手机与支付宝、银行卡等关联,应立即通过其他手机或电脑更改密码。

短信骗局防范重点

这年头，手机收到诈骗短信并不稀罕，关键在于你信不信。如信，必是上当受骗；如不信，自然免遭损失。本章所述案例，有的是防范意识差，轻信大意；有的贪小利心理作祟，对"中奖""补贴"消息信以为真；有的盲目信任相关部门而不加核实。防范和辨别诈骗短信需注意以下几点：

1. 无论收到什么短信，里面的陌生链接千万不要点。伪基站推送的诈骗短信往往含有虚假网站和木马链接，一旦点开，网站后台会窃取你的信息，盗取你的网银。尤其是木马链接，会使手机中病毒，犹如大门敞开，骗子不仅会获取你的网银用户名、登录密码，还会窃取你的手机通信录，扩大诈骗范围。

2. 收到陌生短信，不可轻易回复或汇款，一定要通过正规渠道核实清楚。对那些根本无法鉴别的陌生短信，最好的办法是不理睬。

3. 不相信、不贪婪、不回信，这是对付中奖、补贴类诈骗短信的杀手锏。对于需要大费周折，必须预先付出费用才能获得奖品或奖金的中奖，千万不要抱有"宁可信其有，不可信其无"的侥幸心理去尝试。

4. 但凡接到银行客服短信中涉及个人身份、银行卡信息的，不要盲目相信，要主动拨打官方服务号码求证核实。要记住，假冒客服号的电话只可主动拨出，不可被动接入。

第三章

网络骗局

"近期,骗子通过盗取、伪造公司领导QQ号或微信账号,冒充公司领导让财务会计汇款、转账至陌生账户,并以自己不方便为由,称暂时无法联系。财务会计一旦转账、汇款,骗子立即切断联系。提醒市民绝不轻信,谨慎转账,并相互转告,避免上当受骗。——金华反诈中心。"

2018年6月12日,浙江金华公安反诈中心在微信公众号上发出一条紧急预警,引起社会各界和公众的高度关注。

现代社会,人们越来越依赖于快捷、便利、无所不包、无处不在的网络。随着互联网的飞速发展和普及,网民队伍滚雪球似的壮大。据有关方面统计,2018年年初,全球网民总数已超40亿,其中中国网民达7.72亿。与此同时,网络诈骗犯罪也成倍增加,不仅花样繁多,而且手段升级、套路出新,极具诱惑性和蒙骗性。

相比于现实社会,网络世界有着虚拟的特点,隔着网络,你并不知道网线的那头是男是女,是老是少,是人是鬼。

案例 20

立即给这个账户汇 50 万
——总监 QQ 号被盗，乱发转账令

在一家大公司任财务总监的蔡伟民，因 QQ 好友被盗号，牵连自己的 QQ 号被骗子入侵，最终被盗号的 QQ 发出转账指令，导致公司损失 50 万元。

蔡伟民所在的这个公司是做物流的，规模很大，总部设在广州，分公司在全国有 20 多家，他是总公司的财务总监。为了方便联系，他与各个分公司的财务主管、相关财会人员都加了 QQ 好友。2012 年 11 月 10 日，他收到成都分公司财务会计小孟的 QQ 信息，请求他为其正在参加车模比赛的闺蜜投票助力，同时发来一个链接。小孟进成都分公司 2 年多，聪明伶俐，已是业务上一把好手，平时与蔡伟民联系颇多，蔡伟民想都没想就欣然应允。他随手打开小孟发来的链接，输入自己的账号和密码。半个月后，怪事发生。

王霞是江苏无锡分公司的财务主管，在大学学的是财会专业，毕业后应聘到无锡分公司工作。她工作勤勉，为人谦和，业务熟练，当财务主管得心应手。物流公司业务量大，资金流转快。借助网络的力量，近年来，公司总部与分公司的资金往来都是在网上操作的。

2012 年 11 月 28 日下午，王霞在公司埋头做财务报表，一串串枯燥的数据看得她眼花缭乱。每到月底，分公司都要向总公司上报一月财务情况，她这个主管松懈不得。桌上，茶杯里泡着明目的枸杞；电脑上，QQ 像平时一样挂着，可以随时用 QQ 与总部保持联络。

"王主管，总公司有一笔借款，刚签了借款合同，你立即给这个'汪显忠'的账户汇 30 万。"下午 2 点半，远在广州的蔡总监在 QQ 上发来信息，命令式的，是他惯常的口气。

"好的，我立马办。"王霞熟练地敲击键盘，打开网银，轻点鼠标。瞬间，30 万元资金通过网银从公司账户转往"汪显忠"账户。

"请蔡总放心,钱已汇。"转好账,王霞给蔡总发了条信息。蔡总没有回复,这倒不像他的风格。"也许在忙吧?"王霞继续埋头数字中。

"再汇20万到这个账户。"离前次汇款约1小时,蔡总监又在QQ上发出指令。

很快,第2笔20万元顺利转账成功。

其间,王霞先后收到网银短信通知,钱已汇出。可她怎么也没想到,此"蔡总监"非真正的蔡总监。

11月28日那天,蔡伟民总监早上一上班就陪同总经理外出办事,走得匆忙,手机遗忘在办公桌上。下午5点回到办公室,他翻阅手机时,发现2条未读短信。下午2点35分一条:"无锡××物流公司账户向汪显忠账户支付30万元人民币。"下午3点30分:"无锡××物流公司账户的汪显忠账户支付20万元人民币。"蔡总监的手机有网银通知功能,这么多分公司的账户进出,他实时知情,一目了然。

"谁是汪显忠,这么大两笔汇款是什么用途,我咋不知道。"公司规定,凡上万进出,由他这个总监审核把关,10万元以上的必须由总经理批准。他立即拨打王霞电话。

"不是您在QQ上让我转账给'汪显忠'这个账户的吗?"面对蔡总监查问,王霞丈二和尚摸不着头脑。

"我今天一直在外面,根本没上QQ啊!"蔡伟民总监傻眼了。

难道上当了?这可不是小数目呀。王霞用颤抖的手点开QQ仔细查看,试图找到方才两人的聊天记录。然而,她发现自己已被"蔡总监"拉入黑名单。而广州那边,蔡总监发现,自己的QQ号码被人盗了。什么时候被盗的?他仔细回忆,认为应该是11月10日点击进入小孟发来的链接,给其车模好友投票后。他去电小孟,小孟正在郁闷,她的QQ也被盗了,她的不少亲友收到"借钱"信息,有的还真"借"了。这下蔡总监明白过来,他点击链接后,自己QQ号里的情况一览无余,工作上的联系也全部"曝光"。骗子选择王霞为作案目标,冒充他的口吻,给王霞发去转账指令。50万元就这样进了骗子的口袋。

"钱被骗了,赶快报案!"蔡总监让王霞立刻向当地派出所报警。

这起案件因数额大,被江苏省公安厅挂牌督办。王霞工作七八年,从未出过差错,这次捅了这么大娄子,心里堵得慌。她度日如年,坐卧不安,期待警方早日破案。看到警方这么重视,稍感安慰。

这是一起典型的非接触式网络诈骗,王霞只是在QQ上与对方文字联系,既未闻其声,更未见其人,唯一的线索只有"汪显忠"的银行账户。经查,50万元资金从网银转入"汪显忠"的银行卡后,马上又被转入"汪显忠"的另一张银行卡,几分钟内再转入另外25张银行卡。这些银行卡的主人姓名不同,开户地分布在浙江杭州、温州、台州等多个城市。警方接到报案时,大部分款已被取现,只有3张卡内的8万元尚未提取。办案民警与时间赛跑,争分夺秒,在浙江方面的配合下冻结了那8万元。

警方围绕资金流向不懈追踪,线索指向广西宾阳,2名嫌疑人浮出水面。这是一对堂兄弟,堂哥杨贵、堂弟杨庆,2人租住在宾阳县城边缘"城中村"。2013年2月1日凌晨,这对堂兄弟在发财美梦中被民警瓮中捉鳖。

杨贵、杨庆不到30岁,游荡社会已10余年,无正当工作,赌博、酗酒、嫖娼,无所不为,欠下一笔笔赌债,天天被人追着屁股要债。一天,杨贵看到原本穷得叮当的发小一夜间暴富,出入有车,吃住酒店,天天晚上泡在KTV,家里盖起新楼房。他私下打听发财秘诀。发小丢下一句话:"网上啊。"杨贵心领神会。做这事得有人配合,自家人保险,于是他拉堂弟杨庆合伙。

兄弟俩"拜师学艺",购置了电脑、无线上网卡等作案工具,又到网上淘来转账用银行卡、高等级"美女"QQ号码、木马病毒等,随后实施犯罪。他们不仅从王霞那里骗得50万元巨款,还在山东青岛骗得30万元。遗憾的是,这2个赌徒得手后一头扎进赌场,诈骗所得尽数输光,赃款仅追回冻结的那8万元。

防骗贴士

从此案不难看出,骗子的作案手法多变、花样百出,一人的QQ号被盗,其QQ好友也都有可能成为骗子的下一个目标。信息社会,人们越来越依赖QQ、微信等即时通信软件,但必须多一个心眼。如遇陌生人申请加好友,一定要提高警惕,来历不明的链接不要轻易点开。尤其遇到

> "汇款"事宜,无论是领导、同事,还是亲人、朋友,都要当面锣、对面鼓地核实清楚。

陪我喝杯酒吧
——网聊引来"酒托女"

遥远的边疆,东北松嫩平原,齐齐哈尔市下属的拜泉县拜泉镇。时令虽初冬,这里已是千里冰封,万里雪飘。夜很深很深,窗外,寒风怒号,卷起阵阵雪雾;屋里,在暖融融的火炕上,人们进入甜美的梦乡。拜泉镇小巷深处一座院子,窗户透出朦朦胧胧的灯光。

火炕上,有个长相俊俏、身穿大红毛衣的年轻女子正在网上与人"情话绵绵"。身旁,睡着她的丈夫和儿子。她叫薇薇。

"哥哥,我是'寂寞女孩',我们能聊会儿天吗?"薇薇闯进聊天网站,主动与一个"帅哥"打招呼。

"好啊!这么漂亮的妹纸,怎么起了个如此伤心的网名?"靓妹搭讪,"帅哥"当然开心。

"我刚失恋,男朋友不要我了。"薇薇发出一个"流泪"表情,好伤心。

"哎哟,太可怜了,我能为你做些什么吗?""帅哥"动了恻隐之心。

"你陪我到酒吧喝杯酒吧,我想一醉方休。"薇薇利落地打出一行字。

"不行,我又不认识你。""帅哥"还是有点警惕心的。

"我老家东北,在无锡打工,你在哪儿?"

"我也在无锡。""帅哥"诧异,居然这么巧。

"是巧,说明我们有缘,见个面,交个朋友吧。"薇薇再三恳求。架不住女网友热情如火的邀请,"帅哥"答应了,与"寂寞女孩"约定第二天晚上10点钟会面,地点是无锡梁溪路上一家酒店门口。

"帅哥"一下线,薇薇随即与妹妹莉莉连线。

这个时令,几千里外的江南名城无锡,还是满目青翠。一处50多平米的单元房里,蜗居着四个年轻女子。住处简陋,人却个个打扮得光鲜靓丽。她们是圣诞树酒吧雇佣的"酒托女",随时准备着去陪伴"键盘手"下钩钓来的鱼儿,狠狠宰上一刀。那个身材高挑、操东北口音的女子,正是薇薇的妹妹莉莉。听到姐姐"召唤",她高兴极了:"生意上门了。"

薇薇姐妹受雇于同一个诈骗团伙,薇薇是"键盘手",莉莉是"酒托女"。"键盘手"有男也有女,但均以年轻女性身份,在网上寻找目标,搭讪男网友,套取信息,打着谈情说爱的幌子,与男网友柔情蜜意,待时机成熟便约对方见面。然后,"酒托女"登场,冒充网友身份与对方见面,将其带至指定酒吧,通过诱导、撒娇、欺骗等方式,将低价购买的酒水、食品以高出几倍、十几倍甚至几十倍的价格出售给被害人,以此骗取钱财。"键盘手""酒托女"从中分成。

薇薇、莉莉这对孪生姐妹长相俏丽,是北国小镇拜泉镇上有名的"姐妹花"。无奈两人家庭贫困,父亲是酒鬼,整天与狐朋狗友泡在酒桌上,醉酒后不是打人就是砸东西。母亲艰难地支撑着这个风雨飘摇的小家。有一年,母亲把姐妹俩叫到跟前,抹着泪说只能供其中一人上学了。莉莉毅然选择放弃,小学二年级那年便辍学。在家无所事事待了几年,14岁时,莉莉跟一个叫"孙朝阳"的老乡外出打工,走南闯北,餐厅端盘子、歌厅倒茶水,什么都干过,后来当上专职"酒托女"。这年10月,孙朝阳邀她到无锡,给圣诞树酒吧当"酒托女"。为了多挣钱,她把姐姐薇薇拉下水,做自己的"键盘手"。

再说薇薇,一路读书到中专,在一家国企工作,工资不高。后来她结了婚,丈夫是同厂工人,二人又有了儿子。可好景不长,工厂关门,夫妻双双下岗。丈夫开出租车维持生计。听妹妹说"键盘手"赚钱,明知这是坑人的事,薇薇还是硬着头皮上了。她不分白天黑夜泡在网上,以"寂寞女孩""小女人"等热辣网名,专找无锡男网友聊天搭讪,时机成熟便"下套"。一旦有人上钩同意约会,便交妹妹接手。就这样,在不到1个月时间里,姐妹联手,钓了十几人,获利5万余元。

那个与"寂寞女孩"在网上聊天约会的"帅哥"叫王洪,无锡新市民。他从北方来锡工作10余年,是一家公司的白领。他热爱无锡这座宜居城市,扎根无锡,有了家庭。他上班忙于工作,业余时间上上网、聊聊天,可与女网友约会喝酒,还是第一次。他有些忐忑,又隐隐期待。约会那天,他对老婆说了句"单位加班",早早出了门。时间尚早,他先去看了场电影,随后赶往约会地点。夜渐深,路上人车渐稀,一个美女等在路边,在闪烁霓虹的映照下,神秘又迷人。

"你是寂寞女孩?"王洪试探。

"正是,帅哥,你好!""寂寞女孩"一口东北话,王洪听着特别亲切。

"那我们进去。"王洪指着酒店说。之前,他在网上查了,这家酒店有夜场。

"附近有个酒吧,我们去那儿吧。""寂寞女孩"熟门熟路,引着王洪来到圣诞树酒吧。店名洋气,实际不怎么样。这是一幢墙体斑驳的二层小楼,一楼是小吃店,酒吧设在二楼。店堂狭小,灯光昏暗,设施简陋。

"来一瓶红酒,一个果盘。"服务员递上酒水单,"寂寞女孩"反客为主,张口就点。她正是莉莉,李代桃僵的"寂寞女孩"。

"红酒899元,果盘208元,先买单后消费。"服务员送来红酒、果盘,面无表情地把账单递给王洪。红酒是超市里三四十元的那种,果盘里铺着几片切得很薄的西瓜、哈密瓜,还有七八粒圣女果。结账台后,一个40多岁的中年男子不时向这边张望。

"这么贵?"王洪嘀咕,表情有些犹豫。

"帅哥,我想喝嘛。""寂寞女孩"眼巴巴看着他。碍于面子,王洪很不情愿地掏出1107元付账。

昏暗灯光下,一对男女隔着张小方桌有一句没一句地聊着。两只玻璃杯里倒了些许红酒,可碰过一次杯后,"寂寞女孩"就再也没兴致喝酒了。她心不在焉,不时看手机、发信息,丝毫没网上那股热情劲,更无丁点失恋的"伤心"。索然无味坐了约15分钟,"寂寞女孩"手机响起,她起身出门接电话,返回时说家里有急事,拎上包一阵风似的跑了。

这一切太突然,王洪好一会儿才回过神来。回家途中,他越想越郁闷,越想越蹊跷。"难道遇到了传说中的'酒托女'?"他转头去了派出所。

在王洪之前,警方已接到十几起这样的报案,上当者几乎都是被人从网上诱骗到圣诞树酒吧消费的。消费金额高的五六千元,低的四五百元。有的一瓶红酒刚开,又开一瓶,一连开了五六瓶,不由不买单。据查,圣诞树酒吧工商登记人为"胡凤霞",系河南郑州市人,但其人压根不在无锡,这家酒吧的实际经营人叫荣威。警方判断:小小酒吧背后,也许隐藏着一个"酒托"诈骗团伙。

警方的判断没错,荣威与孙朝阳正是这个诈骗团伙的"头"。荣威系无锡本地人,圣诞树酒吧老板;孙朝阳,黑龙江齐齐哈尔市下属拜泉县人,"键盘手""酒托女"的管理者。两人又是怎样走到一起干这坑蒙拐骗的事的?

荣威自诩老社会,在生意场上滚爬了多年,沾染一身铜臭味却未发财。他在别人的酒吧当经理时,认识了常到店里转悠的孙朝阳。酒吧地处偏僻,生意清淡,经理的工资、奖金大受影响。一天,孙朝阳与荣威咬耳朵:"要想生意好,要学会拉生意。"荣威茅塞顿开。于是,两人有了首度合作,酒吧的生意果真大有起色。

荣威是替人打工的,看着钞票大把大把进了老板的口袋,他有了自己开店赚钱的想法。他与孙朝阳一合计,把圣诞树酒吧盘了下来。荣威出资盘店,孙朝阳则纠集、管理"键盘手"和"酒托女"。双方约定,营业额27%由两人平分,73%由孙朝阳分给"键盘手"和"酒托女"。孙朝阳到处招兵买马,薇薇、莉莉姐妹就是这样进的团伙。"键盘手"藏身虚拟世界,分散全国各地,专对无锡网友下手,"酒托女"要尽手段骗取钱财,网上网下,配合默契。圣诞树酒吧就这样红火起来。

昧心钱是挣不得的。荣威、孙朝阳一伙9人全部落入法网。薇薇、莉莉这对好久未见面的孪生姐妹也在看守所里重逢了。

防骗贴士

"绮梦""寂寞女孩""辣妹子",当这些让人浮想联翩的网名叩动你的QQ时,有人会选择加为好友,也许就会跌入一个陷阱。因此,喜欢上网聊天的男网友要特别注意了。网上交友无可厚非,但是要警惕不法分子利用网络作案。不要轻易与网友见面,更不要轻易到对方指定的地点去消费。一旦发现对方指定的地点消费高得离谱,要选择报警。

案例 22

从公司账上转 56 万给郑总
——"工作群"里就他不是骗子

1989年出生的方光,毕业于某大学的会计系。找工作很顺利,他先在外地一家远洋船舶公司做财务,2015年回到家乡无锡,应聘到证券公司当核算会计,并兼职公司下属一家子公司的会计。

2016年6月20日,周一,下午5点10分,下班时间到了,方光收拾桌上物件准备下班,手机响起微信提示音。打开一看,原来是子公司的法人代表俞金宝加他微信好友,他连忙通过好友认证,发微信向俞总问好。总经理主动加微信,真是受宠若惊。

更意外的还在后面。第二天上午9点25分,证券公司的郭敏副总经理把他拉进一个名为"××投资有限公司"的微信群,群名正是他兼职的子公司,群里成员有徐兰、李杰、王建达、陆梅、俞金宝等,全部是子公司员工,微信头像也都是对的,方光就以为是公司的工作群。

方光是新人,对工作群没太在意,他认为很正常,方便交流工作嘛。况且,他注意浏览了一下,大家在群里讲的也全是有关工作方面的事。

"小方,你联系深圳的郑总,问他昨天谈好的合同保证金什么时候汇过来。郑总的手机号码是1343074××××。"方光刚被拉入群,便接到俞总指令。他不敢有所懈怠,立马用自己的手机拨打郑总电话。电话里传来中年男声,广东口音。郑总说正在开会,等下会安排财务把保证金打过来,合同直接发给俞总。通完电话,方光在微信群里向俞总汇报联系情况,俞总给他点了个赞。

不一会儿,俞总在公司群里说,深圳的郑总已把56万元保证金打到他个人账户,晚些时候他会把钱转到公司账户。他把工商银行的转账记录截图发到群里。转账记录显示付款人郑罗兵,还有付款账号、开户银行,收款人俞金宝,转账金额56万元。

这时,员工王建达在群里发表意见:"这样我们公司利润太少,不划算,合同要修改。"俞总听进去了,他让方光协调这件事。方光拨打郑总电话说了此事。郑总非常爽快:"行,合同可以再做修改,改天我来无锡跟俞总面谈。"方光在微信上转述郑总的态度。俞总回话:"好的,让郑总明天飞无锡,安排下午3点钟见面洽谈。"

"为了不影响双方签订合同,我建议把对方汇来的56万元保证金先退回去。"王建达在群里建议。

"这个建议可以,我人不在公司,在外面办事,不方便。方光,你先从公司账户上转56万元给郑总,我一会儿把钱转回公司。"俞总在微信上对方光说。

方光遵命。鼠标一点,公司账户上的56万元就转到"郑罗兵"账户里。方光随即把转账截图发到群里。按规定,转账大额钱款必须由主要领导签字,既然俞总已关照,手续只能后补了。

"小方,公司账户上还有多少钱?"俞总在群里问。

"还有122万元。"小方查看了一下网银,如实禀报。

"为表示我们公司十分重视这份合同,你再转80万元到郑总账户里。钱汇出后电话告知郑总。"俞总指示发出,群里的人纷纷点赞,说有气度,讲诚信,做生意就该这样。

想必这份合同对公司太重要了,要不生意还未做成,怎么会先汇钱表诚意呢?方光不敢多问,哪怕俞总就跟他在一个楼层办公。他将80万元如数汇到"郑罗兵"账户。

"你们公司真有诚意,我们愿意与这样的公司打交道。"收到汇款,郑总打来电话,称明天就会把80万元转回来的。方光仍将转账记录截图发到群里。奇怪的是,群里一片寂静,无人应声。

一周无事。6月27日,又是周一。上午一进办公室,方光就打开电脑上网查账,他惊诧地发现俞总个人账户的56万元还没转到公司账户,郑总那边说好第二天转回来的80万元也没有转过来。他急了,在微信群里问俞总,可等了一天也没等到回音,群里其他人也没一个吭声。方光纳闷:"这咋回事?"但他仍没想到当面去问问俞总或其他员工。

6月30日下午2点,月底结账,方光硬着头皮"噔噔噔"跑到俞总办公室,询问56万元钱的事。俞总一脸惊讶:"公司最近跟深圳没业务呀,我什么时候叫你汇钱了?我也没加过你微信呀。没有我的签字,你怎么可以转账呢?"一连串发问把方光问懵了。

"那公司工作群是怎么回事呢?"方光低声申辩。他打开手机里的微信群,王建达等员工闻声过来围观,一个个面面相觑。头像、昵称一样不错,但公司从未建过工作群呀。大家纷纷拿出手机比对,除了方光,其他人的微信上都没有这个工作群。要知道投资交易的事涉及商业机密,是不能在群里交流的。原来,微信群是假的,里面的人除了方光,其他人都是骗子冒充的。方光傻眼了,他一年工资五六万元,这136万元他可赔不起啊。

"还愣着干什么,赶快报警!"俞总拨通公安局的电话。

这起诈骗案手法新颖,骗子居然建立一个以假乱真的"公司工作群",把人骗得云里雾里。无锡警方高度重视,立马组织精干力量全力侦查。经过2个多月的奔波,警方分别在上海和湖南岳阳抓获2名涉案人员,一个叫胡超,男,27岁,湖南湘阳人;另一个叫章亮亮,男,28岁,陕西太白人。

经过审查,胡、章两人是受人雇用专门在ATM机上取款的,两人均为无业人员,在上海打工时认识。一天,章亮亮在QQ上看到有人在招聘取钱的人,对方声称是开赌局的,帮忙取款给付佣金。听说有钱挣,管它违法不违法,章亮亮当即应聘。胡超听说后也赶着入了伙。6月23日,章亮亮收到对方快递的4张银行卡,伙同胡超辗转上海、南京、西安等十几个城市,取款55万元,从中获取佣金13万元。截至落网,两人都不知道上家是谁,藏身何处。

经查,取款用的4张银行卡均系黑卡。章、胡的"上线"至今仍在追缉中。

防骗贴士

因为本案的主要犯罪嫌疑人尚未归案,骗子是如何获得公司人员信息并建立微信群的,一时无法定论。但据办案民警分析,不外乎两个渠道:一是骗子通过网络等途径获取相关人员信息,关联出微信或QQ信息,

> 伪造出一个微信工作群;二是会计或其同事可能登录过钓鱼网站,微信信息被复制,所以骗子才能建立起一个以假乱真的"公司群"。此骗术极具迷惑性、蒙蔽性,但涉及钱的事,只要时刻保持戒心,还是可以防范的。领导或同事要加你微信好友或把你拉进公司群的时候,最好是面对面操作。如遇隔空添加,也要打个电话证实一下,或在微信上聊些相互熟悉的话题以确认。公司洽谈业务或签订合同,一般不会在微信群里谈论,毕竟涉及商业秘密。作为财会人员一定要有警惕性和敏感性,涉及钱款转账时更要慎重。要牢记,一旦跟钱扯上关系,微信也只能"微信",不可深信。

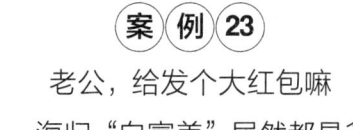

案例 23

老公,给发个大红包嘛
——海归"白富美"居然都是爷们

钱坦途觉得自己的前途一点也不平坦。他的名字是他那个在冀中平原上当了一辈子小学语文老师的爷爷起的,寄托着对他这个长孙的无限希望,一马平川,大富大贵。钱坦途顺风顺水读到高中,考上江南地区一所大学,学了4年对外经济贸易。毕业后,他到那些挂着投资理财、贸易经济牌子的公司去应聘,无一例外都吃了闭门羹。后来,钱坦途把自己的简历广泛撒到网上。从2015年9月到2016年初,这些种子就像烂在泥里一样,无声无息,没有一颗发芽的。

钱坦途挤在大学同学的出租屋里,他不想回家乡那个小县城,不忍看爷爷那双充满期盼的眼睛。他每天激励自己,是金子总会发光的。

2016年初春的一天晚上,一条消息出现在钱坦途的邮箱里,"财汇堂商贸有限公司"通知他前去应聘。真是功夫不负有心人啊。当晚,他在街边一个烧烤摊喝得烂醉。

"财汇堂商贸有限公司"设在无锡新吴区一幢不起眼的商务楼顶层,约300多平米,隔成十几个格子间。在一个十几平米的单人间,钱坦途见到了总经理何明。

"欢迎你加入我们团队。"总经理亲切的话语,使钱坦途一颗忐忑的心平静下来。这个经理真平易近人。

何总经理简单地问了几句学历、籍贯之类的问题,就直奔主题。他说:"我们这个公司创立时间不长,目前业务不断拓展,客户队伍越来越壮大。公司招收的员工大都是90后,勇于探索,创新能力强。你的简历我看了,学的是贸易,专业对口,凭你的专业水平,一定可以在这里找到你的发展平台,相信不久的将来,你就可以成为百万富翁。"何明在钱坦途的肩上拍了一把:"小伙子,好好干,加油!"一番话说得钱坦途热血沸腾。

第二天上午,钱坦途拎着简单的行李到公司报到上班。公司员工要集中住宿,外出还要请假。这挺好,省了房租。他的职位是业务员。为了让他尽快胜任岗位,公司给他派来培训师强化训练,可接下来的培训内容让钱坦途傻了眼。

"我们的工作都在网上进行,跟客户不见面。你要把自己装扮成一个'白富美'。"培训师的开场白让钱坦途吃惊不小,这跟贸易有关系吗?他的脑子半天没有转过弯。

"别瞪我,这是开拓业务的需要。接下来几天,你要尽快进入年轻女性角色,包括心理、说话的方式,熟悉各种各样的奢侈品,例如包包、鞋子、围巾、首饰等。然后,学会讲话技巧,善于与男客户沟通。还要学会熟练运用网上的社交平台,不断拓展客户群……"培训师递给他一本与客户对话的教材。

"为什么要扮成'白富美'?"钱坦途没弄懂。

"不该问的别问,这是商业机密。赶快练,练不好就不能上岗。"培训师脸如铁板,钱坦途不敢再吱声。现在不是讲超常规吗,也许这就是超常规。这样一想,他学得可认真了,两天时间就有模有样,言语举止有了娘娘的味道。

培训师把他带到一个格子间。这里是被打通的两个单元房,50余名员工的工作台分几排一字摆开,一人一台电脑,中间有玻璃隔断,乍一看以为进了电教室。整个办公场所静悄悄的,每个人都沉溺在网络世界里。

虽然学的是对外经济贸易,但计算机也是必修课,钱坦途很快进入工作状态。他到网上下载"网红"照片,把自己的"工作微信""工作 QQ"打造成一个"白富美"的社交账号,还起了个撩人的网名"风中热吻"。微信和 QQ 上,他的头像长发飘飘,瓜子脸、大眼睛、樱桃嘴,煞是迷人。自我介绍是:23 岁,海归,家族企业。然后,他到婚恋网站搜索到不少电话号码、QQ 号,广加男性好友。培训师教授的"三不加":本地人不加,女性不加,年龄大的不加,钱坦途一一执行。他脑袋聪明,专加广州、深圳、杭州等发达城市的男性网友。

钱坦途的收入是跟客户贡献挂钩的,客户多,贡献就多,工资也就高。第一天,他按照"话本"工作。他费尽心思与几名主动搭讪的网友聊天,却因为话语挑逗性不够,对方不入套。培训师把他带到"资深业务员"那观摩,他看出了门道。第二天,他与一个男性网友聊到半夜,对方给他发来个 88 元的微信红包。以后,他的收入与日俱增。

从培训师讲授业务内容时,钱坦途就明白这是一家挂羊头卖狗肉的电信诈骗公司,跟"贸易"半毛钱关系都没有。他十分沮丧,找了这么长时间工作,竟一脚踩上贼船。怎么办呢?他也不知道。转眼一个月过去,他拿到工资加奖金,6000 元,超出意料。他有些动摇了。

就在钱坦途举棋不定时,何明总经理又找他洗脑。"小钱啊,你第一个月就拿了 6000 多元,这都是你自己苦出来的,说明你是有这方面潜质和能力的,这是一个好的开端。你看,你叫钱坦途,这名字好,钱程无限嘛。反正公司的业务你也了解了,就是社会上所说的骗子。现在这个社会不都是骗来骗去吗?我们不偷不抢,也不拿着枪逼人家,愿者上钩嘛。记住我的话,好好干。"

何总的话让钱坦途觉得不是滋味,又反驳不了。搞诈骗还冠冕堂皇了?公司五六十号人,除了前台是女的,清一色男人,大都是"小鲜肉",在网上个个是风骚迷人的"白富美"。每天钓这个,勾那个,不外乎都是要对方掏腰包。教材里这样写着:要利用各种节日,情人节、感恩节、什么节都行,还有特殊的日子,骗人发金额为 1314 元、520 元、888 元的大红包,或者指定对方到某网站购物,在上面高价购买指定商品。公司有 4 个购物网站,都是配合诈骗设置的,上当者花几千甚至上万,在购物网站上在线支付的货款最终以高比例返还到公司。

为了骗钱,公司也是费尽心机。为防止上当者怀疑,公司会在对方付款后,找一个"配合网站"上架同样"高价"的商品。实际上,这些商品均是不值钱的假冒名牌,用来稳住上当者,给对方营造"没有吃亏"的假象。

自与何总这次谈话,钱坦途内心一直在激烈斗争。两个钱坦途在他脑袋里打架。一个说:"不能干这害人的勾当,良心上过不去。"另一个说:"你不干,哪有现成工作等你,你吃什么喝什么?"一个又说:"诈骗犯罪人人痛恨,早晚会让警察抓了去。"另一个又说:"赚些钱就收手,回老家创业去。"斗了半天,谁也没说服谁。是晚,钱坦途做了个梦,梦见钱哗哗地来,他住进洋房,坐上奔驰车,还把爷爷、父母接到别墅里,一家人其乐融融。

第二天,钱坦途又去上班了。那天,他异常亢奋,竟然在网上同时与3个男网友"谈情说爱",最后锁定一个网名叫"我在等你"的人。这人是云南的,在德宏州做生意,离异。他对"风中热吻""一见钟情"。当天,两人从下午直聊至深夜。"我在等你"出手大方,不仅发大红包,还买了2000元的包包送给"风中热吻"。

钓到大鱼了!这是钱坦途第一次遇到这么大方的主。他紧盯不放,极尽挑逗、暧昧,很快进入"热恋","老婆""老公"叫得亲热。对方多次提出要视频聊天,钱坦途以"摄像头坏了""保持神秘感"等等搪塞过去。实在骗不下去了,钱坦途找来前台女接待救急,与对方通了话。

钱坦途不时磨着"我在等你"发红包,送礼物。3天里,对方先后送红包、礼物价值7万余元。第四天,他骗对方自己母亲不同意他们交往,但母亲听妹妹的话,于是把"妹妹"推送给"我在等你"。钱坦途又用网名"我懂你心"假扮妹妹与对方热聊。以"我给你说好话"为由,要其发红包,买包包、项链。"妹妹"聊了两天,再把"妈妈"的微信推送给对方,"妈妈"也要送礼物,充话费。一人分饰三角,钱坦途"玩"得不要太溜。从"我在等你"那里,他总共骗得钱财15万元,实在编不出理由了,便将对方拉黑了事。

随着到手的钱越来越多,钱坦途的生活质量大大提高。物质丰富了,心理越来越麻木,曾经有的负罪感消失得无影无踪。他成为公司骨干,不仅带徒弟,还被何总提拔为主管,指挥七八个人。何总多次鼓励他,钱坦途啊,我是借你的光啊,公司一片坦途。我们会越做越大,还要开设分公司,到时候你就是经理人选。

何总说到做到,分公司很快开张,一开就是5家。钱坦途担任其中一家分公司经理。一个个诈骗公司,一个个人模狗样、西装革履的经理,一个个大学生应聘而来。打卡考勤,开会学习,撰写笔记,分享经验,分析研判,一样不少。钱坦途想想就莫名好笑。隐隐地,他还有一丝担心,这样的日子能维持多久?

因该团伙作案手段隐蔽,诈骗手段新颖,且以虚拟身份诈骗外地人,故钱坦途他们在不到半年时间里骗了百余人,骗得数百万,却没人向无锡公安机关报案。然而,出来混总是要还的,有"朝阳"群众看出猫腻,一封举报信飞向无锡市公安局。

无锡新吴警方随即派员暗访,连续三昼夜,把"财汇堂商贸有限公司"从事电信诈骗的犯罪事实摸得清清楚楚。7月的一天深夜,警方兵分数路,突击行动,包括何明、钱坦途在内的56名嫌疑人被当场抓获。

钱坦途双腿颤抖,眼冒金星。他知道,这一天迟早会来,只是没想到这么快。算起来,从他入行至今不到半年,当经理也才2个月。

防骗贴士

在钱坦途一伙的电脑里,公安民警搜到2张至关重要的表格,业绩表和客户表,共130余人,遍布全国22个省(自治区、直辖市)。很多客户仅仅只有一个微信号、QQ号或者昵称。专案组兵分6路,奔赴各省寻找被害人,逐一核查,尽最大努力为他们挽回损失。回忆起上当受骗的经历,被害人异口同声:"网上寻爱,真是陷阱多多。"还是那句话,虚拟世界是个万花筒,网上交友须谨慎。只要对方提到钱或送礼品,一定要多个心眼,捂紧口袋总没错。

案例 24

我在国外，航班机票无法付款
——业务员热心助人反被忽悠

刘红是贸易公司的业务员，平时工作中结识不少大企业的老总、高管。公司大小事务多，刘红没日没夜忙，难得有时间顾及家庭。眼见父母年事渐高，她不想留下遗憾。2016年秋天，她休了年假，准备陪父母到海南三亚去领略南国风光。三亚气候宜人、空气清新，是个养老的好地方。她有个想法，在那儿买处房子，让父母颐养天年。智能手机真是好用，足不出户便能办妥许多事，免去奔波劳顿。与父母商定出游计划，刘红使用手机上网搜索打折机票时，她的 QQ 客户端跳出打招呼的信息。

"小刘，好久不见，最近忙啥呢？"对方是刘红业务单位的李总。

"您好，李总，休年假呢。"因为时有业务往来，刘红与李总很熟。

"小刘，有件事想麻烦你。"李总有些不好意思。

"你我讲什么麻烦，客气了，快说。"

"是这样，我现人在国外，手机的国际漫游功能被限制。这两天要回来，帮助买返程票的王经理电话打不通了。真是急煞人！"李总很焦急。他要刘红帮忙打电话给东航的票务代理王经理，问问回国的航班机票有无预留，大概是什么时间。李总把王经理的手机号码和航班号发了过来。

"没事，小事一桩。"刘红嘴上应得爽快，心里却觉得有点怪怪的。自己与李总只是业务上的关系，机票之类的事应该由其公司的秘书办理，怎么找上她了？不忍拂李总面子，也不便推托，她立马致电王经理。

"噢，有这回事，航班已预留好，只是没有付款，无法出票。我也在着急，预留时间只剩2个小时，再不付款，预留就要取消。"王经理也正着急。

刘红连忙在 QQ 上将情况转告李总，李总称他尝试转了几次账，均告失败，钱转不出去。他让刘红还是咨询王经理怎么办。

"可能是李总在国外,国内收不到转账。"刘红虽见识广,这种状况也第一次遇到,故对王经理的说辞有认同感。

"要不这样,我先把钱转给你,你再转给王经理。"李总想出这个办法,刘红认为可以试试。她把自己的银行卡号发给李总,不一会儿,对方发来转账8700元的截图,称已转账。

"我的手机没收到转账信息啊。"刘红奇怪。

"有可能是跨国转账,会有2—6个小时延时。"李总说。刘红想想也是,隔着大洋呢。她选择了信任,用自己的支付宝把8700元转给王经理。

"钱已收到,不过,预留的经济舱机票已没了,需再付3500元升级为头等舱。"5分钟后,王经理电话联系刘红。李总得知情况,又给刘红发了张转账3500元的截图。因为支付宝里的余额只剩1000多元,刘红对王经理说,这个忙帮不上了。王经理脱口而出:"那就付1000元吧。"刘红大惊,哪有这样的,还看着情况给钱。"遭遇骗子了!"再看QQ,李总的头像黑了。

刘红忙打电话找李总,李总正在公司开会呢,何时去的国外!再一问,李总的QQ前几天被盗了。

防骗贴士

骗子盗号后,往往冒充QQ主人,直接向其亲朋以"参加培训班交纳费用""借钱"为由骗取钱财。本案中,骗子改成购买机票桥段,将骗局伪装得更加真实。凡收到此类"求助"的市民要多个心眼,特别是通过社交软件联系的人员,应尽量通过拉家常等方式验证对方身份。凡涉及转账、汇款之类的,一定要打电话向对方求证。网上购机票后也要提高警惕,防止骗子以"航班取消要改签"等理由让你去银行用银行卡操作取回执单。一旦按照骗子的说法去操作,卡里的钱就"飞"了。

急需3万美金汇给老师
——机灵妈妈巧识骗局

国门打开,选择把孩子送到国外留学的父母越来越多。重洋隔阻,关山重重。只要孩子张口说有急事、难事,父母自然倾力相助。2016年底,无锡的史美萍女士就接到"儿子"的网上求助,差点陷入骗局。所幸她冷静应对,及时识破骗局,避免了重大经济损失。

史美萍夫妇开有一家公司,历经风雨,公司得以发展壮大。2014年夏天,儿子小奇高中毕业,为了让儿子有一个好的前途,他们把小奇送到美国读大学。平时,他们按月给小奇汇去生活费。小奇经常与他们网上视频和QQ聊天。

事情发生在2016年12月上旬。那天,史美萍和丈夫坐高铁去西安。公司在西安有客户,史美萍也早就想去看看兵马俑,还有杨贵妃沐浴的华清池。中午,火车行至半途,史美萍收到小奇的一个QQ留言。地球另一端的美国时值深夜,美萍有些奇怪:"这孩子,怎么还不睡觉呢?"

"妈妈,我刚做完功课,突然想起一件急事,是我老师的事,所以马上联系你。"小奇说。

"什么事啊?"美萍松了口气。

"是这样。我有一位老师也是中国人,家中有事昨天回国了,因为美元不便带入境,临行前他把3万元美金放我这了,要我到银行兑换人民币后汇去他国内的账户。"

"噢,那你去过银行了吗?"

"还没。妈,您和爸身体好吗?很想你们。想妈妈做的菜,还想外婆的小馄饨,真想回家看看。"儿子突然转了口气。

"孩子,爸爸妈妈也想你,你在那边好好的,等你放假回来,想吃什么妈妈给你做。"儿子的话触动了美萍心底最柔软的那块。小奇是个简单、粗放的孩子,以前从来没有这样腻歪过。丈夫在一旁欣慰地说:"儿子懂事多了。"

"儿子,你是不是有事要我们帮忙?"美萍从儿子的话中察觉出他好像遇到了什么难题。

"我去了趟银行,准备给老师汇钱的,银行系统升级,暂停外汇办理。刚刚做晚饭时,我又不慎把手机掉进水池,一时开不了机。无法联系老师,怕误了老师的事,真是难死我了,妈妈你能否想想办法帮帮我?"小奇终于说出聊天主题。

美萍和丈夫也为儿子着急,夫妻俩商量,小奇那边办不成,3万美金就放那,作为以后的学费和生活费,省得到时还要外汇额度。这边先凑出人民币给老师也可以。

"儿子,你把老师的电话号码给我,美元就放你那吧,我来给他人民币。"

"妈,你真好。老师的国内电话是……"

"好了,一切交给妈妈,安心睡觉吧。"

美萍马上联系到老师。对方在电话里焦急地说,他是母亲患了急病才匆匆回国的,那笔钱是给母亲治病的。下午,母亲就要手术了,正急等这笔钱,希望尽快汇过去。对方还在电话里责怪为什么才去电话。

听着听着,美萍有点生疑。对方是留学生的老师,应该在美国待了很久,按理应该非常有礼貌,怎么听上去口气生硬,一个"谢"字都没有,帮他办事还责怪人。而且,从常理上讲,3万美元,20多万元人民币,这么重要的事情,为什么不托付给同事,而交给一个学生呢?

美萍夫妇冷静下来细想,觉得事有蹊跷。再翻看与儿子的QQ聊天记录,发现之前因着急,没觉察到小奇的语气、表述与往常不同。小奇正处于青春期,性格有些叛逆,前几天还为选专业的事与父母不愉快。而且,小奇话一贯不多,不习惯主动关心父母,问这问那,通常是父母一再叮嘱关照,才简单回复几句。这次,也未免太健谈了。

"我怀疑小奇的QQ号被人盗了。"美萍丈夫不无担心。

"看我的,一试就试出来了。"美萍向所谓的老师提出视频或语音沟通,对方推三阻四,一会儿说信号不好,一会儿又说医院不能上网,后来,干脆不理她了。

美萍夫妇越发认为这是个骗局,马上微信联系到儿子。小奇果真称没有这回事。不过,他还不知道自己的 QQ 号被盗。美萍发去聊天截图,小奇非常惊讶,连忙采取措施,以免骗子再祸害其他人。

> **防骗贴士**
>
> 我们不禁要为美萍及时识破骗局而点赞。留学生家长因子女在国外,联系不方便,遇到类似情况容易着急。不过,只要像美萍一样,冷静下来仔细想一下,是可以找出破绽的。在此提醒,家长遇到孩子网上"求助",首先要保持冷静,切忌慌乱中做出决定。如果能立即通话,一通电话就可真相大白。其次,要留意孩子的说话方式、语气有无异常。尤其涉及钱财时,即使听起来紧急,也最好通过视频或电话联系确认。总之,未经核实,切莫汇款。

在家就能做兼职
——网络刷单刷爆卡

2017 年 3 月,山东济南李姑娘在网络上遇到招募刷单的人,刚开始接到一笔业务,顺利完成任务,而且迅速拿到不菲佣金。坐在家里,刷刷单就能轻松赚钱。尝到甜头的李姑娘之后继续刷单,结果跌进骗子精心编织的陷阱,经过 50 余次刷单,被骗 55 万元。随着电信诈骗手段的翻新,网络刷单已成为当前网络诈骗的新形式,年轻女性也随之成为最容易上当的群体。

27 岁的王姑娘,也因为相信兼职"刷信誉"能轻松赚钱,两天被骗 2 万多元。

王姑娘在苏南地区一家事业单位上班，朝九晚五，工作不忙。2017年5月21日，星期日，上午9点多，她忙完家务，到书房打开了电脑。王姑娘结婚一年多，最近计划要宝宝。小夫妻收入尚可，但如宝宝一出生，支出陡增，还是有点压力的。王姑娘想在求职网站上找个兼职，为家庭收入做些贡献。

就在王姑娘浏览网页过程中，页面上蹦出一个QQ号，称正在招聘在家就能做的兼职。王姑娘一看，正合她意，便主动加对方为好友。对方表示，其所说的兼职，就是"为网购平台刷信誉，坐在家里轻松赚钱"。之后，对方给王姑娘发来一个操作指南的链接，还发来一些资料，介绍信誉刷单中心的情况。

关于佣金问题，对方称，支付1000元以下佣金5%，1000—2000元之间佣金8%，2000—5000元之间佣金10%，10000元以上按12%抽成。王姑娘觉得利润可以，当即按对方说的填写申请和自己的支付宝账号。

申请"刷信誉"当天下午，王姑娘接到第一单生意，购买一件价值120元的女装，佣金6元。对方让其按照指南流程操作。新手操作，王姑娘有些忐忑，她根据步骤小心翼翼、亦步亦趋。对方发来一个二维码，让王姑娘支付宝扫描二维码付款。王姑娘一一照办，并将付款的截图发给对方。两分钟后，对方称系统收到付款。很快，120元本金和6元钱佣金一起返还到王姑娘的支付宝内。

鼠标轻点，一眨眼就赚到6元钱，王姑娘以为找到了轻松的赚钱方法，马上联系对方，表示要继续刷单。于是，系统发来了很多指示，买的物品种类繁多，有衣服、箱包，还有太阳镜、按摩器等等，王姑娘做了十几单，用支付宝垫付6800多元。傍晚，对方发来一个抱歉表情，说是系统出现故障，要等系统修复后才能给她返还本金和佣金。有了第一单返还，王姑娘丝毫没有怀疑"系统故障"之说。

第二天，也就是5月22日，一大早，对方再次联系王姑娘，让其继续刷单，下的单更多，有二三十个。对方称，当天任务完成后，两天的钱一并返还。王姑娘忙中偷闲，连午休时间都在刷单。同事问她忙什么，她莞尔一笑，没说什么。佣金未拿到，她不好意思说。再说，赚些小钱不值当说。

这一天，王姑娘到深夜才完成任务，又垫付18000多元。两天共计24800元，可提取佣金近3000元。可是，当天对方并没有把本金和佣金返还过来，她心里有些打鼓。

23日一早,王姑娘就上网联系对方,可人家不理她。隔一天,对方又联系她,让她继续刷单。这次,王姑娘多了个心眼,一定要对方把前面的钱付清后再刷。对方不跟她多说,秒间把她拉黑。此时,王姑娘才如梦初醒:"被骗了!"

本想兼职挣点油盐钱,没想反被骗2万多元,王姑娘别提多懊丧了。

骗子抓住的正是受害人想轻松赚钱的心理,一开始用小额返利作为"糖果",诱你上当,待你信以为真,主动入套时,便开始实施诈骗。

此类骗局的一般套路是:骗子先在QQ群或网络论坛发布"兼职"信息,一旦有人"上钩",就让加QQ或微信好友。当"兼职"者填写注册申请表后,骗子便让受害人按要求刷单,用二维码转账支付。开始几次小额刷单时,骗子会如数"返现",一旦受害人放松戒备,便频繁让其刷单,然后就以"系统故障""一并返现"等种种理由拖延,再然后就是拉黑受害人,玩起躲猫猫。

诈骗团伙的专业化、团伙化也是一些人受骗的原因之一。王姑娘在报案时说:"我还挺仔细的,看了他们的营业执照、注册文件的,结果还是中了计。"为了取得受害人的信任,骗子往往会在网上给上钩者展示各种各样的营业执照、企业注册文件、后台系统页面等等,营造规范、诚信经营的假象。实际上,这些所谓的证件都是通过PS软件伪造出来的。而企业名称、公司地址、工商注册号则是网上盗来的。

防骗贴士

如今,网络兼职纷繁流行,如何才能不掉入陷阱?首先,要明白凡网上兼职刷信誉,基本是骗局,一定要主动远离。其次,选择网络兼职时,一定要挑选正规网站,并做到"四个不要":一是不要轻易在网上填写申请表,透露个人信息,特别是银行账户、支付宝账号、密码等。二是不要轻信未留固定电话、办公地址的广告。三是不要轻信报酬明显高于市场的广告。四是不要轻信"系统故障"等说辞。

案例 27

退款通过借贷平台发放
——"网购退款"藏猫腻

跟许多年轻人一样,大学二年级的徐若知也喜欢网购,无论是穿的、用的,还是吃的,大都来自网上。网购好处多多,既价格便宜,又免却跑实体店的麻烦,东西不中意还可以退货。

2017年5月的一天,小徐突然接到一个电话,这个电话不仅害他破财,还牵连到同学。

"您好,你是徐若知吗?"来电话的是个女性。

"我是。你是?"来电号码陌生,小徐疑惑。

"我是淘宝某运动衣商家的客服。一周前,你在我店购买的一套运动衣因质量问题,现商家正在召回,要退钱给你。你是5月7日买的衣服,黑色蓝条的,价格250元,5月9日货到。"客服态度非常谦恭。

"噢,是这样。衣服我已经穿了呀。"一周前,小徐确在淘宝上买了套运动衣,快递到后,他第二天就穿上去晨练了。

"穿过也能退款,这是店家的诚心。"

"太好了,你们真讲信誉。款怎么退呢?"

"很简单,你按照我的要求操作就行。"

商家的诚意令涉世未深的小徐十分感动,加之客服的热情、礼貌,他丝毫没有意识到这是一个陷阱。根据客服的指点,小徐在网上注册了一个叫"来分期"的借贷平台。客服说,他们的退款会通过该平台发放,但需要小徐在平台上申请一笔1000元借款,然后他们会把250元退款及1000元借款一起汇给小徐。小徐按照客服要求一步步操作,1000元借款成功。此时,客服发来一个二维码让其扫描。小徐扫描后发现,自己刚刚借的1000元没了。他大吃一惊,着急地去电咨询。

"不好意思,刚刚误操作了,你赶快重新注册'马上金融',再重复之前的操作。"客服表示歉意,又指导小徐操作。

这一次,小徐没有注册成功。客服批评他:"你太笨了,这么简单的操作都不会,还是找个人来帮忙吧。"于是,小徐请舍友陈松帮忙。

小陈是个"网虫",网上玩得溜,他对此事也一点没怀疑。小陈与客服沟通后,也按照对方要求注册"来分期"借了 1000 元,并通过扫二维码的方式转给了对方。接着,对方发来一个二维码链接,让其扫描进去申请退款。小陈扫进去后,按照提示将自己的银行卡账号和密码输了进去。很快,他收到银行发来的动态验证码。客服告知,只要输入验证码,"退款"就能实时到账。小陈输入验证码后,发现自己的银行卡不仅没有进账,还被转走 5500 元。

钱莫名其妙没了,两位大学生还没察觉上当,后对方以"试试微信转账"的理由,让小徐、小陈通过微信转了 1500 元和 1700 元。钱转出,客服随即消失,再也联系不上。此时,两人方醒悟上当了,共被骗 1 万余元。这可是他们的生活费啊。

> **防骗贴士**
>
> 申请网贷和扫二维码,是"网购退款"骗局的惯用手法。在本案中,骗子还使用钓鱼网站骗取了银行卡信息。遇到此类骗局要注意识别,网购退款可在购物平台上直接申请,并不需要向对方转账,但凡对方提出这样要求的,基本可以判定为骗子。

案例 28
请发个付款二维码截图
——手指一划损失近千

秀秀爱花,她的梦想是开一家花店。2017 年,她的目标实现,在家人的支持下,她成为一家花店的主人。

花店坐落在江阴市区一个巷口,店面不大,十五六平米。剪枝、浇水、包装,秀秀每天忙得不亦乐乎。花店新开张,因为鲜花品种多、有特色,加之秀秀的嘴巴甜、服务好,人们口口相传,生意一下火起来。刨去房租、人工费,小店开张第二个月就有了利润。

到店里买花的年轻人居多,情侣约会送花,生日送花,各种节日送花,这是当下时尚。秀秀抓住机遇,把鲜花销售拓展到网上。各色娇艳欲滴的玫瑰,一束束象征爱情、友情的"勿忘我",粉的、红的、白的月季花,拍成照片发到网上,煞是惹人喜欢,一时订单雪片般飞来。

2017年8月,眼瞅着农历七夕东方情人节快到了,秀秀岂能放过这"鲜花的盛事"。8月初,她事先通过网络在昆明的鲜花基地订了一批花。8月中旬,鲜花空运到货。一时,网上网下,卖得那个红火。

8月19日中午,忙了一上午的秀秀正在店里小憩,手机短信提示音把她惊醒。短信称经朋友介绍,找到秀秀,想买一束鲜花送给女友。

"我能加你为好友吗?方便联络。"

"好呀。"生意上门是好事,秀秀一点没怀疑。

当下,双方在微信上谈妥价格,一束红玫瑰,加礼盒包装,共368元。

"收到微信转账马上安排发货。"秀秀立马起身做准备。

"好嘞,马上给你转。"买家也是个爽快人。不一会儿,跟过来一条微信:"微信当日转账支付金额超限,请你发个付款二维码截图过来,我会扫二维码支付。"

秀秀忙着挑拣玫瑰,想都没想就把自己的付款二维码截图发了过去。

"您尾号××××的卡8月19日13:21工商银行支出999元。"二维码截图发出去1分钟,秀秀的手机收到一条短信。

"怎么我的卡被扣钱了?"秀秀马上给买家发去微信。

"扣钱?不会吧。"买家好像很无辜。

"千真万确,我发截图你看,扣款999元。"秀秀截图还未发出,就被对方删除好友,再也无法联系。

防骗贴士

秀秀满腹狐疑报了案:"怎么发个付款二维码截图就被对方扣款转账了呢?"民警释疑:微信有收款和付款功能,稍不留意容易搞混。在需要付款时,用户向商家展示付款二维码,商家只需输入支付金额并快速扫描二维码,即完成交易。微信二维码具有时效性且一次有效,在每笔金额小于1000元的情况下,无须验证支付密码,支付宝也同样有类似收付款功能。因此,付款码和收款码一定不可混淆,收取款项时向对方展示的是收款码,而非付款码;同时不要轻易截图付款码,发给别人更需谨慎。此外,我们可以在微信钱包和支付宝中设置支付手势密码,当你欲使用手机付款时,必须输入手势密码后才能付款。这样,即使手机被盗,钱也不会轻易被人转走。

网络骗局防范重点

较之电话骗局和短信骗局,网络骗局花样越来越多,上当受骗人数也越来越多,骗子的胃口也越来越大。本章列举的9个案例,包含了网上骗术的多种形式。为帮助人们更好地识骗防骗,有的案例还从作案者自述的角度来披露骗局内幕,揭穿骗子伎俩,但愿人们从中有所收获。如今,网络无处不在,我们更离不开网络。同时,网上陷阱多多,人们还需时刻保持一分戒心。

1. 不要随意拨打网上电话或加微信、QQ好友。与此同时,不要随意打开陌生人发来的链接以及文件。

2. 不要盲目相信网络交友。与你恋爱的"白富美"也许是一个"纯爷们"。要学会拒绝网友的不合理要求,特别要防范涉及经济往来的陌生网友,要做到未见面不谈钱,见面少带钱,被要求或请求你借钱、发红包时,要学会拒绝。

3. 保管好私人信息。注意保管好自己的QQ号、电子邮箱等相关私人资料,不要随便告诉陌生人。银行账户、QQ、邮箱要不定期地修改密码,建议最好与自己不离身的手机进行捆绑,以便第一时间掌握信息。

4. 广大网友要增强自身安全意识。多了解和关注网络诈骗手段,对于像刷信誉、刷好评这类本身就不合法的工作,一定不能抱有侥幸心理去应聘,一旦被骗只能"哑巴吃黄连"。

第四章

投资骗局

王阿姨简直要崩溃了,她把 4 万元积蓄在网上投了"电子黄金",购买一种叫"eg 币"的虚拟货币,还鼓动亲朋投了 50 万元。一天,"电子黄金投资"网站关闭,一大帮人血本无归。

李老伯听信"证券专家"的鼓吹,花 11 万元购买原始股上了当,多亏民警把他的养老钱追回。

经济转型带来的降息预期、通胀压力、物价指数等因素刺激着高收益的民间需求。人们迫切寻求既有高收益又保本的投资理财方式。而普通民众因金融知识的匮乏或者说对投资理财的一知半解,辨识骗局的难度相应增大,这给一些骗子公司可乘之机,各种骗局应运而生。网上炒"电子黄金"、炒原油、提供股市内幕消息、虚假原始股等等,令人眼花缭乱。网下非法集资、虚假投资也是五花八门,被骗一两百万甚至上千万元的大有人在。投资理财诈骗涉案金额高,绝大多数还带有涉众性,严重危害社会稳定。

在投资骗局中,以 50 岁以上的中老年人上当受骗者居多,年龄最大的近 90 岁。很多老人谨小慎微一辈子,为什么会把几万元、几十万元的巨款拱手交到陌生人手里?

案例 29

炒电子黄金一夜暴富
——"发财神话"不灵光

2007年,无锡发生首例网上投资涉众型被骗案。短短3个月里,先后有400余人跌入"电子黄金投资"陷阱,时年65岁的王阿姨就是其中一个。

王阿姨是那种典型的江南阿婆,家住无锡城南,老夫妻俩和子女不住一起,说是距离产生美。王阿姨退休前是企业里的会计,长期与阿拉伯数字打交道,性格内向,不善言语,退休后生活圈子很小。屋里忙于柴米油盐,小区里散散步,老同事间稍有走动,偶尔出门旅个游,过着安稳、平静的晚年生活。

一晃在家八九年,社会发生很大变化,投资热悄然兴起,股票、黄金……投资理财市场持续升温。2007年1月初的一天,王阿姨去买菜,途中遇到以前一个单位的老同事,久未谋面,两人喜出望外,站在路边聊了起来。聊着聊着,就聊到了"钱生钱"的事。老同事说正要去参加一个投资推介会,要不一起去听听?

"想想你的钱存在银行里能有多少利息?"老同事一番话说得王阿姨动了心。她菜场不去,菜不买,随老同事来到市中心一个商住楼的12楼。五六十平米的会议室里坐了百来个人,大都是白发苍苍的老头老太。王阿姨找了个地方坐下来。

这是一个关于"电子黄金投资"的宣传活动,主讲人是一个50岁出头的中年妇女,听说当过老师,口才了得,满嘴莲花。她吹嘘,这个"电子黄金"是美国一家国际投资公司的理财产品,只要购买200个叫"eg币"的虚拟货币,第二天就能获得2.4eg币的投资回报。投得越多,回报越高,投资9个月回报率可达500%以上。以1万元为例,投资1年等于存在银行22年的利息。另外,发展人员还可获得10%—15%的奖金。"一夜暴富不再是神话,机会正向你招手。"主讲人激情澎湃地结束她的演讲。

"这么高的回报?"王阿姨有些不相信。以前自己干会计的时候,企业利润15%—20%就已经很高了。500%的回报,这是个什么概念?!

"你愣什么,发财的机会来了,赶快投吧。"老同事用胳膊肘捅了捅她。

"可我不会操作电脑啊。"高利润的诱惑面前,王阿姨的心理防线守不住了,她觉得可以一搏。她有4万元存在银行里,一年没几个利息,拿出来投资电子黄金,9个月下来就赚大发了。

"您放心,这个我包。"老同事拍着胸脯说。

"买!"王阿姨下了决心,当下去银行取出全部4万元存款,悉数买了eg币。第二天,打开网站,她看到自己名下有2%的投资回报率。不错,抓住摇钱树了。

一开始,王阿姨连老伴也没告诉,偶尔对儿子流露出想投资买理财产品的念头,儿子一句话打回来:"别动那个心思。"老伴是个棋迷,白天总是外出与棋友切磋,儿子、媳妇一星期才回家吃顿饭。王阿姨的投资行动,他们完全蒙在鼓里。

王阿姨天天关注投资动态,行情好像很稳定,收益总能按天到账。眼看着名下eg币的数字"噌噌噌"往上涨,她按捺不住高兴。那段时间,她大搞头脑风暴,恶补金融知识,从《新闻联播》到财经新闻,从《中国证券报》到街坊闲谈,凡是能接触到的信息,都被她装进大脑。她热衷外出去参加一场场投资理财讲座,在花花绿绿的宣传单上看到一个个知名经济学家的照片。她不断罗列着对自己有利的依据,越来越认为自己的决策是正确的。

首先感觉王阿姨有重大变化的,是她的亲朋好友。从不爱串门的她爱串门了,以前不爱讲话的她现在满口热词,在她的渲染、鼓动下,亲戚、同事、老闺蜜等纷纷取钱让她帮忙投资,三五天时间投进去50余万元。令人始料未及的是,1月底,"电子黄金投资"网站毫无征兆地关闭了,个人账户无法打开,任王阿姨急得满头大汗也徒劳。打电话问拉她投资的老同事,同样急得团团转。2月初,网站倒是重新打开,说是服务器转移到了美国。3月1日,网站再次关闭,彻底蒸发了。

门庭一向冷落的王阿姨家陡然热闹,人来人往,来的都是被王阿姨拉去买

eg币的人。这时,家人方知王阿姨闯下大祸,见王阿姨已急得满嘴燎泡、声音嘶哑,责怪的话到了嘴边也没说出口。可是,这么多钱,他们也赔不起呀。

受骗的不仅仅是王阿姨与她拉进去的人,2007年3月起,无锡警方陆续接到此类报案,还有不少人向工商部门举报:"有人在网上采用非法手段传销电子黄金。"据初查,这个自称"美国佛州e-gold国际集团"下属的综合性理财金融机构,网络服务器设在韩国。

理财产品也搞网上传销?这在无锡还是首例。为防止更多人上当受骗,警方在媒体上向市民发出预警,同时全力投入侦查。

无锡到底有多少人陷入这起网络投资案?调查中发现,在"电子黄金投资"网站注册的会员,都是以自己编制的用户名出现的。网站上的用户名多达4900余个。因网站已经关闭,确认比对用户身份难度太大。而上当受骗者,大多数是中老年妇女,以退休职工、下岗工人居多,文化水平低,不懂网络,不会操作电脑,更不知用户名为何物。办案民警利用上下线网络关系,逐级逐层追溯,反复走访被骗者。王阿姨等向民警提供,他们都办了银行卡,投资的钱是直接委托他人汇入上线指定的深圳某银行账户。

民警在银行的配合下,花了1个月时间,逐一比对核实无锡、深圳两地银行上万笔往来,确认全市有400余人参与"电子黄金投资",涉案金额700余万元。投资者的钱一汇入深圳的账户,就被人快速提现取走,最多的一笔逾百万元,有不少账户钱提出即销户。

谁是在无锡鼓动人投资"电子黄金"的始作俑者呢?许多投了钱的人说,他们是听了"蔡老师""张老师"的宣传才在网上注册买eg币的。蔡老师、张老师是干什么的,住哪里,具体姓名,谁也说不清楚。只知道两人50岁出头,无锡人,能说会道,发展了不少下线。

监控中,发现蔡、张二人仍在网上活动、发展会员,而与蔡、张二人联系频繁的施某、吕某也有重大涉案嫌疑。民警依法冻结了他们的账户。

民警辛苦奔波2个多月,"电子黄金"骗局初露端倪。被害者口中的"老师"蔡秀英、施巧珍、张桂英、吕惠芬正是编织骗局的人。她们的上线是一个叫丁阿宝的湖南人,因在河北沧州涉嫌诈骗被当地警方抓获归案。2007年5月,蔡秀英、吕惠芬分别落网,张桂英、施巧珍潜往西安、苏州藏匿,也被抓了回来。

在张桂英家中,民警查获了一本笔记本,上面画有无锡地区"投资人"的网络图,密密麻麻记载着其发展的下线名单、投资数额、回报等。

张桂英等自知罪孽深重,即使面对铁证,仍避重就轻,百般抵赖。民警掼出在深圳、沧州、上海等地调查得来的证据,攻守同盟最终被突破。4人分别交代在明知"电子黄金投资"纯属虚构的情况下,为个人私利,在无锡发展400余名下线,向上线开设在深圳的银行账户中转入资金707万元,购买所谓的"电子黄金货币"eg币,致大量被骗资金流向境外。

蔡秀英等4人均为女性,无锡人。施巧珍、吕惠芬无业,蔡秀英从纺织厂退休,张桂英开有一家信息服务工作室。一开始,是蔡秀英、施巧珍经人介绍认识来自湖南的"财神爷"丁阿宝,说是搞网上投资的。在其入住的酒店客房,丁阿宝极力向蔡、施推销"电子黄金投资"理财。他声称"电子黄金投资"是国际性大集团在做,主要是搞资本运作,利润高得吓死人。

"资本运作?"蔡秀英、施巧珍哪里懂得。丁阿宝打开笔记本电脑,边讲解边演示,"电子黄金投资"就是在网上购买eg币(虚拟货币),每日可以取得一定的回报比例。8元人民币买一个eg币。共分五个档次:投资200—499元,每天可按1.2%的比例返回虚拟货币;投资500—999元,每天可按1.5%的比例返回;投资1000—4999元,回报率是1.7%;投资5000—9999元,回报率为2.0%;第五档,投资10000—25000元,每日回报率达3%。投资越多,回报越高。9个月为一投资周期,第一档的回报率约240%,第二档为300%,第三、四档分别为340%和400%,第五档回报率高达600%。除此之外,会员还有优惠,不论购买任何一个档次的eg币,都可以成为"电子黄金投资"集团的会员,有权发展会员即下线。凡发展新会员,都能享受新会员投资额的10%—15%作为佣金,发展1—3人,可得投资额10%的佣金,介绍4—6人,可得投资额12%的佣金,发展7人以上,可得投资额15%的佣金,直接发展7人以上的,还可享受他人投资的2%的对等资金。

想想吧,这是一幅怎样的发展前景,只要交1600元人民币成为会员,发展一层层下线,还不财源滚滚?一年获利百万不是梦想。蔡秀英、施巧珍当下分别交纳1600元人民币购买了200个eg币,在网上注册用户名,成为电子黄金投资集团的会员。之后,两人发展张桂英、吕惠芬为会员。

蔡秀英等人手头比较拮据,没有能力去赢取高额的回报率,只能把目标转向那诱人的佣金,明知这是个骗局,仍拼命发展下线,害人不浅。400余名投资者就是这样滚雪球滚出来的。骗人投了707万元巨款,她们仅得到佣金9000元。据查,钱都汇到境外,追不回来了。

> **防骗贴士**
>
> 陷入这起"电子黄金投资"骗局的,大都是50岁以上的中老年人,妇女居多、退休者居多。据蔡秀英交代,丁阿宝在传授经验时说,要瞄准中老年人,有闲钱、有时间、子女又忙。丁阿宝嘴里的所谓"闲钱",大都是受害者一生的积蓄,他们把养老金或者生活保障金投进骗局,血本无归,留下的只有深深的痛。老年人在投资理财中,不要贪图不符合常理的高回报。收益率远远高于同期银行理财利率,而又承诺保本保息的投资项目,很可能就是陷阱。

投资秸秆颗粒年回报24%
——骗子"挖坑"大玩"空手道"

在无锡城西大运河畔,有一幢30余层高的商住大厦,大厦起名"华邸",建于2007年。大厦的每一个楼层,进驻了大大小小的公司,什么投资理财、文化收藏、房屋中介,五花八门。时常有新公司进驻,也有老公司搬出,来来往往,开开关关,正常得很,无人在意。

2011年10月,大厦23楼又有一家新公司挂牌,名曰"黑龙江信中元集团无锡公司"（以下简称"信中元"）。大厦保安惊诧地发现，自"信中元"进驻，华邸大厦异乎寻常地热闹起来，每天像集市似的，来的大都是白发苍苍的老年人。有独自一人拄着拐杖来的，有三三两两结伴而来的。看年龄，年长的80岁出头，小的也有60多岁，每天都有三四十人，均是奔"信中元"而来。

这"信中元"是做什么生意的，保健品还是理财产品？从老人们手中捏着的精美宣传单看，公司推销的是一个叫"秸秆颗粒"的产品。秸秆颗粒是什么东西，闻所未闻。难道又是一场投资骗局？

人们的猜测没错，"信中元"的董事长、这场骗局的策划者刘玉尔正躲在几千里外的冰城哈尔滨遥控指挥。

刘玉尔时年37岁，土生土长的哈尔滨人，名字起得秀气，人长得五大三粗，典型的东北人。他曾在某行政机关给领导开过几年小车，可谓见多识广，头脑活络。后来他嫌开车不自由，限制太多，挣钱太少，2007年辞职转行做起了生意。他卖过服装，开过小饭馆，推销过茶叶，均以亏本告终。一晃三四年，一事无成。

2010年春节过去，刘玉尔仍未找到合适的生意。一个大男人窝在家里，老婆埋怨，父母责怪。刘玉尔绞尽脑汁，想出一个绝妙的念头：成立公司，虚构一个项目，融资圈钱。当时社会上投资热逐步升温，缺的是项目。

开公司必须有合伙人，他找到做茶叶生意时认识的吉林女子余玲玲，两人一拍即合。做什么项目呢？刘玉尔想起，他给领导开车那会儿，曾听闻洽谈过一个项目，有个知名大学的教授研究出"秸秆颗粒"的项目，据说利润非常高。后来论证下来不是很理想，没谈成，至今这个项目空挂着，无人接盘，何不借来用用呢？

2010年7月，刘玉尔、余玲玲合伙注册成立"信中元"，公司注册地为哈尔滨香坊区公滨路，实际办公地在道里区钢铁街，租了个十几平米的门面房，摆上两三套桌椅。刘玉尔担任法人代表，占90%股份，余玲玲占10%。公司的经营范围是物质能源开发，销售秸秆颗粒，注册资金1000万元。公司的注册是花了几万元找中介代办的，那1000万元资金无疑是虚报的。

公司有了，刘玉尔、余玲玲以优厚的待遇吸引人，招来5个年轻男女担任业务员,制作精美的宣传资料,把公司包装成高科技的港资公司。业务员天天到哈尔滨的公共场所、小区散发宣传单,以50%的诱人回报忽悠人。不到2个月,就圈钱220万元。余玲玲的胃口倒不是很大,看着一大堆钱,她有些害怕,怕这"空手道"迟早有一天露馅,到那时,是要坐牢的。她拿了20多万元分成离开了。

尝到甜头的刘玉尔不想就此罢休。他跑到深圳寻求"发展",搭识了一个叫"何为"的人。两人联手开公司销售"秸秆颗粒",3个月得款400余万元。钱来得如此容易,刘玉尔的贪欲越来越膨胀。为避人耳目,他打一枪换一个地方,先后跑到山西太原,河南郑州、新乡,河北石家庄等地设立分公司疯狂吸金。他的钱呈几何级数倍增,最多时聚集上亿资金。公司除了聘业务员、印宣传册,没有任何实际经营活动,真是无本万利啊。他住有别墅,进出有高档汽车,美女左拥右抱,夜夜笙歌,过着穷奢极欲的生活。

2011年八九月,刘玉尔把目标转向江南,确定了新的融资模式:每个客户投资起点1万元,上不封顶,年利率24%,月息2%。他找中介在无锡、苏州、杭州注册了3家分公司。3家分公司都由他担任法人代表,分公司"业务"则招聘业务经理全权负责,他自己藏身哈尔滨郊外的别墅坐等渔利。

无锡分公司的经理叫陈东。陈东系江西人,通过朋友介绍上了贼船,2011年9月应聘到"信中元"。他知道"信中元"做的是非法吸收公众存款的事,这是违法犯罪。为了改变生活现状,他见利忘义,使用假名"刘海"应聘"上任",卖命工作。2011年10月、11月,他两个月获利128万元。

"绝不能让无辜老人的养老钱进了骗子口袋!"2011年12月28日,数名有正义感的市民在网上向无锡公安举报:梁清路华邸大厦23楼的"信中元"在向老年人高息借款。警方紧急行动!

"我们想来投资。"29日上午,2名衣着平常的50多岁男子来到无锡"信中元"。

"请坐,喝口水,先看看我们的资料。"接待他们的正是经理刘海。他把客人引到接待区,吩咐前台接待倒来茶水,呈上宣传册。接待区五六张小圆桌,六七个老人在咨询或签协议。

宣传册制作精美,图文并茂,上面介绍"信中元"2010年9月28日在香港注册。经营范围清晰:物质能源开发,销售秸秆颗粒。

"这秸秆颗粒是什么产品,能派上什么用途?你给我们说说。"仔细看完宣传册,来者提问。

"秸秆颗粒就是把农作物的秸秆用机器压缩成颗粒燃料,这个项目利润很高。"刘经理解释。他说这是一个国家环保节能项目,现公司正在融资投入生产,回报率高得惊人,有十几倍甚至几十倍。

"是个好产品,怎样投资这个项目呢?"来者似乎很有兴趣。

"这好办,可以签订投资协议。"刘海拿来几份协议,介绍说投资门槛为1万元,期限1年,年回报率24%,按月支付,月息2%,即投入1万元每月可得200元,一年2400元。刘海说,有财大家发,无锡已经有不少人在做这项投资了。

"太好了,我们考虑好再来签协议。"客户拿着协议走了。他们是无锡公安派出的暗访民警。

随后1个月,民警们白昼黑夜、街头小区,秘密调查摸底,查明"信中元"以"秸秆颗粒"为幌子,以高息为诱饵向群众"借款"。短短2个月,已非法吸收资金700余万元,上当者260余人,基本是老年人,投资额度1万元至百万元不等。

民警逐个寻找"投资者",老人们讲述的情况让他们深深担忧。

63岁的周阿姨退休前是企业工会干部,退休后在社居委干过一段时间,人脉广,且有号召力。一天,她在超市门口被一个女孩拦住,发了本宣传资料。超市门口发这样那样广告的很多,她总是随手接过,往垃圾桶里一扔了事。这女孩不同,"阿姨,阿姨"叫得那个甜,还帮她拎东西,一直送到小区里。临分手,周阿姨有点不好意思,答应好好研究研究,还给对方留了电话。随后几天,那女孩天天电话嘘寒问暖,让独居的周阿姨倍感温暖。她终于走进华邸大厦,签下10万元投资协议。一个月后,果真拿到2000元利息。这下,她彻底相信,邻居、亲戚、老闺蜜那里到处宣传,前后吸引20多人到"信中元"投资,总共100余万元。而这二十几个人,大都是退休工人、失地农民,投进去的钱,有的是积存的退休工资,有的是房屋拆迁款。

83岁的吴老伯,子女在外地,他和老伴居住在无锡西郊,夫妻省吃俭用,一辈子积蓄23万元,以备生病或失能之需。在"业务员"的鼓动下,他把钱投进"信中元",还借来17万元投进去,为的是那24%的高利息。

王焕福老人,儿子要结婚,婚房装修有缺口,他把15万元投进去,期望一年下来赚个三四万,贴补贴补;李素珍老人,老房拆迁,拿到8万元安居款,为了让"钱生钱",也交给了"信中元"。

公安网上,民警查到"信中元"在黑龙江、深圳、河南等地卷款逃跑的信息,一般是一个地方干三四个月就跑路,消失得无影无踪。

"一定要赶在公司'消失'前坐实罪证,抓获疑犯,查清资金流向,最大限度减少群众损失。"办案民警秉持这一信念,与"信中元"展开赛跑。

据调查,"信中元"无锡分公司所吸收的资金,全部汇到了设在哈尔滨的"总部"。民警从温润的江南赶往冰天雪地的北国彻查。刘玉尔浮出水面。

令人大跌眼镜的是,"信中元"总部的银行账户上,资金往来记录竟是零,而法人代表刘玉尔的银行卡上也仅有区区4万元。前期侦查表明,无锡"圈"到的钱除刘海获利128万元和"业务员"工资,全都汇到刘玉尔的银行卡上。钱去哪里了?

在银行的配合支持下查明,2011年5月至2012年1月,刘玉尔的银行卡向何为的银行卡转入资金1210万元,每笔款汇入立马提现,何为的银行卡上只有余额1万元。刘玉尔还向另外18张银行卡转账1000余万元,这些卡分布在哈尔滨、深圳及郑州、石家庄等地。这些资金均已取现。

刘玉尔一伙非常狡猾,吸收的资金都通过网上银行转账,再提现,不留痕迹,难于查控。民警凭着钻劲韧劲,锁定2个与刘玉尔有资金往来的账户,冻结280万元资金。

2012年2月15日,华邸大厦23楼,"信中元"无锡分公司依然门庭若市。公安民警神兵天降,刘海等11名涉案人员目瞪口呆,束手就擒。正在签投资协议的七八位老人听了民警的宣传解释,恍然大悟:"这是一个骗子公司,多亏民警来得及时。"

68岁的朱阿姨是听亲戚介绍,从几十里外的乡下赶来的,3万元钱差点就没了。她心有余悸地说:"这钱要没了,我怎么向老人交代啊。"原来,这钱是她90岁的婆婆的。

2月20日,闻风而逃的刘玉尔、何为相继落网,公安机关追缴涉案资金700余万元。

周阿姨、吴老伯他们是幸运的,警方及时破案追款,把他们的钱追回来了。可是,谁能保证他们从此不再上当受骗?

防骗贴士

吴老伯说,真是看不懂了,这公司证照齐全,公开经营,办公有秩序,业务员周正礼貌,这样的公司咋就成了骗子公司?不少老人都有这样的疑问。他们不知道的是,其实许多违法犯罪行为都是以合法外衣为掩护的,表面的东西千万不能轻易相信。现在企业营业证照办理门槛特别低,甚至一元钱就可以办执照,看似成百上千万元的注册资金,实际是玩了个"空手道"。

"三七"项目前景无限
——鲜美"鸡汤"害惨47位老人

散瘀止血,消肿定痛,补虚强壮,"三七"是一味不错的中药材。近年来,"三七"的功效被宣传得神乎其神,给越来越多注重养生的人们送去福音。高血压的、高血脂的、血栓的、体虚的,老的、少的,都在吃。

"三七"广阔的市场前景也被骗子看好。"不必承担任何风险,只需投资几万元,签订一份'叁柒健康家庭项目'合同,不出一年就有高达20%的收益。"真有这样的好事吗？无锡的47位老人正是被这一谎言所蒙骗，200余万元养老钱被骗子席卷而去。

张顺福老人就是这47位老人中的一个。

张大爷居住在惠山脚下，年逾古稀。早年，他在造船厂工作，退休10余年，退休工资不是很高，多亏国家养老政策好，养老金年年有所增长，每个月也有近3000元的收入。张大爷很满足。想想现在的生活，就像浸在蜜罐里。张大爷和许多老人一样，怀有健康长寿的愿望。这不，他经常去听各种各样的健康讲座，吃免费午餐不说，时不时拎回几个鸡蛋、几块肥皂、洗洁精之类的，当然少不了买保健品，都堆在床底下，免得儿女看见责怪。

张大爷没想到保健品公司还会以保健品投资为诱饵，把他拉入圈套。

话说那天张大爷和邻居钱巧芬阿婆结伴去听一个有关"纯蚁粉胶囊"的保健讲座。两人边走边聊。钱阿婆兴奋地说最近遇见一桩"好事"。"什么好事，说来听听。"张大爷连忙问。钱阿婆说，有个叫"叁柒之家"的公司正在招募会员，只要成为会员，不仅可以优惠购买"三七"，还可以参与投资，回报率高达20%。"我手头紧张，无钱可投，老张，你可以去看看。"

那天的健康讲座张大爷一句没听进去，脑子里盘桓的都是投资"三七"的事。银行里存有5万多元，利息少得可怜。如能找到回报丰厚的渠道，何尝不是好事。

"眼见为实，耳听为虚，还是先去看看吧。"第二天上午，大爷来到位于市中心汇利广场的商住楼。根据钱阿婆所说的方位，他乘电梯上了4楼，只见单元门口挂着"叁柒之家商贸有限公司"的招牌（以下简称"叁柒公司"）。推开门，一股香味扑鼻而来。叁柒公司设在160余平米的单元房里，厅堂里坐着七八个老人，一角的电磁炉上，炖着一锅热气腾腾的鸡汤，散发着浓郁诱人的香气。

"大爷，快进来。"两个年轻小伙子热情备至，安排张大爷坐下，端来一碗鸡汤，"您老尝尝，这是用三七炖的鸡汤，又鲜美又滋补。"

张大爷浅尝一口，那个鲜啊，这三七真是个好东西。他喝完那碗汤，不好意思地笑了。

喝完鸡汤，张大爷四下打量。公司七八个员工，一式西装，佩戴胸牌。一边墙上是公司的宣传海报,另一边墙上是规章制度、员工岗位职责、纪律之类,看上去非常正规。

"大爷,三七您一定听说过,是一种极好的中药材,不仅消肿化瘀、止血止痛,还能强壮身体,有病治病,无病防病。我们公司在云南文山有 3000 亩的种植基地,还有自己的加工厂。分店遍布全国,无锡也有好几家,专卖三七、三七片、三七粉等。这个项目利人利己,前景无限,您老如果投资,一定能赚到钱。"小伙子拿来一沓宣传资料,图片上那三七苗枝繁叶茂,郁郁葱葱,一望无际。还有现代化的加工车间,规模好大。看出张大爷有些心动,小伙子在一旁更热情。他指着另外那些老人说,你看,他们都是闻讯而来的,正准备投资呢。机会难得,别犹豫了。张大爷频频点头,但还是没下定决心。

"我再考虑考虑。"一旦决定投资,就是几万元的事,他只有 5 万元存款。几万元钱,对有钱人来说,不是什么钱,在张大爷这儿,却是一笔巨款,不能出任何差池。他把宣传资料收进拎包,留下联系电话,回家了。

"张大爷,我是叁柒公司的小王,公司有个产品推介会,您老可以去听听。公司的罗总、冯总都要来,为大家解惑答疑,还有礼品赠送。您老去吧?明天我在公司楼下等您,我们一起乘车去会场。明天风大,记得多穿件衣服。"小王就是那天接待张大爷的小伙子,嘴甜,还贴心。张大爷当即答应去听听。

叁柒公司好有气派,产品推介会设在风景秀丽的马山太湖国家旅游度假区一个四星级酒店。会场里密密匝匝坐满人,一眼望去,都是 60 岁以上的老人。小王周到地安排张大爷靠前坐下。

罗总 30 岁模样,副总姓冯,差不多年龄,两人都是西装革履,衬衣领笔挺,气度不凡,一看就是做大生意的。罗总是推介会主讲,他介绍了公司的雄厚财力,描绘了公司的美好前景,详细推介了两种投资方式,一种是投资后第一个月拿 20% 的返利,第九个月返回本金;另一种是投资后第一个月拿 15% 的利息,从第二个月起每月返回本金的六分之一,直至第七个月返本结束。

会场里一片嗡嗡声。老人们都在计算着哪种投资方式更合算,根本就没往骗局方向去想。张大爷算了笔账,如果投资 2 万元,根据第二种投资方式,7 个月后连本带利 2.3 万元,净赚 3000 元,这可比银行利息高多了。这是个不可错过的投资机会。他当场填写投资意向书，交了100元定金。推介会提供丰盛的免费午餐，每人发了盒土鸡蛋。老人们一个个兴高采烈。

张大爷拎着鸡蛋回家，家人也没多问什么，因为老爷子经常去参加这样那样的健康类讲座，习以为常了。

推介会后，张大爷从银行取出2万元现金交与叁柒公司投资，签署了一份"叁柒健康家庭项目"合同。公司会计给张大爷一张凭证，上面有他的姓名和身份证号。办理过程中，业务员小王陪伴左右，忙前忙后。他殷勤地关照张大爷，以后每个月拿着这张凭证到公司取钱。

张大爷回家在日历上把取钱的日子用笔圈了起来。一个月后，他如愿拿到15%的利息。第二个月，六分之一也如约兑现。张大爷彻底放心。其间，小王多次说，罗总在无锡百脑汇还开了家"云南灏鑫投资公司"，经营模式与叁柒公司相似，鼓动张大爷去投。还好，张大爷没投，听说有不少人去投了。

"张大爷们"高兴没几天，当他们第三次去公司取钱时，只见铁将军把门，人已不知所踪。无论是汇利广场的叁柒公司，还是百脑汇的灏鑫公司，都是人去屋空。两个公司的所有人马一夜之间集体蒸发。有人拨打罗总电话，通了。面对投资者的质问，罗总再三解释，说是公司资金周转出了点小问题，正在云南协调贷款事宜，一旦弄到钱，立马返还大家。他要大家谅解，耐心等待。

善良的老人一等就是半年，罗总不仅未兑现承诺，还关机玩起失踪。此时，"张大爷们"才意识到上当受骗，几十位老人向警方报了案。

"警察同志，一定要把这些害人精抓住，帮我们把养老钱追回来啊！"望着老人们一双双期待的眼睛，民警们的心里沉甸甸的。

不查不知道，一查吓一跳。叁柒公司是个彻头彻尾的空壳公司，公司法人代表"朱丽""鲁菊莲"均是虚假身份，"罗总"罗鑫、"冯总"冯伟，包括业务员小王等所有人员用的都是化名，那上千亩三七种植基地和现代化的三七加工车间图片，是从网上盗用来的。

在对"灏鑫投资公司"的调查中，民警找到突破口。该公司登记的法人代表"王洪"确有其人，云南文山人。他名义上是法人代表，实际是公司的业务员。民警急赴云南文山觅踪。

投资骗局 | 117

"大爷,大妈,你们怎么在这儿?"在文山一个偏僻派出所,民警遇到张大爷等6位老人,惊诧不已。老人们神情委顿,灰头土脸,人困马乏。都是六七十岁的人了,山高路远,怎么到的这儿?

原来,自从钱被骗走,几位老人一直处在自责中,更不敢讲与家人、邻居听。白白损失不甘心,几个人暗中一商量,以外出旅游为名,跑到昆明、文山一带来寻找罗鑫等人"讨说法"来了。人生地不熟,罗鑫的影子没见着,身上的钱倒花光了,只得求助派出所,没想到巧遇前来办案的民警。

"太好了,'家里人'来了。"老人们连续数天奔波,身心交瘁,见到亲人一般的无锡民警,眼里泛起泪花。民警赶紧找旅馆安排张大爷一行住下,给他们买好车票,送上返程的火车。

公司关门,王洪潜回文山老家。他一改往常招摇过市、呼朋唤友的做派,"宅"在家中玩游戏、睡大觉。凌晨,他被民警从被窝里揪了出来。

王洪倒是讲义气,他三缄其口,称自己不过是受雇于人的"打工仔",其他情况一概不知。在对王洪的社会关系调查中,一个叫"罗天喜"的人引起民警注意。此人是王洪的邻居,还是从小学到初中的同学。

经张大爷他们辨认,罗天喜正是"罗鑫"罗总。几天后,藏身云南昆明一城中村的罗天喜被寻踪而至的无锡警察抓获。同时落网的还有化名冯伟的"冯总"冯再波。

罗天喜、冯再波原籍均系云南。2011年8月,罗天喜经老乡介绍进入云南某公司无锡分公司当业务员,一个月未满便辞职。他认为,无锡市场很大,与其给人打工,不如自己创业。一番调研,罗天喜萌生成立公司,以会员制形式吸引人投资捞钱的念头。明知这是违法犯罪的事,为了钱,他想搏一次。因启动资金不足,租房、雇人都要钱,他约冯再波等人入伙。

吸引人投资必须有项目。"三七"产自云南,药用价值享誉海内外,冲着"三七",肯定有人特别是老年人会来"送钱"。2011年9月,他们在无锡汇利广场租下办公场所,雇了业务员,"叁柒公司"粉墨登场。

"凡投资即可获得15%—20%的利息,7个月内即可返回本金。"这是罗天喜一伙为蒙骗老年人量身定制的投资模式,简便易懂,不需要金融知识,与理财经验无关。加之"三七"这种中药材人所共知,用途广泛,再经虚假宣传和忽悠,老年人纷纷中招,把积攒的血汗钱投进"叁柒公司"。据事后统计,共有73人上当受骗,被骗金额200余万元。

每骗到一笔钱,除留下"利息"、租金,罗天喜等立即分赃,进酒吧、住宾馆,挥霍一空。2012年1月,"叁柒公司"已无力支付"利息",便又注册"灏鑫公司",投资利息高达24%,诱骗"老客户"再次投资。后来,拆东墙补西墙也不行了,干脆关门溜之大吉。

骗子受到了法律处罚,张大爷他们的钱却追不回来了。

> **防骗贴士**
>
> 又是老年人。针对老年人的投资诈骗往往以投资项目、投资企业等等看似合法的方式进行,以骗取老人信任。这类公司内部组织结构严密、齐全,导致老年人辨别难度加大。同时,能够吸引老年人投入资金的另一"法宝"则是小恩小惠,如送鸡蛋、大米、食用油,陪玩陪聊等。要杜绝此类陷阱,提高老年人自身防范意识是根本。老人要融入社会,更新知识,了解社会动态,多看电视、报纸,相互之间多提个醒。

案例 32
几何倍增钱滚钱
——如此暴利你信吗?

自上小学、中学、大学直到工作,王云从来就是个平头百姓,混在人堆里不起眼,连芝麻绿豆的小组长、课代表都没有轮到她。可后来,她可了不得,成为一个"大家庭"的"大总管",人称"老总"。她上面有"区长",手下有5个"总管",还有23个家庭成员。"老总"的待遇不错,每月有固定收入,有单独居住地。2012年8月的时候,她住在无锡城北的一个单元房里。

王云是2012年6月荣升"老总"的,8月带着一大帮人来无锡发展事业,以她为圆心,部下分散居住在周边小区。

千万别误会,王云所领导的"大家庭"绝不是一般意义上的家庭,它是传销组织对一个团队的界定,而"大总管"则是这个传销团伙的最高头目。王云爬到"大总管"这个位置不容易,是付出过巨大代价的。

1986年,王云出生在河南鄢陵县一个叫谷庄的村落,有1个姐姐、1个弟弟,她是老二。王云的父母虽然是农民,但在中原文化的熏陶下,他们尊重知识,认为只有读书才有出路,知识才能改变命运。夫妻俩起早贪黑,辛勤劳作,供3个孩子读书。王云和弟弟成绩优秀,一路顺顺利利读进大学。王云上的是医科大学,本科毕业投了上百份简历,却处处碰壁,只得屈身郑州一家药房打工。想到父母那失望的眼神,王云心里很难过。她发誓一定要进大医院,让父母脸上有光。她白天忙着卖药,晚上发奋学习。两年后,通过层层考试、选拔,她终于成为河南中医院急诊科的医生。

要不是因为一次医疗事故,王云至今仍是受人们尊重的"白衣天使"。可惜造化弄人。2011年6月,还是见习医生的王云因为疏忽发生医疗事故,导致病人一条腿残疾。患者家属不干了,天天纠集十几人到急诊科大吵大闹,要求赔偿,要求严惩责任医生,还砸坏急诊科的门窗,搞得医生无法看病,病人也逃得远远的。一个小姑娘家哪见过这阵势,吓得缩在屋角直掉泪。为缓和事态,医院让王云停职回家听候发落。

前途未卜,不知医院还能否回得去,王云不敢回老家,跑到安徽合肥找男友马宇散心。曾经,马宇让王云辞了工作,到合肥帮他发展事业。他在电话里对王云说,他的事业前景很好,搞成了这辈子就能过富豪日子了。

马宇是王云的高中同学,两人有一定的感情基础。一个在郑州,一个在合肥,已半年未见。甫一见面,马宇却没有了往日的温情、热度。他呈现出极度亢奋状态,一个劲吹嘘自己在搞"资本运作",马上就要发大财。

"什么是资本运作?"王云虽是学医的,但也知道资本运作是金融专业人士搞的,马宇一个高中生,满嘴"资本",难道在搞传销?

"资本很简单,就是钞票的意思。资本运作,用通俗的话来说就是钱滚钱。这是一个金融性的投资项目。"马宇拿来纸和笔,一边在纸上演示,一边详细介绍"资本运作"的原理和分配方式。

马宇先向王云介绍了这个项目的游戏规则:每个人投资3800元,算一个份额,再发展最多3个人加入,利用几何倍增的原理和"五级三阶梯"的分配制度,就能获得1000倍的利润,即380万元。

"哇,这么多钱,怎么花啊?什么是几何倍增原理?"王云犹如听天书,怀疑是痴人说梦。

"几何倍增就例如在银行存1分钱,如果第二天翻倍变成2分,第三天变成4分,以2的倍数递增,一个月后这笔存款就变成536.8万元。国家拿着我们的钱,去垄断性行业和国际金融市场投资,获得几何倍增式的增值,回头再分配给我们高额利润。"看样子,马宇已深陷其中。

"国家有那么大的本事赚这么多钱,还稀罕我们这些小钱吗?"王云不信。

"你就是笨。国家投资是为了培育一大批新中产阶级,通过他们的消费和再投资,带动整个经济高速发展,从而实现共同富裕。"马宇说辞一套一套的。

接下来,马宇详细讲解了"五级三阶制"。所谓"五级",是指行业内的人,按投资份额的多少,分为实习业务员(1—2份)、组长(3—9份)、主任(10—64份)、经理(65—599份)、高级业务员也称老总(600份以上)五个级别。每人名下的份额采取累计制的方法计算,比如A投资一个份额,又找3个下线各人投资一个份额,那么A就有了4个份额,当月的下线又各找1个下线投资,A就有了7个份额。

所谓"三阶",是指你的累积份额如果达到10份以上,你就实现从实习业务员到主任第一阶段的晋升;第二阶段晋升为经理,名下要有65份以上的份额,同时下面必须有2个"下线"做到主任;第三阶段要从经理升到"大总管",即老总,除了份额要达到600份以上,还要确保你直接发展的3个下线都成为经理,才能在第二个月升为老总。

"在'五级三阶制'中,处于不同级别的人会有不同比例的奖金分成,级别越高的人得到的提成就越多,做到老总,每个月收入不会低于6位数。"马宇充满憧憬地望着王云。

"6位数啊!"王云似乎也绕进去了。她已真真切切明白男友是在搞传销,传销是国家法律明令禁止的。可想到自己马上面临失业,生活没了来源,又不好意思再向父母伸手。况且,村子里的人都知道自己是省城里的医生,有何颜面回乡,不如试试这个。

王云跟着马宇去听了几次课,还与他的上级见面、吃了饭。只见一个个出手阔绰、挥金如土,王云顿时感觉传销魅力无穷,心甘情愿成为马宇的"下线"。她一下"投资"了21个份额,这是一张身份证的最高额度。21个份额共79800元,手头没那么多钱,她以创业为由,向父亲借了4万多元。

21个份额使王云直升到主任,按照所谓的几何倍增原理,回报是149倍即1040万元,回报时间约8个月至1年半时间。王云订下的目标是升总(指升为老总),升总要29个"下线"。王云尝试"拉人头"发展下线,提高级别。她把两个网友骗到合肥,带他们吃饭、上课、"洗脑"。网友头脑清醒,不信,悄悄走了。王云偷偷用他们的身份信息,花8万元买了"份额"。钱是问以前医院的同事借的。她想,只要级别升上去,钱迟早会回来的。

生活在对未来的美好憧憬之中,王云沮丧的心情暂时平复。这时,医院来电,说事情已经解决,让她回去交个检讨就可上班。可此时,那3000多元工资已不在她眼里,她一口回绝了。

为了追求高额回报,她滚雪球似的邀约亲朋、同学加入传销组织,先后发展了一个同学,一个朋友,还有自己的父亲。她的父亲发展了其姐姐,姐姐发展了姐夫和正在上大学的弟弟,弟弟又把女朋友拉进来,先后拉了有三四十人。2012年6月,王云顺利升总。她的上级是她的男友马宇。

马宇专门为她举行了隆重的晋职仪式,带她到北京旅游以示奖赏。理想远比现实美好。虽然到了老总级别,却没有得到预期的回报,甚至连投的钱也收不回来,还有五六万元缺口。王云无力自拔,只能去拉更多的人。

2012年7月,王云所在的组织被警方打散。8月,王云带着"大家庭"到江苏无锡开创新天地。上级兼男友马宇没有同行,说是分散行动。

新建基地,事情很多。王云忙得脚不沾地,租房子、发展新人、安排上课,手头资金日渐减少,虽然升总 3 个月进账 7 万多元,但还要维持"大家庭"的开销。合肥一别,"上级"马宇便失去联系,杳无音信。马宇不现身,眼瞅着"大家庭"资金链就要断裂。王云多次打电话找马宇,先是关机,后是停机。再打电话到马宇家中,其父接的电话,说是马宇不做传销了,不知去了哪里。

王云明白,她被男友甩了。她想放弃,可父亲、姐姐、姐夫、弟弟、堂弟、姐夫的 3 个兄弟、大学好几个同学,都进了圈,钱全投进来了,都指着她这个老总。她决定破釜沉舟也要达到想要的目标,挣几百万就歇手。

为了赚钱"养家",王云"勤奋工作",每天给几个主管开会下任务,组织业务员想方设法拉人头。无奈政府宣传力度强,警方严打声势大,来锡两三个月,一个"新人"都没有拉到。

银行卡上的钱越来越少,11 月上旬,只剩下最后 2000 元钱。王云愁得吃不下饭、睡不好觉。她还有另一层担忧,无锡的社会治安管理严格,说不定哪一天就露馅了。

王云的担心不是空穴来风,该来的很快来了。2012 年 11 月 29 日清晨,天刚放亮,屋门被撞开。

"我们是无锡市公安局惠山分局的民警。"来者亮明身份。

"我跟你们走。"王云没做任何申辩。

同日,"大家庭"成员被一锅端。

丢弃工作,陷入传销,想发大财,进了班房。失去自由,王云开始反思自己的行为,发出一声深深的叹息。

防骗贴士

如果有一天,你的某一个朋友、同学、亲戚,甚至家人、恋人,给你个电话:"我在这里风景秀丽,空气很好,生意好做,发财机会多多,有机会来实地考察啊。"当你追问发财途径是什么时,对方会给你一个动听的答案:资本运作。你会去吗?你去了,也许就跌入了传销骗局。传销骗局形式多样,该如何识别呢?一定要仔细分析,看是否具备 3 个特征:一、是否交纳"入门费";二、是否需要发展下线;三、是否按发展下线的业绩计酬。如果是,就是传销。如果你不小心误入传销组织,要沉着冷静,三十六计走为上。

原始股稳赚不赔
——老股民误入骗局自责不已

年逾七旬的李老伯和老伴居住在无锡城南某小区。李老伯身体硬朗,头脑清晰。2个儿子早已成家另过,兄弟俩双休日或节假日会携家带口来探望父母。

李老伯退休前是搞财会工作的,退下来后有大把空闲时间。他不喜搓麻打牌,对广场舞之类的也没兴趣,平时侍弄侍弄花草,后来迷上炒股。十几年里,股市起起伏伏,心情也随着股市的波动而震荡。好在老夫妻俩的退休工资加起来1万多元,投入股市的只是一部分闲钱,在意的不是结果,而是过程。

李老伯作为"铁杆股民",特别是经历几轮大涨大跌,积累了不少炒股经验,每一次炒股都小心翼翼。可就算这样,李老伯最终还是上了骗子的当。

事情还要从一个电话说起。这是元旦休假后开盘第一天。上午9点30分,李老伯一如往常,端坐电脑前盯盘。

桌上的手机响了,这是一个陌生来电。"先生,最近股票操作得好吗?想不想开拓渠道寻找更好的赢利渠道?"来电的是个男子。

"你是谁?"李老伯经常接到莫名的荐股电话,并不感到奇怪。他想,又是哪个证券公司来推荐股票了,便随口问了句。

"我叫曾旺,是海通证券的业务员。"来电者做了自我介绍,以调研为名,细致地询问李老伯买卖股票的情况,称可以提供咨询,而且不收费用。

那段时间股市持续低迷,人气不足,李老伯这个"老股民"也有点迷失方向,常常为选股而烦恼。买股票可不是买萝卜青菜,万一买到垃圾股,"割肉"割的可是真金白银。"捂"在手里不抛吧,又不知哪天能"翻红",真是两难。

李老伯平时除了炒股,常常读读报看看电视,有些警惕性。但凡主动找上门推销的,大都是骗子。有关这方面的防范,警方联手媒体时时在提醒,这个"曾旺"不可轻信。

"谢谢,我不需要。"李老伯拒绝对方的"好意",挂了电话。

没想到,这个曾旺好有耐心,接下来几天,天天下午股市休市后来电话,只是话题不再触及股票,而是家长里短、天南海北唠家常。"老伯,老伯"叫得那亲热劲,直让李老伯少了戒心,多了亲近感。到后来,未等对方问,他主动与曾旺谈及股票,买的什么股,赚了还是亏了,账户上有多少资金,自己和老伴的退休收入,毫无保留,均在平平常常的拉家常中透了底。曾旺贴心地告诉李老伯,自己在上海某知名大学学的是金融专业,毕业后回老家广东,任职于"海通证券",因此对股票颇有研究。

因为有"股票"这个共同话题,两人越说越投机,俨然一对未谋面的"忘年交"。李老伯对曾旺的好感与日俱增,曾有的那点防范心一天天减少,最后丢到爪哇国——没了。

"老伯,这几只股票你可关注。"一晃5个多月过去。一天,曾旺看似无意推荐3只股票,李老伯试着买了点,第二天果真涨了。虽然涨幅不大,总是涨的。李老伯高兴极了,这下对曾旺深信不疑,不愧是科班出身的,有门道。

李老伯与老伴商量后,抽出更多资金投入股市。好景不长,仅仅买涨3天,之后,凡曾旺推荐的股票一买就跌,不仅原本的获利"吐"了回去,还亏了些,李老伯急了。

"小曾,怎么回事啊?这几天你推荐的股票一买就跌。"李老伯主动去电询问。

"老伯,对不起,因为您老不是我们公司的会员,所以我不能老是透露有价值的信息。"曾旺抱歉地说。他说,如果李老伯愿意交纳6800元"档案费",就能进入公司一个系统,便可收到不断有上涨的股票推荐。李老伯信了,立马去银行将6800元"档案费"汇到曾旺提供的公司账户。很快,他就收到两只"牛股"。不如人意的是,几个交易日下来,这些牛股不涨反跌,李老伯亏了1000多元,看着都心疼。

"老伯,这次损失是我们公司的信息错误造成的,我愿意承担40%的亏损。"曾旺态度诚恳,自揽责任,汇来400元的"补偿费"。毕竟股市变幻莫测,风险多多,李老伯放平心态,不再有所责怪。

"老伯,有一只'××通用'股票即将上市,我们公司能买到原始股,每股3.93元,一上市肯定好几个涨停板,能赚一大笔。"7月中旬,曾旺神秘兮兮地向李老伯透露一个内部消息。李老伯知道原始股,但没买过。他详细咨询原始股的来源、购买方式等,曾旺一一作答,还寄来厚厚一叠"内部资料"。他关照李老伯要绝对保密,因为不是随便什么人都有机会买到原始股的。

看到资料封面上"内部资料,切记保密"8个黑体字和鲜红的"海通证券"印章,李老伯十分激动。还是老伴心细,让他去找专业人士问问。李老伯跑到证券公司找人一打听,正如曾旺所言,"××通用"即将上市。李老伯彻底放心。

几天后,李老伯收到曾旺寄来的股权转让合同书。按照合同,曾旺以11.79万元的总价转让给李老伯3万股"××通用"的原始股,双方签订股权转让合同。材料都是快递来的。

合同签订当天下午,李老伯携银行卡到小区门口的银行汇款。守职的柜员见李老伯一下汇这么多钱,提醒他不要上当,要他找子女或他人求证一下。李老伯觉得自己早已做过功课,不必再费口舌,执意要汇。双方僵持不下,惊动了派出所。民警和银行员工一起做工作,劝说了2个多小时,李老伯终于答应不汇。

回到家,李老伯将事情前前后后想了一遍,觉得如果对方是骗子,不可能来来回回与他电话半年多,此钱不赚可惜。他打车到城北一家银行,赶在银行下班前,以汇钱给亲戚为由,将11.79万元人民币汇到"郭茜茜"账户里。曾旺说,郭茜茜是公司的财务总监。汇出的这笔钱,是李老伯夫妇的养老钱。

"对不起,您拨打的电话已关机……"汇完钱回家,李老伯拨打曾旺电话,关机。"这孩子,手机也许没电了。"李老伯没在意。可接下来的情况不妙,三四天过去,曾旺的手机始终关机。李老伯着急地给2个儿子打电话,兄弟俩赶回家,一分析,被骗了。"真不该不听银行和民警的劝。"李老伯抽了自己一大嘴巴。

根据李老伯提供的手机号、银行账户、内部资料等,办案民警没日没夜展开工作。

经查,"曾旺"此人与海通证券没半毛钱关系,而且是个假身份。那份股权转让合同及海通证券的印章均系伪造。钱是汇到"郭茜茜"账户的。郭茜茜确有其人,但与此案无关,她的身份证丢了一年多,是骗子盗用她的身份办了银行卡。再查银行卡交易记录,查明此卡曾在广东东莞塘厦镇及周边多个乡镇的ATM机上取现。而曾旺给李老伯邮的"内部资料"快递单显示,这些资料是从东莞塘厦镇邮出的。

暑天里,塘厦镇上多了五六个外乡人。对外来人口众多的东莞来说,这是稀松平常的事。头顶火辣辣的太阳,民警查遍塘厦镇及周边镇十几个自动取款点,发现同一个身影:一个30岁左右的男子。经快递员辨认,寄快递的正是此人,是在镇上一家超市门口接的单。超市设在一幢大楼底层,楼上商住两用。

大楼物业人员拿着民警截屏的男子照片端详半天,说此人像一个叫"喻言"的人。他说,"喻言"曾在大楼租房开公司,业务是推荐、咨询股票,手下有几个员工,最近突然退房走了。

民警从网上调出"喻言"的照片,却与取款男子相貌相差甚远。房东则一眼确认,租房者就是那取款男子。房东提供了几名员工的联络方式,顺线追查,查明"喻言"转租到了塘厦镇的樟木岗村。

毫无悬念,"喻言"落网了。

"喻言"本名王山,30岁,广西资源县农民,小学文化。19岁那年,王山因盗窃判刑入狱,刑满释放后不愿再回农村,从此浪迹天涯。一年前,他漂到广东,在一家咨询公司打过工,每天根据老板的指令给人推荐股票。不久,他发现这是一家骗子公司,所谓荐股,就是以提供内幕为诱饵,骗取会员费、档案费、保密费等。一旦有人进入圈套,先给对方提供股票信息,往往第一次就亏损的股民便不会再联系,也有侥幸赚了钱的,便成为诈骗的"目标客户"。

9个月前,掌握骗术的王山自立门户当起了老板,租房成立股票信息咨询公司,李老伯就是公司的第一批"目标客户"。王山压根不懂炒股,要是炒股能赚钱,他早就不干这骗人勾当了。他加入网上一个股票 QQ 群,把群中的一些股票信息推荐给李老伯。瞎猫碰到死老鼠,一开始推荐的几只股票都涨了,从而骗得李老伯信任。随后,他以加入会员缴纳"档案费"为由骗得 6800 元。接着使出"原始股"招数,骗来 11.79 万元。至于那"内部资料"和股权转让合同,是花 200 元从网上淘来的假材料。而"××通用"的上市信息,只要上网搜索,便能查到。事后查明,"××通用"根本没有公开发售原始股。

李老伯是幸运的,民警帮他把养老钱追回来了。他对上门发还被骗款的民警心中满是感激,也对自己不听劝阻、跌入骗局的行为自责不已。

防骗贴士

在全民炒股的氛围里,以推荐股票为名的骗局也更新迭代,李老伯被骗只是其中一例。骗子套路很深,他们常常先看各类公告,以各种利好消息来推荐股票,或者到股吧里去"淘"消息。这些股票第二天一旦上涨,那就很容易取得股民的信任,接下来要骗钱就不那么难了。股民一旦收到"荐股"电话或短信,应坚决不听不信,因为股票不是某些人所能掌控操纵的。正如一位老股民所说:如果这些荐股公司真的能每发必中,何必来收取你那点可怜的会员费,直接炒股赚钱不更好?

自己建个文交所
——"书画股票"忽悠百余人

2014 年 4 月,无锡中南西路某商旅大厦,"江苏泓艺文化产业股份有限公司"(以下简称"泓艺文化")在鞭炮声中迎来挂牌。望着那金光闪闪的公司铭牌,四五个年轻人陶醉了。他们都是公司股东,仿佛看到大把大把的百元大钞如翩翩飞舞的鞭炮粉屑,铺天盖地向他们飞来。

诸军是泓艺文化的法人代表,合伙人有郭文雄、顾小武、胡云等。随着互联网金融创业的火爆,他们搭上"互联网+"金融的东风,从事文交所业务,打起"文化产权股票"的主意。

当今,已进入无股权不富的时代,这助长了股市的发展。随着财富的增长,人们对投资理财的需求与日俱增。在此大环境下,文交所这一新生事物应运而生。文交所的全称是文化产权交易所,是从事文化产权交易及相关投融资服务的平台。一时,各地文交所如雨后春笋,大有燎原之势。诸军、郭文雄等人,搭的就是这趟车。他们想建一个网上"文交所",来吸引众人投资,从中牟利。

诸军一伙,实在算不上是什么文化人。1988年出生的诸军,系无锡市锡山区人,家里祖祖辈辈都是农民。他毕业于职业技术学院,曾在多家企业干过,长则一年多,短则两三个月。胡云也是无锡人,原本是做内衣推销的。2013年秋,两人不约而同跳槽到苏州一家文化公司设在无锡的分公司。说是文化公司,其实是个掮客公司,做的是澳门新濠江文化产业交易中心的代理商,在文交所平台上线字画资产包,买卖居然十分红火。整天与字画打交道,原本对字画一窍不通的诸军、胡云耳濡目染,看出些许门道,这让他们脑洞大开。原来,各种字画作品还可以打包成股票,然后投资人像炒股一样炒字画,运行模式跟股票一模一样,只是真正的股票是公司的股本,而文化股票是字画。

打工收入不高,赚钱的永远是老板,五六个月下来,诸军他们自以为对文化股票买卖烂熟于心,雄心壮志,另立门户,自己给自己打工。于是,就有了2014年4月"泓艺文化"的火爆开张。一起入伙这个公司的顾小武等人,都是原来公司的同事。郭文雄是诸军以前的客户,从事字画生意,能提供字画资产包,文化圈里有人脉。公司是个股份制公司,注册资金500万元人民币,各股东按500万元的出资总额各自出资认缴。

"泓艺文化"开始也是做澳门新濠江的代理商,在洽谈资产包上线事宜过程中,他们发现交易平台上的不少资产包跌破发行价,只得另辟蹊径。经密谋,他们决定自己注册一个文交平台。因申报国家资质的文交平台需要一道道严格的审批程序,诸军一伙心知肚明,凭他们的状况,是根本不可能通过审批的。于是,他们借道香港,采取香港注册、内地代理的方式,即先在香港注册一个文交平台,再以香港平台大陆唯一总代理的身份,以香港东方国际文交中心名义开展文交所业务。

诸军是网上行家。他在网上花钱找人代理,注册了"香港东方国际文化产业交易中心有限公司"(以下简称"东方国际")。然后,又花5000元制作了"香港东方文交中心"网站,作为交易平台。为了让这个面向投资者的"门户"更具欺骗性,他们做足门面功夫,显示的文字均为繁体中文。他们收买网站开发者,设计并获得交易平台的后台控制程序,可随意增加"股票"账户和金额,制造不同账户频繁买进卖出的虚假繁荣,操纵、控制涨跌。网站上对投资者公布的"新生支付"账号,也是几人合谋,由诸军找其总部注册的。为什么选择"新生支付"作为投资人的第三方支付平台?诸军是这样说的,一来网络支付便利,二来对外宣称投资款是由"新生支付"托管的,让投资者更信任。其实,"新生支付"没有托管功能,仅仅是一个互联网支付平台。

这伙人在办公场地上也动足脑筋。公司搬迁到文化气息浓郁的南禅寺紫金广场,租房300多平米,一长溜设置几十个工位,安装电子显示屏,实时发布行情。下设文化艺术交流策划、著作权转让、受托资产管理等10余个部门。乍一看,与通常的证券交易机构无异,但是,偌大的办公场地,居然只有2名办公人员。

一个虚假文交所就这样出笼了。2014年8月,由诸军等控制的"香港东方文交中心"上线了"锦绣山河""江山如画""济公百态"3只股票,即3个资产包,拉开"艺术品股权众筹"诈骗计划的帷幕。股价为1元1股,即价值好几万元的资产包,分割成若干万股,每股1元,然后向投资者按股份出售。画作价格上涨,则股价相应上涨,反之则跌。因字画作者没啥名气,作品上涨空间不大,投资人不感兴趣,上市四五个月,问津者寥寥,3只股票投资额不足10万元。

舍不得孩子套不住狼。为吸引投资者并发展代理商,诸军一伙不惜重金在高档宾馆举办推广会。他们反复播放宣传视频,以"锦绣山河"股价已从1元上涨至3元为卖点,声称投资人的收益已达到300%。实际上,"锦绣山河"是个虚假盘面,股价完全掌控在这伙人手中,每天派人后台操作,买进卖出,虚假上涨,蒙骗投资人。这伙人先后开了两次推介会,可再怎么鼓噪,仍一无所获。

2014年12月13日,第三次推介会设在太湖之滨一个五星级酒店,吸引数百人参加,仍是瞧热闹的居多。不过,还是有人动心了。当场有意向做代理商的有3人,最终一个叫张洁的上了钩。

张洁老家宜兴,来无锡创业10余年,是一家文化艺术公司的董事长。2014年12月8日,她在微信朋友圈获悉"泓艺文化"12月13日有个艺术品交流峰会,因其喜好艺术品收藏、投资,届日欣然前往。

交流会会场高端大气,人头攒动,宣传内容诱人,投资前景广阔,特别是现场签约代理商可由"泓艺文化"赠送30万原始股,并且有资格在"香港东方文交中心"发布新品种,这令张洁心动,便想尝试参与"泓艺文化"的项目。会后,她与"泓艺文化"总经理顾小武多次磋商,付了20万元签约成为代理商。

签约后,"泓艺文化"催促张洁快速启动项目、发行品种,声称后面有三四家在排队,并要其提供价值1500万元的艺术品打成资产包,作为在"香港东方文交中心"电子盘上市的产品。

毕竟在艺术品市场打拼10余年,张洁利用广泛的人脉,在较短时间内筹得330幅作品,计3000平方尺,交由"泓艺文化"保管,形成名为"金石留韵"的书画资产包,在平台上市。

"金石留韵"共发行1500万股。"泓艺文化"要求她对外销售满1050万股,才能交易。张洁想尽一切办法,游说亲戚、朋友,四处托人,手段用尽,先后有116位客户购买了756万股原始股,就再也无法招来人购买股票了。"泓艺文化"答应帮其代销200多万股,凑满1050万股以达到交易标准。不过,实际操作中,也是困难重重,只销出20多万股。最后,"金石留韵"只得按790万的总盘子上市交易。

股票上市,张洁天天上网盯着看,越看越不对劲。市场死水一潭,几乎无人参与,瞅着就要跌破发行价。由于"泓艺文化"对原始股抛售设定了限制,张洁又陆续投入400余万元用于炒作原始股股价,以期抛售。没想到,2015年9月,"金石留韵"停牌了。最后,张洁只收到"泓艺文化"以书画资产包回款名义拨付的 345 万元。

张洁着急了，本想借文化股票获利，没想到掉进陷阱。她立即停止所有的市场开发活动，退回客户部分款项，随即向公安机关报案。

张洁是做代理商被骗，福建漳州的林杰是在网上购"金石留韵"原始股入套。林杰做点小生意，空余时间在南京文交所投资买卖邮票、钱币的电子盘交易。2015 年 5 月初，他在一个投资者 QQ 群里听有人说，网上有家南京文交所一样的交易平台，可以购买原始股。就这样，他进入"香港东方文交中心"，看到有 4 只股票，"金石留韵"这只股票正处于原始股认购状态。他考虑原始股性质跟正规股市里新股上市差不多，买到必赚。于是，他一口气花 20 万元购买了 20 万股"金石留韵"原始股。9 月，股票毫无征兆停牌，他苦等复牌，直至 2015 年 12 月未有说法。他去咨询 QQ 群里的人，人家劝他，"快报案吧，被骗了"。

林杰丢下生意，匆匆来无锡报案。

接案的是无锡市公安局滨湖分局。2015 年 12 月，他们连续接到本市和温州、厦门、漳州、镇江等地多名群众报案和网上举报。经过立案侦查，查明"泓艺文化"以"香港东方国际文化产业交易中心有限公司"内地总代理名义，在互联网上设立交易平台，虚构原始股将在"香港东方文交中心"上市交易的事实，以"低收入、高回报"为诱饵，出售"金石留韵"等 4 支文化原始股，至案发共售出 1600 万股，诈骗金额 1600 万元。涉及投资者 182 人，造成损失 917 万元。骗取的钱款除少部分用于投资人提现，大部分被犯罪嫌疑人诸军等用于炒股、买基金、消费挥霍。

2015 年 12 月 29 日凌晨，诸军、顾小武、胡云、郭文雄被警方抓获归案，追回被骗资金 739 万元。

防骗贴士

据办案民警介绍，这起案件真真假假，极具迷惑性。虽然名画股权是虚构的，"锦绣山河"盘面是虚拟的，但其他如公司注册登记、交易平台注册都是真实的，没有专业部门和相关人士监管、鉴别，普通人还真是难

> 真辨伪。随着文交所越来越多,市场也开始鱼龙混杂。投资者在入市前,一定要做足功课,最好先咨询一下专业人士。艺术品的"股权众筹"并不可靠,"书画产权股票""古董产权股票"涉及非法发行股票,是证监会明令禁止的行为,投资者应理智投资,千万不可有钻空子、搏一把的投机心理。

投资原油赚钱快

——10万元拆迁款"大衣变裤衩"

在无锡城西南,有一片拆迁小区,安置着上千户老城区改造搬迁过来的居民。66岁的冯华芝老人居住在小区某幢202室。告别住了几十年的低矮平房和左邻右舍,住进邻居鲜有往来的钢筋水泥森林,冯阿婆好长一段时间不习惯。好在她有文化,退休前在经济领域工作,女儿教会她网上炒股,解了不少寂寞。冯阿婆炒股不完全是为了赚钱,主要还是找件事做,打发时间,所以投入的资金不多,也就两三万元。股市起起落落,不赚也不亏,玩个心情。

自从学会炒股,冯阿婆一周有5天时间泡在网上,退休生活丰富许多。双休日女儿一家回来,其乐融融,尽享天伦。

2016年3月29日,星期二,上午,股市刚开盘,冯阿婆接到一个陌生电话,来电显示"021-3157××××",是上海的。对方是个小姑娘,自报家门是"启明金融研究所"的何倩,她关切地询问冯阿婆多大年纪,炒不炒股票,如果有需要帮助的,随时可以找她,她发来一个QQ号。结束通话时,何倩提醒说,正是春寒料峭,出门要注意添加衣服,谨防感冒。冯阿婆听了心里暖暖的。本来,冯阿婆是不大跟陌生人啰唆的,何况电话里的人真假难辨。随后几天,何倩天天来电话,嘘寒问暖,偶尔问问买的什么股票,提些参考意见,渐渐地,冯阿婆放松了警惕。她到网上查了,上海确实有个"启明金融研究所",专门提供金融信息服务,名气挺大的。

"阿姨,现在投资现货原油火爆,赚钱也快。"聊了几天,何倩把话题扯到原油上,并每天把自己账号盈利的截图发给冯阿婆。接着,便缠着冯阿婆开户。

"要不先试试?"架不住何倩的"热情",冯阿婆有些动摇。

"放心,包你有盈利的,比炒股爽多了。"何倩只字不提任何关于期货的风险和交易规则,只是不停鼓吹原油如何赚钱,与国际接轨,是 T+0 交易,可以随时买卖,而且是连续不间断 24 小时无限次交易,买涨买跌都赚钱。

"有这么好的事?哪有包赚不亏的?"冯阿婆还是有些犹豫。何倩解释,价格是跟着油价走的,还说有专业老师带着做,不像股票全凭自己感觉走。"如果赚了钱,你可以介绍更多的人来投资。"何倩说。

"那我不知在哪儿开户呀。"冯阿婆说。

"这个你放心,我们有专人为您服务。"

"冯阿姨,您好,我是赵毅,您的专业老师。"冯阿婆答应开户后,接到自称"赵毅"的男子的电话。在赵毅的指导下,冯阿婆到建行办了银行卡,然后拍了身份证和银行卡的照片传过去。对方通过远程操作,帮其在"大连再生资源交易所现货挂牌交易系统"开户,并绑定建行卡。

开户成功,赵毅让冯阿婆激活账户。于是,冯阿婆从银行里取出 10 万元积蓄,存入建行卡,然后通过网银汇入交易账户用于购买原油。操作员分白班、夜班,用 QQ 进行交易操作,每次交易都是对方通过电脑操作买入具体"手数",再让冯阿婆在电脑上"确认"交易。

"哇,真赚了!"冯阿婆 4 月 7 日开户成功,激活账户,当天便重仓购买原油 1000 桶 20 手,当晚上网一查,赚了 2000 元,一天就是 2%的利润,太好了。可是,第二天,赵毅就电话让冯阿婆平仓做反单,说马上要跌。一平仓,又让其朝相反方向买了 1000 桶 20 手,赚到的 2000 元还回去不说,还亏了几千元。赵毅安慰说,行情天天有,抓住机会马上就赚回来了。随后几天,都是 1 万、2 万地亏,盈利一两千就马上平仓。至 4 月 12 日,冯阿婆发现账户上只剩 9000 元,心里一片灰暗。

亏本之后,冯阿婆起了疑心。她上网查看,发现"炒原油"的受害者不计其数,被骗金额几万、几十万甚至百余万元,这才如梦初醒,整个过程就是个精心设计的骗局。于是,她QQ、电话轮番找何倩、赵毅,要求赔偿损失。对方变脸比翻书还快,翻来覆去只一句话:"这是公司行为,不可能赔钱!"之后,QQ拉黑,电话不接,再也不理冯阿婆。

6个昼夜,10万元变成9000元,"大衣变成裤衩"。这笔钱是房屋拆迁补偿款,是冯阿婆和老伴的养老钱。钱被骗,冯阿婆食不甘味,夜不能寐,思来想去,只有求助警方。

接到报案的是无锡东降派出所,情况逐级上报,无锡警方高度重视,诸警种协同侦查。

民警先查交易平台。介绍冯阿婆进入该平台交易的"启明金融研究所",登记注册的是上海裕千投资咨询有限公司(以下简称"裕千公司"),是大连再生资源交易所的会员单位,大连畅元商品经营有限公司的二级代理商。目前,国内尚无原油期货交易平台,何倩等人所称的原油交易实为重油。所谓重油,是原油提取汽油、柴油后的剩余重质油。裕千公司偷换概念,欺骗客户开户交易,涉嫌"伪期货"交易。

平台交易采用的是国家明令禁止的"做市商",即客户获利公司亏钱、客户亏钱公司盈利的"对赌",也就是说裕千公司的盈利完全要靠客户的亏损。因此,冯阿婆从开户炒原油起,就陷入只输不赢的诈骗陷阱。

为进一步获取裕千公司的诈骗证据,警方派出"卧底",查明其作案手法是先使用网络电话群呼受害人,吹嘘做期货炒原油如何如何赚钱,并发送虚假盈利截图骗取信任,引诱被骗人开户进入平台投资交易。被害人一旦开户,便刻意诱导客户频繁交易,收取双向8%的高额手续费,同时让投资者大幅亏损,昧着良心赚钱。他们设置了止亏35个点、止盈25个点的止盈止损点,亏损远大于盈利,所得客户亏损按大连平台25%、裕千公司75%比例分成。为了牟取不义之财,裕千公司以亏损为目标全程监控干预客户交易。当客户赚钱时,便以行情反转令其平仓。当客户亏损时,又让客户持有待涨,致损失扩大,甚至强制平仓。冯阿婆亏得还不是最惨的,有个客户投了83万元,总共交易300手,手续费就是15万元,12天下来亏得只剩5600元。

裕千公司涉嫌诈骗证据在握。2016年8月22日清晨，七八辆车载着100余名无锡警察直扑上海宜山路新意城。裕千公司对外公布多个地址，但其实所有人员都集中在这里。这天是周一，公司照例开晨会。

"瓮中捉鳖"大获全胜，52名涉案人员无一漏网，收缴60余台电脑。警方从后台保存完好的数据中，认定在不到6个月里，裕千公司诈骗67名客户，得手606万元。

裕千公司法人代表周根宝，正是这串诈骗案的主谋。周根宝原籍安徽六安，1988年出生，大专文化，正处在风华正茂、年轻有为的大好时光。他原在一家公司做软件销售，收入一般。在上海这个国际大都市里，他上无片瓦，下无寸土。婚后，他与妻子两地分居，他在沪上租房，妻子与幼小的女儿在安徽随父母居住。他的目标是努力赚钱，赚很多的钱，在上海买房安家，把妻女接来一家团圆。2014年5月，他辞职创业，联合李磊夫妻、何军等人成立裕千公司。他出资51%成为法人代表，后又成立裕千投资，实为两块牌子一套人马。对外则称"启明金融研究所"，借的是名气。公司的经营范围是投资咨询、软件销售、信息咨询等。公司新开，业务一直不死不活，赢利不多，勉强维持。

2015年八九月，周根宝一伙在不具备现货交易资质、明知国务院现货交易平台中没有原油交易的情况下，采用明令禁止的"对赌"模式，拉开坑蒙拐骗序幕。在这场赌博中，周根宝个人获利200多万元。

2016年9月，周根宝等35人因涉嫌诈骗罪被检察院批准逮捕。

他们是如何行骗的？我们来听听裕千公司分析员的交代。

此人叫邵卫，江西南丰县人，1991年出生，2014年6月毕业于中国民航大学。2015年11月应聘到裕千投资，先担任分析员助理，后为分析员。

进公司后，邵卫接受了为期5天的入职培训。从公司要求使用假姓名、借用"启明"名义和"对赌"的交易模式，他明白这是一个诈骗公司。但这年头找工作不容易，他想等赚了点钱再撤。

公司有5个销售业务团队，1个分析师团队。邵卫是分析师团队的。骗人的手法是先由销售业务团队以电话或网聊方式接触客户，通过分析股票取得对方信任，见机推荐原油平台，拼命鼓动客户加入平台。大多时候，他们会不停将在虚拟盘上做出的盈利截图给客户看,制造炒原油可以赚大钱的假象。

一旦客户上当,在原油平台上开了户,就轮到分析师上场了。说是分析师,其实都是公司自封的,没有资质。分析师主要是指导客户操作。收入是与客户的盈亏挂钩的。分析师助理底薪 3500 元,分析师底薪 5000 元,加上客户加金(追加投入)提成、手续费提成,一个月收入有 15000 元左右。对邵卫来说,已算不错了。

当分析师助理的时候,邵卫的工作是对接客户,客户亏损的时候好言好语安抚,客户有盈利的时候鼓动其追加投资。3 个月后,他转正了,又增加了对客户进行指导的任务。所谓指导老师,即尽可能指导客户发生多笔操作和发生亏损。亏损越大,操作越频繁,提成就越多。

至 2016 年 8 月被抓,邵卫一共做了 38 个客户,这些客户是在大连再生资源交易所开户后,公司分配给他的。冯阿婆是他做的第六个客户,他化名"赵毅"与她联系,前两手是他人操作的,在邵卫这里总共操作 20 手,产生手续费 1 万元,剩 9000 元时平仓出去的。

2016 年 8 月 22 日上午,一大群警察冲进公司的时候,邵卫只想到 3 个字:"我完了!"

防骗贴士

一些现货交易平台打着金融创新的旗号,以巨大收益为诱饵,吸引投资者加入,最终导致投资者亏损累累、血本无归。这些现货交易平台以原油、白银、沥青等为投资标的,貌似期货,但又有现货的特点,是一种新型金融衍生品,一般人很难识破。那么,原油现货交易合法吗?根据规定,从事原油现货交易的平台需要商务部批文。而商务部从未批准任何一家交易市场从事原油、成品油交易。而且,很多投资项目对投资人资金有较高要求,是供专业人士投资的,普通人还是不要参与的好。高杠杆、高回报,意味着高风险,所以特别提醒广大投资者,投资一定要量力而行。

案例 36

高人指点开小灶
——炒野山参赔光父母家底

曾几何时,野山参也成为网上投资炒作的热点。2016年,资深股民方芳被野山参撞了一下腰,50万元资金亏得只剩1万多元。说起这事,她泪水涟涟。

在无锡城外四五十里,有一个"桃花盛开"的地方,叫阳山。45岁的方芳就居住在这个桃花源里。在无锡这座经济发达城市,这样的地方已不多。方芳在一家私营工厂上班,丈夫儿子各自都有工作。有大把闲工夫的方芳迷上炒股,还加入了网上的一个股吧,经常与人交流炒股心得。

2016年6月的一天,方芳在股吧里与人聊天时,有个陈姓网友热情打招呼,说要给她介绍个炒股老师,本事非常了得,涨停股一猜一个准。方芳听了,立马兴奋。炒股多年,经验积累了一箩筐,实际操作却屡屡失利,输多赢少。有这么神奇的老师,何不请教一把?!

经陈姓网友牵线,方芳加了老师的QQ。老师网名"股海船长",名字就牛气。"股海船长"告诉她,其在呱呱网上有个网上课堂,专门讲炒股知识和技巧的。打从那起,方芳每天到呱呱网上听"股海船长"讲课,渐渐听出味道,尝试着按老师教的套路去买卖股票,真赚了些钱。她相信自己遇到了股神,慢慢也就放松了警惕。

"股海船长"在讲课中,时不时会推荐一个××交易平台上炒作的商品,一会儿冬虫夏草,一会儿雪蛤什么的,都是高档滋补品。一起在网上课堂学习的网友,私下也会讨论起那些商品,不少人说按老师说的去买了,赚了不少。8月初,陈姓网友在群里说,他们现在都在买"野山参",其他人马上附和,说这个商品好,赚头大。陈姓网友贴出自己购买野山参的页面,当时页面上的价格还在不断上涨。"股海船长"也说:"现在股市低迷,行情不好,还是要两条腿走路。"之后,连着五六天,"股海船长"上课都会讲到"野山参",他称之为神草,说可以让人起死回生,投资神草,前景无限。他不时晒出野山参的实时行情,教授买卖方法。方芳有点动心了。

8月10日上午,方芳到××交易平台上注册了一个账号,马上投进去10万元购买"野山参",下午打开网页一看,嘿,涨了,又买了10万元。野山参的价格有涨有跌,方芳的心情也随之起伏跌宕。跌的时候,她情绪低落,上班也没心思。她可输不起,投进去的钱不是她的,是父母托她保管的养老钱。她有点钱,不多,都在股市里呢。涨的时候,她兴高采烈,脚步轻松,嘴里还哼着歌儿。野山参又涨了,"股海船长"称要涨到每手2500元。8月11日,陈姓网友想说服方芳把投票抛掉全部买成野山参。此时,方芳在网上看到有人设置人参投资骗局的报道,心有疑问。对此,陈姓网友表示这是大宗商品,经过相关部门认证的。方芳不懂这些,也就相信了。

对于抛股票,方芳始终犹豫不决。于是,陈姓网友又说老师要组织50个投资额在50万元以上的人成立一个群,群名为"股海称霸飞虎队"。老师会对这个群专门指导"开小灶"。禁不住陈姓网友的一再游说。11日下午,方芳去银行把父母名下剩余的35万元存款取出来,购买了265份野山参,均价每份1320元,先后共计投了55万元。

父母的老本全投了进去,方芳天天睁大眼睛看盘。8月15日,野山参开始下跌,17日下午,跌得更快,她急忙抛出100手,当时的价格是每手1060元,到账10.6万元。"股海船长"说没事的,别抛,最好还是补进去,可以做中长线。方芳盯盘一看,刚抛的已涨到1398元。她就按这个价又买了75手。未料想,转天又跌开了。她想抛,这个时候抛掉,损失也就一两万元。但不管她如何使劲,买卖页面"死"了,无法打开。致电客服,客服说是网络不好,无法登录,后台正在维修。什么时候不坏,关键时刻掉链子,真是急死人。

野山参的价格一路下滑,"跌跌不休",方芳不敢看了。她向陈姓网友"请教"怎么办,他说这是中线投资,以后肯定会涨的。他让她不要每天看,看着心烦。不去看,也许哪一天就涨回来了。过了一段时间,他又说到了冬季,人们要进补,野山参价格就会涨上去,投资也就回来了。

提心吊胆撑到12月15日,冬季到了,方芳满怀希望打开网页,傻眼了,野山参的价格已从每手1380元跌到了75.8元,账面上只剩下1万多元。她眼前一黑,全身颤抖,她急忙上网找陈姓网友。陈姓网友一番话如冰水浇头:"我也没想到跌成这样,跌太多了,涨不回来了,快抛吧。"接着,陈姓网友把她拉黑,"股海船长"也消失得无影无踪。

如何向父母家人交代?方芳深感自己陷入无底黑洞,前所未有地绝望。她跑到一幢高楼的顶层,欲一跳了之,一了百了。但想到白发苍苍的父母、相濡以沫的丈夫和可爱的儿子,她缩回双脚。她把这件事的前后经过详细过滤一遍,觉得自己是中了圈套。那个陈姓网友也许就是个"托",她的钱被人骗了。

2016年12月16日,方芳拖着沉重的脚步去了派出所。

面对民警的询问,方芳对陈姓网友和"股海船长"的了解只停留在网名上,对方的真实姓名、何方人氏、年龄、职业、面貌特征均不清楚。至于那个××交易平台,从网页上看很正规,各种批文都有,还有银行监管,但后来打电话到所谓监管银行,对方压根就不知道此事。

方芳在群里讲了自己的遭遇,没想到上当受骗的人还不少,听信"股海船长"吹嘘,在××交易平台上亏得精光的就有上千人。有投资野山参被骗的,还有投资邮币卡被骗的,最多的损失有几百万元,真是哀鸿一片。

损失的钱能否追回来?很难说,难度很大。方芳心知肚明。一开始,她瞒着父母家人,可她的神情骗不了人,大家还是都知道了实情,家中雾霾笼罩,了无生气。

"芳啊,钱是身外之物,没了就没了,还能挣,你要振作起来,每天开开心心的,你高兴我们就高兴。"善良的父母没有责怪女儿,反倒劝慰她放宽心。可晚上父母睡不着觉,不时传来长吁短叹声。白天,老人在桃园里忙得更勤了。父母年近七十,辛勤劳作一辈子,种桃卖桃,几多辛苦,才积攒下这笔养老钱,全被她败光了。

"爸,妈,我对不起你们。"方芳常常在睡梦中哭醒。

防骗贴士

野山参也可像炒股票一样投资炒作?如今,可以炒作的东西真是太多太多,人们还需擦亮眼睛,明辨方向,否则你的钱去了哪里都不知道。

> 网上各种交易平台名目繁多,真假难辨,投资前一定要仔细核实求证。如果自己缺乏这方面的知识经验,要多向金融专业人士请教,也可以到网上搜搜信誉度。千万不要轻易相信所谓的指导老师,凡进行喊单指导,声称现货交易、轻松赚钱致富或夸大收益、从不提风险的,都可能是诈骗。

案例 37

关键词蹭热点
——离奇高价让"词主"乱了方寸

所谓关键词,就是输入网络搜索框内的文字,然后命令搜索引擎寻找相关信息。关键词对于普通网友而言,只是方便搜索信息而已,对于企业来说,则有利于树立和推广品牌。

互联网的高速发展让国人对于网络越来越依赖。互联网上蕴藏着巨大的商机,很多商人看准商机,纷纷进军互联网,建立自己的网站。那怎么才能让别人在网上冲浪时搜到你的产品呢?这时,关键词就十分重要了。

那么,如果有人告诉你,花几万元抢注一个新型关键词,转手一卖就是成百上千万,你信吗?这么轻松就能赚钱,你心动了吗?

然而,在这心动的背后,暗藏受骗风险。

50岁的任娟大学文化,思想前卫,是河北某市一家贸易公司的总经理。2016年12月,她参加一个本地举行的中小企业会议,第一次接触到购买"关键词"这一投资项目。会上,天津的一家信息技术公司做专题讲座,其中讲到要适应互联网新时代的发展,说注册域名、网址已成过去时,当下要把握机会注册关键词,特别是有创新、有特色、新型的关键词,升值空间不可估量。

这次讲座令任娟脑洞大开。她花21万元现场抢注了3个新型关键词:一个是"三只松鼠·商城",5万元;一个是"喜之郎·商城",8万元;还有一个是"杜蕾斯·商城",8万元。那家信息技术公司还给了她3张"注册者权益证书"。注册后,任娟也没太在意,她有太多的项目要跑。

"你好,你是任娟女士吗?听说你注册了几个关键词,关键词蹭'一带一路'热点,必赚大钱,每个可以卖到300万,我们可以谈下合作。"2017年6月22日,任娟在外地洽谈业务,突然接到一个陌生来电。来电者自称姓王,内蒙古一个投资商。什么乱七八糟的?一个关键词能卖300万?忽悠人吧!

"什么'一带一路'?我不懂。"任娟无心与对方多说。

"这是一种端口,可以注册的。"姓王的似乎是个行家。

"以后再联系吧。"任娟挂断电话。

5天后,即6月27日,任娟又接到无锡翼博网络科技公司业务经理张进修的电话。张经理说他知道任娟注册了3个关键词,有个姓吴的客户非常感兴趣,想问问其心理价位是多少。任娟有点茫然,这关键词怎么突然火了?她搞不清市场上的行情,只说"容我再考虑下"。她与张进修互加了微信,约定保持联系。

"你那'三只松鼠'的关键词可以卖到1000多万,有买家会与你联系的。"张进修发来一条微信。

"天哪!1000多万!"任娟惊讶。

"任女士好,我是张经理介绍的。"6月28日上午,任娟接到一个海南来电,是个男的,自我介绍姓吴,服务于美国一家投资公司,说是愿意花1500万元购关键词"三只松鼠"。

"可以啊,具体见面谈。"这时,任娟虽仍恍若如梦,但已开始相信撞到了财神。

各路财神电话纷至沓来,任娟应接不暇。28日下午,北京吕姓商人来电,愿意出价2500万元收购关键词"杜蕾斯";28日晚上,北京王姓商人来电出价1000万元收购"喜之郎";28日深夜,重庆一家中介的业务员来电,欲出价1500万元收购"杜蕾斯"。

29日一早,海南那个姓吴的又来电,称公司经过市场调查,希望以3000万元的价格收购"杜蕾斯",但必须做"一带一路"资源。

无心插柳柳成荫,无意中买下的3个关键词居然这么抢手。看来离亿万富翁不远了。任娟充满喜悦,完全忘了风险、陷阱什么的。

6月30日,任娟主动联系"翼博"的张进修,让他帮着做"杜蕾斯"的"一带一路"证书。张进修马上微信发来平台服务合同照片,每年单价7800元,购买10年,总价78000元。任娟觉得没问题,随即给指定账户汇去78000元。

"公司准备帮你做'三只松鼠'和'杜蕾斯'的国际支付端口,总价192000元。如不做,到时你就看不到以后的收益。我和吴总(海南买家)愿意为你分担一半。"7月1日,张进修电话里给任娟说了这事。任娟想想是这理,马上联系财务如数汇出96000元。

接下来几天更热闹了,大有你方唱罢我登场的味道。

7月4日,先是重庆那个中介李文华说,他把任娟的"三只松鼠""杜蕾斯"的"跨境电商"抢注了。海南吴总又联系任娟说要给上述2个关键词做一个"跨境电商",并说这非常重要,他愿意支付一半钱。经联系张进修,张开价252000元,任娟汇出126000元。

隔一天,重庆李文华称在"全球互联互通"上抢注了"三只松鼠"和"杜蕾斯",海南吴总说要抢回来,而张进修又开价210000元。任娟觉得此事有些蹊跷,便约吴总到北京会面商谈。吴总责怪其"全球互联互通"给人抢注,不愿见面。任娟提出让吴总付200万元定金。吴总推说只要"全球互联互通"做好,他会付钱的。任娟还是不放心,她决定到无锡实地考察,看看张进修所在的"翼博"公司到底咋回事。

收到任娟要来无锡的微信,张进修马上发来定位,公司位于无锡新吴区一幢大楼内。

7月5日下午,任娟坐火车到无锡,直奔"翼博"公司。面前的张进修是个二十四五岁的小年轻,公司规模不大,场地不到200平米,人也只有两三个,均是年轻人。

张进修非常热情,让座沏茶。任娟开门见山,直陈自己这样垫钱做下去不行,必须让买家打预付金。张进修连称"是"。

当场,任娟与张进修草拟了一个三方协议,内容大致是做完"全球互联互通",由买家吴总先付200万元订金。这个协议即时发到吴总邮箱。任娟电话公司出纳把21万元打到张进修账户。

钱汇出,任娟问张进修能不能保护关键词的各种资源以后不再被人抢注。张进修想了想称"可以",还大方地说送任娟两个版权,不收钱。

回到河北,任娟联系海南吴总,对方说外出学习了,至于那200万元订金,始终未付。

随后一个多月里,陆续有各类买家、中介与任娟谈合作、谈抢注。根据电话显示,有山东济南的、广东深圳的、四川成都的,还有北京、上海的,总共接触20余个买家、中介,任娟先后因做端口、证书等数十次汇钱。这些买家、中介,她只见过张进修和一个上海的买家王海,其他均是只闻其声不见其人。

时至2017年8月26日,任娟先后汇出206.6万元,可没有哪个买家真正买下她哪怕其中一个关键词。直到此时,她才意识到自己可能被骗了。

8月27日,任娟携带所有付款凭证、微信聊天记录和一大堆证书向无锡新吴警方报了案。

在任娟报案前,已有10余人先于她报案,都是买卖关键词中的套。

贵州的李兵注册的关键词是"贵州生态农业",2017年6月接到"翼博"公司业务员称有人有意向以800万元收购的电话,他兴奋得一夜未睡,乘飞机赶来无锡洽谈,被公司以关键词国际端口被人抢注为由骗走5万元。

四川的袁荣是做淘宝生意的,2017年3月,他注册了"中国展览展示行业网"。一天,"翼博"公司联系他,说海南有家公司要花1500万元收购这个关键词,他兴冲冲赶到无锡谈判,前前后后被骗32.6万元。

……

新吴警方多侦合力,昼夜工作,很快查清"翼博"公司涉嫌诈骗的犯罪事实。2017年8月3日采取围捕行动,12名疑犯无一漏网。

经审查,该团伙截至2017年8月,以"翼博"公司为幌子,虚构各种身份,向网络关键词持有人谎称有人高价收购其关键词,然后以需支付费用完善关键词相关资源才能转让为由,作案20余起,诈骗得款424万元。

90后杨践、邵龙、褚建是该骗子公司的为首者。

1994年出生的杨践系河南杞县人,"翼博"公司总经理。这家公司是2015年1月12日注册的。此前,杨践在苏州一家科技公司待过。那家公司说是做科技,其实是个诈骗公司,专门搞关键词诈骗。其间,他拜了一个师父,掌握了整个流程。后来,公司被警方端了。杨践是新手,被教育放回。他没有因此回头,而是想自己成立公司大干一番。于是,就有了"翼博"。因没有客户资源,缺少"托",公司开张2个月,没做成一单"生意",关门了。

2017年2月底,以前一起在苏州公司做过的邵龙、褚建来锡找杨践,密谋借"翼博"公司的营业执照,行关键词诈骗之实。邵龙,男,1992年出生,江苏镇江人;褚建,男,1992年出生,江苏灌云人。三人商定,由杨践、邵龙各出资3.3万元,褚建1.8万元,共8.4万元,作为启动资金。杨、邵占股40%,褚占20%,诈骗所得按此比例分配。

租赁场地,招兵买马。2017年3月初,公司重新挂牌开张,很快做成第一笔生意,在一周时间内骗得关键词持有人朱三宝现金12.13万元。一伙人到酒店举杯庆祝,扬言年收入要人人百万,三年内向千万富翁进军。

公司招聘了十几个精通网络、能说会道的90后充当业务员或各种"托",有见面托、电话托什么的,还特邀几个50岁出头的男子冒充买家或老总。诈骗流程是:业务员先到网上寻找关键词持有者作为目标客户,然后杜撰一个假姓名打电话给客户,虚构一个买家,谎称要以高价收购客户持有的关键词。因价格高得离谱,对客户诱惑很大,有的人信以为真,便上钩了。买家适时出场,不是电话联系,就是约到公司三方面谈。接着,公司针对配套资源进行报价,从3万元到30万元不等。客户为了高价卖出关键词,一般会选择支付这笔费用。遇到大方的主,便会以关键词被抢注或需继续完善等,让对方不断汇钱。任娟的钱就是这样被骗的。她是20多名受害人中被骗金额最高的。一旦客户不愿意再做了,"托"便以此为借口声称无法收购。

至于那些海南、成都、重庆、南京等外地"买家"的电话,实际上都是从"翼博"公司打出去的,电话卡是从网上淘来的,还有所谓配套资源和证书,也都是伪造的。

防骗贴士

　　不同于网络域名买卖、转让,网络关键词的买卖、转让并不属于通信部门管理,完全是市场行为。据警方透露,上述案件的 20 多名受害人大多为中小企业主或个体户,他们在互联网上嗅到商机,但对关键词买卖、转让只是一知半解,在离奇高价面前,上当受骗也就难免了。据权威媒体分析,投资关键词风险很大,目前和未来的盈利可能性都很小。一些"互联网科技公司"为圈钱,声称"抢注关键词在各大搜索引擎中脱颖而出,转让和升值空间很大",事实上,如果搜索平台规模很小,关键词根本一文不值。"词主"要理性看待关键词投资。

投资骗局防范重点

如果有人说,"我这里有个好项目,投资一年就能赚20%",相信大多数人不会相信。但有人相信,去投了,于是,钱被骗了。但凡跌入投资理财骗局的,轻信低风险、高回报是主要原因。无论是投资虚无的项目,还是炒原油、买原始股,无一例外。有点金融知识的人都知道,凡是高收益,必是高风险。因此,投资者一定要擦亮眼睛,不能只看到利好、前景、回报,更要看到风险、套路、陷阱。

1. 千万不要相信高额回报。那些骗子公司,你要的是他的利润回报,他要的是你的本金。投资者要避免盲目、冲动,遇高额投资项目要冷静思考分析。但凡超过银行存款收益或理财产品的投资收益,声称有10%、20%回报率的,一旦参与,基本是"肉包子打狗,有去无回"。

2. 老年人轻易不要做出投资决定。如要投资,最好与子女或懂得投资理财门道且可靠的亲朋多商量。网上理财风险较大,不会网上操作的不要轻易为之。子女也要主动与家里老人保持沟通,经常讲些投资理财骗局和防范方法,帮助老人理智、理性投资理财。

3. 无论老年人还是年轻人,都要谨慎投资,远离非法金融活动。不轻信陌生来电、短信或在社交平台上获取的各种投资信息。

4. 千万不要相信"证券专家""股票老师"的所谓荐股之说。股市起起落落,阴晴不定,炒股还是要靠自己,多学习、多看资料和财经新闻,研判、掌握有关规律,才是有效途径。

第五章

神药骗局

"这是国家最新研制的新药,纯正中药,疗效显著。吃了它,血压正常了,血糖降下去了。"

"你能依靠谁?你会拖累谁?你想清楚了,就可以做决定了,千金妍膏滋让你绽放美丽。"

不知从何时开始,神州大地刮起一股强劲的保健风,各路骗子嗅到"商机",纷纷粉墨登场。一时间,包治百病的神药广告铺天盖地,神医无处不在。最具代表性的是 2017 年游走于各大卫视的刘洪斌等"四大神医"。他们时而冒充医学专家,时而假扮著名老中医,在电视上反复推销各种"神药",不知坑了多少人,骗了多少钱。

随着生活水平的提高,人们对身体健康越来越重视。相比青壮年,老年人更怕患病,更加关心子女健康。中国保险协会调查数据显示,目前我国每年保健品的销售额约 2000 亿元人民币,而老年人的消费就占 50% 以上。最新资料也显示,继电信诈骗、投资理财骗局,神药神医骗局已是当今老年人面临的最常见的受骗形式之一。

案例 38

包治百病的"紫银蓝"
——保健品充神药,价格翻 10 倍

时年 76 岁的倪老伯与老伴居住在无锡锡山区东亭。他身体硬朗,腿脚尚健,在家待不住,有事没事喜欢出门走走看看。今天转转公园,明天逛逛市场,南北四城门,都被他跑遍。

那天吃过早餐,与正在洗洗涮涮的老伴打了个招呼,倪老伯出了门。时值春天,阳光明媚,微风吹拂,满目新绿。他乘公交车来到南禅寺步行街,这里有 1400 多年历史的江南古刹南禅寺,千年古塔妙光塔是寺内一道风景线。古寺周边,是商业一条街,古玩奇石,美景美食,吴侬软语,颇有特色。白天,这里人头攒动,热闹繁华,夜晚,这里灯火辉煌,流光溢彩。每隔两三天,倪老伯就要来南禅寺逛一圈。这天,他逛完南禅寺,又来到紧邻的朝阳蔬菜市场。这是市里的惠民工程,蔬菜瓜果产地直供,新鲜水灵,价廉物美。小青菜、韭菜、茄子,倪老伯选购了一大袋。

"老伯,量量血压吧。"倪老伯拎着蔬菜,走出市场准备打道回府时,一个穿白大褂的女孩拦住他。只见市场外路边设有一个摊位,一张长条桌,几张椅子,几名"白大褂",有男有女,正在为来来往往的路人测量血压,被拉住的大多是前来市场买菜的老年人。

"测血压,要钱吗?"倪老伯有些疑惑。他患有高血压,吃药控制着,好长时间没到医院测量血压了,不知情况怎样。

"放心,不收钱,免费的,这是公益活动。"女孩说。她指着正在忙碌的年轻"白大褂"说,他们是市里正规医院的实习医生,受医院委托,正在开展一项对老年疾病普查的"心脑康复工程"。

"老伯,这张表请您填一下。"女孩递过一张健康状况普查表,背面是关于"心脑康复工程"的简介,上面注明该活动由"中国老年疾病预防中心""中国第三军医大学"联合主办。看上去非常正规,是一项民心工程。倪老伯心想:"政府对我们百姓真是关心啊。"

倪老伯在桌前坐下,认真填写普查表,内容包括姓名、家庭住址、联系电话、退休前职业、基础疾病等。

"老伯,你血压偏高,上压 150,下压 100,心脏有些杂音。"填完表,一个"白大褂"给倪老伯测量了血压。

"是啊是啊,我患高血压七八年了,有家族遗传史,每天要吃药,有时候还压不下去。"说起这,倪老伯就烦。

"老伯,明天我们医院有个专门为老年人举办的健康讲座,邀请到全国好几个医学专家针对高血压等老年疾病的防治做讲座,去听讲座的老年人,还能免费享受血脂、血糖等 30 多项心血管方面的指标检查。您如参加,明天早上 7 点准时在这里集中乘车。""白大褂"还周到地提醒倪老伯明天要做空腹检查,主办方会提供免费早餐。

"好,我去听听,是该增加点这方面的知识了。"倪老伯连连点头。

当天,倪老伯回去跟老伴一说,老伴也认为这是件好事。老伴血糖有点高,正为这不能吃、那不能吃烦着呢。现在有这样的机会,何乐而不为。再说,还有免费检查、免费乘车、免费早餐。

第二天早上 7 点,倪老伯和老伴准时到达集合点,一辆面包车载着他们来到城东一家宾馆,车里八九个老人,都是来听讲座的。会场设在宾馆三楼会议室,大堂设有指示牌。会议室里济济一堂,约摸有百余人,都是银发一族。会场挂着健康讲座会标,主席台上坐着 3 女 1 男,年纪都不小。主持人介绍他们是从北京、上海大医院请来的专家。

讲座开始。首先,一个女专家对老年人易患的高血压、高血脂、糖尿病侃侃而谈,讲了 1 个多小时。随后,那几名"实习医生"分别持"先进仪器",对在场老人逐一进行"30 项心血管项目"检查。这仪器倪老伯没见过,其他老人也称第一次见,太先进、太神奇了。两个夹子往手腕上一夹,不到 1 分钟,仪器自动打印出长长的报告单。检测结束,每人发了一包牛奶、一个菜包子。

长长一串数字,十几个向上蹿的箭头,看得倪老伯胆战心惊,不仅血压高,胆固醇、甘油三酯、血糖、尿酸,都超出指标好多。老伴的报告单更不乐观,血糖高得离谱,肌肝、尿素、蛋白也高,看来已影响到肾功能。其他老人也都被诊断出患有各种心脑血管疾病,且挺严重。会场上空愁云笼罩。

"大家别着急,请安静,现在请××专家给大家介绍专治心脑血管、糖尿病的特效药:紫银蓝。"主持人一声喊,老人们顿时缄了口,专心听讲座。

另一个女专家上阵。她称"紫银蓝"是国家最新研制的药品,疗效显著,不少人吃了该药,血压正常了,血糖降下去了,从此饭吃得下,觉睡得着。自始至终,专家没出示真品。但什么是"紫银蓝",大家却听明白了,就是包治百病的神药。

"这'紫银蓝'怎么卖啊?"老人们都想试试。

"盒装的胶囊,每盒270粒,每日3次,每次3粒。每盒898元,10盒一个疗程。""实习医生"搬来十几个大纸箱,现场开卖。

"这么贵!"一片惊呼声。

"贵是贵了点,人老了,图什么?不就图个身体健康吗?"专家一番话,大家茅塞顿开,纷纷掏出荷包,有的5盒,有的10盒。

"哎哟,我出门没带钱呀。"倪老伯夫妇也想买,可身上只有零花钱。

"没事,待会儿我送您回家拿钱。"昨天那个为他量血压的"实习医生"凑上来。

讲座结束,倪老伯夫妇坐面包车回家,取出家中全部现金16000元,买了17盒"紫银蓝"。钱货两讫,面包车一溜烟跑了。

倪老伯迫不及待拆开"紫银蓝"包装盒,阅读说明书。"本产品是保健品,不能替代药品。"说明书上一行字让他傻了眼。原来,"紫银蓝"是山东威海一家生物科技公司的保健产品,主要原料是银杏叶、绞股蓝提取物,其保健功能是辅助降血脂。哪是什么包治百病的神药!

"专家不是说是国家研制的新药吗?怎么成了保健品?"倪老伯十分郁闷。根据说明书上厂家公布的服务电话,他打过去咨询。厂家倒很实在,称该产品是一种预防性的保健品,市场价每盒在70—80元之间。听倪老伯说完情况,厂方提醒,是骗子利用了他们的产品,赶快报警!

倪老伯拨打那个送他回家的"实习医生"的电话,空号。

七八十元一盒的保健品以 10 多倍的价格销售,还说成是特效药,这不是诈骗吗?望着那一大堆盒子,倪老伯越想越气,一连几天闭门不出,茶饭不思。说出去丢人哪!

"不能让这伙骗子再去害人!"在家闷了 3 天,倪老伯鼓起勇气向派出所报了案。

"老伯,我们一定全力破案,尽可能挽回损失。不过,老伯,这种健康讲座下次可不能再去喽。"民警安慰倪老伯,并提醒他。

民警先去举办讲座的那家宾馆,骗子早已不见踪影。宾馆方面称,3 天前,有人租 3 楼会议室办什么健康讲座,租期 1 天。讲座结束,那些人便离开了,再未出现过。

近年来,老年人因购买保健品上当受骗的案例屡见不鲜,有的甚至因此倾家荡产。此案不止倪老伯报案,还有不少老人察觉上当后求助警方。无锡警方成立专案组投入侦查。

专案组将接送倪老伯的那辆面包车作为突破口,以车找人。在小区监控中,案发那天送倪老伯夫妇回家的面包车清晰可见。这是一辆"皖 CS"打头的汽车,后面的号码被一张光盘遮挡。民警自有办法,很快查明这辆可疑车的车牌号。

面包车车主沈女,安徽蚌埠人。在沈女家乡,民警扑了空。村人反映,沈女一年在家待不了几天,不知在外忙些啥,每次回家都是穿金戴银,风光无限。

进一步工作查明,沈女活动范围主要在江苏各市及邻近的浙江等地。一伙十几人,乘坐 4 辆汽车,同行的有其丈夫、弟弟,还有同乡。经网上研判,这伙人只要在某地出现,当地警方便会接报以"紫银蓝"冒充国家新药的诈骗案。

忙碌 3 天 3 夜,专案组锁定沈女一伙落脚点。凌晨,这一伙骗子共 19 人在常州市武进区 3 家小旅馆落网。

这是一个组织严密、公司化运作的诈骗团伙,下设若干小组,每个小组各自招收组员,以组为单位集中住宿,并分别备有汽车为作案交通工具。

团伙为首者叫李雷,27 岁,初中毕业后外出打工。他一无特长,二无文化,在社会上混了七八年,没混出个人样,解决自身温饱都成问题,更别说娶妻成家。后来,他加入一个专门以"健康讲座"为名推销"特效药"的诈骗团伙,掌握其中的过门关节,积累了与老人打交道的"诀窍",便自立门户,拉团伙单干了。

李雷的那点聪明,在掏人口袋骗钱方面发挥到极致。每次外出作案,都由他先确定一个城市,了解那个城市的经济状况。一般选择比较富裕的城市,有钱才舍得花钱。然后,通知各组组长带领组员分头赶往这个城市。李雷打前站,租宾馆会议室,确认"健康讲座"时间,布置会场,采购"紫银蓝"。讲座前一天,各组分别到超市、菜场、公园等人流量大,老人相对集中的场所摆摊,以正规医院为名免费为老人测量血压。至于测量血压,不过是摆个架势而已,血压高低,全是信口胡诌,大抵都是高的。量好血压,便忽悠老人去听讲座。一旦有人有参加意向,便让对方填写健康登记表,以示正规。第二天一早,各组开车把老人送到会场。倪老伯夫妇正是被沈女夫妻接到宾馆的。

　　为了让讲座更逼真,李雷花钱请群众演员扮演北京、上海等地大医院的"专家"授课,授课内容则是从网上下载来的。讲课结束,便用"三无"检测仪为老人体检,假专家现场接受咨询。那些所谓"专家"收人钱,为人效力。凡参加讲座的人都被他们忽悠成患有严重心脑血管疾病或糖尿病的人,引得老人发愁、着急、恐慌。然后,"柳暗花明又一村",适时推出"神药"紫银蓝,吸引老人竞相购买。一场讲座,总能骗个几万、十几万元的。

　　一盒紫银蓝,批发价60多元,卖给老人们898元一盒。每卖掉一盒,李雷个人独得330元,小组长200元,其余按"贡献"分配给组员。该团伙打一枪换一个地方,流窜多个城市频频作案,短短5个月,诈骗得款上百万元。

　　因警方破案及时,倪老伯的1.6万元被骗款如数追回。倪老伯是幸运的,可不知还有多少老人的钱打了水漂,甚或还有的因迷信神药误了治疗,加重病情。

防骗贴士

　　不法分子抓住老年人怕患病的心理,打着"健康讲座"的幌子骗人钱财。因此,给老年人提个醒:切勿轻信保健品的疗效,凡是声称能治病的保健品,都不可信。以"健康讲座"为名,用保健品冒充包治百病特效药的,都是骗局。但凡免费讲座、免费旅游、免费体检,紧接着的就是花钱买高价药之类的陷阱。

案例 39

神奇药丸祛斑排毒

——咨询公司卖假药专骗爱美者

"不要999元,不要299元,只要99元,前十位打进电话的观众还送超值大礼包。"说起电视购物陷阱,早已不是什么稀奇事。2010年央视春晚的相声《超级大卖场》,就拿这种乱象"开涮"。减肥保健、美容排毒、治疗慢性病等,一直是电视购物的投诉重灾区。随着"四大神医"骗局的曝光,人们对电视购物广告更为深恶痛绝。

电视是传播文明的直接工具,而广告是电视中的一种元素,也是电视台获取丰厚利润的主要手段。林林总总的电视广告中,"神药"广告不时污染着人们的眼球,上当受骗者不少,有老人,也有年轻人。水艳就是其中一个。

25岁的水艳系陕西米脂人,就是陕西名谚"米脂的婆姨绥德的汉"中的那个米脂。三国时的貂蝉就是米脂人,米脂盛产美女,人所共知。水艳虽来自穷山沟,也是水灵灵、娇俏俏的。为了供2个弟弟读书,18岁那年,她随同乡外出打工,一路辗转到无锡,一开始在餐馆端盘子,后来当了宾馆的迎宾礼仪,再后来,是一家酒吧里的主管。

酒吧那地方,白天门可罗雀,没什么客人,真正的生意要晚上9点以后才开始,直至黎明。长期的夜生活,喧嚣的环境,酒精的刺激,加之睡眠的短缺,把个水灵灵的姑娘磨蚀得犹如霜打的茄子。有一天照镜子,水艳发现自己原本红润白嫩的瓜子脸如今暗淡无光,太阳穴区域竟然呈现浅浅的黄斑,扑上厚厚的粉才勉强盖住。还没嫁人呢,就弄成这样,水艳的心情少有的沮丧。

连天高温,把2013年的夏天推向高潮。这天,水艳因身体不适,向经理请了假。入夜,她早早睡下,又被热醒。房子是与人合租的,两室一厅,两人各据一个卧室,其余部分公用。卧室虽有壁挂式空调,但已是房东用了十几年的,此刻有气无力地工作着,丝毫感觉不到有凉意。无数个燥热的夜,水艳都是在冷气充足的酒吧里度过的。

房间犹如一个大蒸笼,水艳实在无法入眠,干脆打开电视消磨时光。黄金档的电视剧已经翻篇,五六十个频道,倒有十几个是购物广告。她无聊地换着台。

"太阳晒黑了,脸上长黄斑,'雪白泥'面膜为你解忧。"某个台电视购物广告里,主持人正在卖力地推销一款叫"雪白泥"的美容面膜,还有人现身说法。屏幕下方是联系电话,还有公司名称,看上去挺正规的。水艳正为脸上的黄褐斑烦神,看到这则广告,她当即拨打联系电话,购买了一个疗程5瓶"雪白泥",总共花了1500多元。这几年,两个弟弟一个初中毕业,一个高中毕业,相继外出打工,父母让她别再寄钱,存下做嫁妆。她手头有些钱。

几天后,快递送货到,水艳迫不及待拆封,马上启用。包装粗糙,说明书错字连连。她没在意,期待的是效果。一个月过去,她失望了,脸还是那张脸,暗淡无光,黄褐斑还是那个黄褐斑,没有任何变化。

这钱花得有点冤。她打电话到那个销售"雪白泥"的远图公司去询问。一个自称"文老师"的女子接的电话,态度热情,问得也仔细,有无既往病史,身体现状如何,等等,接着,把她介绍给女性健康专家"黄科长"。黄科长问得更仔细,还要加微信,让水艳把身体某部位拍照后微信发他。他要仔细研究,量身定制治疗方案。

"水女士,您好,我是'雪白泥'产品顾问王涛。"一天,水艳接到一个电话,听声音是个年轻男子。

什么"雪白泥",根本没啥效果。那个黄科长嘴上说得好听,几天来音讯全无,现在又来个什么"产品顾问"。

高温不退烧,心烦气躁,水艳冲着话筒来了句"别来烦!"挂了。

"美女,别生气嘛。听你的声音清脆、甜糯,就知道你一定很漂亮。如对我们产品不满意,跟我说,我来帮你解决,黄科长出差去了,他已对你的情况做出分析评估,提出了针对性的建议方案。"王涛有销售人员的韧劲、耐心,不愠不火。水艳反而有些不好意思了。她如实叙述了使用"雪白泥"后的情况。

"我们这款产品美白效果还是挺好的,用的人都这样说。但'雪白泥'的吸收有个先决条件,就是体内没有毒素。如果你体内的毒素不排出去,擦什么都没用。"王涛讲了一大堆美容机理,水艳似懂非懂。她选择相信他:"你的意思是先排毒?"

"这也是黄科长的意见。"

"我脸上的斑是毒素造成的?"水艳边照镜子边说。

"那当然。我们公司有款足部排毒贴,是主打明星产品,你可以试试。"王涛建议。王涛让水艳加他微信,随即发来排毒贴的照片,还有几个美女照,个个明眸皓齿,光彩照人。

"有这么神奇吗?"看着一张张美女照,水艳心里想的是自己原本也是这么美的。但她对排毒贴的功效似信非信。

"当然。"王涛的自信不是一般般。

"那买几盒试试吧。"为了美,水艳下了决心。

"一个疗程5盒,每盒1200元,共计6000元,我想办法给你打8折,4800元。"

"这么贵?"

"这是刚研制出的新药,市场上还没有,上市后更贵。女人啊,一定要对自己好一点。"

"我马上汇款。"水艳一咬牙,如数汇出4800元。5天后,5盒足部排毒贴由快递送到。一盒12张,早晚1张,1个月过去,贴完了,面色依旧。其间,王涛隔三岔五来电询问使用情况,拉拉家常,给水艳的单身生活增添了不少生趣。可那么多钱花出去,没有任何效果,哪怕一点点。水艳心里很不爽。

"你们这贴怎么回事,是坑人的吧?"打通王涛的电话,水艳一通呛人的话。

"别着急,慢慢说。"王涛始终好脾气。水艳详细叙述了使用足部排毒贴的情况。

"你这种情况真是不多见,至少我没遇到过。一般顾客一盒就初见效果,一个疗程大见成效,以后再用一个疗程就是护理了。看来你长期熬夜,生活不规律,体内积聚了太多的毒素,问题比较严重,单靠外贴已不起作用,必须换淋巴排毒胶囊,帮助淋巴排毒了。"王涛侃侃而谈,都是站在水艳的立场上分析问题。

水艳无形中被王涛牵住鼻子,走进下一个陷阱,以每瓶2000元的价格,买了5瓶所谓的淋巴排毒胶囊。一个疗程不行,又一个疗程,再不行,便改服价格更昂贵的"清宫排毒丸",还有什么"诺德康"药丸栓剂,内服外敷。一年时间里,她在王涛的指导下,陆续购买了20余种美容产品和排毒药物,花费超过19万元。眼看家底已经搬空,她才惊觉:"是不是上当了?"

2014年7月3日,水艳向无锡警方报了案,并把尚未用完的13件产品交给民警。经药监部门鉴定,其中大多是假冒药品、假冒保健品,还有就是"三无"产品。这些产品被检测出重金属含量严重超标,不但起不到美容排毒作用,反而对人体有害。得知这个结果,水艳欲哭无泪。

警方抽调精兵投入,历时2个多月的侦查查明,这些假药来自广州一家咨询公司。咨询公司"卖药",闻所未闻,典型的挂羊头卖狗肉。这当中肯定藏着猫腻。经过外围调查、卧底侦查,2014年10月中旬,一场异地围捕战在广州天河区打响。包括王涛在内的10余名骗子被抓获,同时缴获账本、电脑、银行卡,还有一本厚厚的、诱人入套的"剧本台词"。

这个诈骗团伙通过在电视上发布广告寻找客户,只要有人打去电话,便由"业务员"点对点服务,骗取客户信任,通过聊天方式套出客户职业病史、身体状况等信息,还有人冒充专家、老师、科长,各自按照事先设计好的"话本",忽悠客户,夸大病情,然后宣传公司"神药",推出高价"治疗套餐",牟取暴利。

缴获的"剧本"有丰胸、壮阳、护发、护肤、减肥等5大类,因客户情况有针对性使用。王涛真名黄胜,据其交代,一旦有人上当,会根据其承受程度制订4次"推销计划"。所推销的"产品"一次比一次昂贵。"一次"为1000—3000元,"二次"为2000—6000元,"三次"为4000—12000元,"四次"为8000—24000元。例如水艳,不仅"四次"一一走过,还经历了"养单"过程。"养单"就是经过4次推销计划被骗对象仍无察觉,骗子便又编出一套说辞促使对方不断购买"产品"。黄胜说:"太好骗了。"

"爱美是女人的天性,她们对美容、减肥舍得花钱,一忽悠就上当了。那些所谓的'排毒贴''排毒丸'是我一个哥们不知从哪儿弄来的不值钱的保健品,贴上美国、英国、韩国的标签,配以各种各样的包装。再招来一批业务员,全凭他们一张嘴巴了。"审讯室里,诈骗团伙头目如是说。

上当的岂止水艳,在不到两年里,全国有百余名爱美人士陷入圈套,被骗金额高达数百万元。

防骗贴士

不法分子利用电视购物,公开叫卖假货或劣质药品,骗取百姓钱财。有的以低价、赠品等形式引诱消费者冲动消费;有的虚假宣传,货不对版。受害者既有中老年人,也有年轻人。面对五花八门、极具诱惑力和煽动力的电视购物节目,人们要提高辨别能力。凡在电视广告上看中想购买的物品,建议到实体店进行比对后再购买。

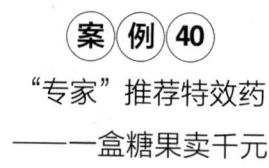

"专家"推荐特效药
——一盒糖果卖千元

46岁的赵强患腰椎间盘突出五六年,吃药、按摩、理疗,各种措施都试过,可作用不明显,而且有更严重的趋势。发作起来不仅腰部酸痛难忍,还牵连到左侧下肢麻木酸胀,影响行走。

2016年5月的一天,赵强腰部疼得实在受不了,打开手机上网搜索"腰椎间盘突出"。这时,网上跳出"北京中国骨病治疗中心"的网页,上面介绍该中心有关节炎、骨质疏松、强直性脊柱炎、骨质增生、腰椎间盘突出等专科,还推介了一个叫"侯之明"的医生,专门治疗腰椎病。赵强毫不犹豫拨打了侯之明的联系电话。这个电话一打,他的噩梦开始了。

电话里,侯之明医生的语气温和,他详细询问病情和治疗情况,安慰赵强说,他找对人了,他们有专门治疗腰椎病的特效药,先用外敷药,然后内服,一般两个疗程就会见效。

"像我这种情况大概要花多少钱呢?"赵强经济并不宽裕,他和妻子都在厂里打工,儿子刚毕业参加工作,收入有限。

"五六万吧。"

"这么贵?"赵强有点犹豫。

"贵是贵了点,但等治疗结束,可以通过农保帮你报销85%。"

赵强求治心切,听说可以报销85%,顾不得打听有没有这等好事,当即决定购药。

"既然你找了我,我一定会对你负责到底。你要根据我配的服用,药会通过快递寄给你,药到付款,付多少钱会提前通知你。还有,你去农业银行办张借记卡,以后报销的钱会打到这张卡上。"侯之明关照得很仔细,让赵强觉得很正规。他把自己的联系方式和家庭地址告知了对方。

3天后,快递员上门,药到了,是外敷用的贴,共6盒,事先侯之明来过电话,总价2500元。赵强如数付给快递员,并在快递单上签字。他留意了一下,寄件人是杨勇,寄件地址是广州市海珠区冲边街。买的是北京的药,怎么从广东寄过来呢?赵强想不明白,便去电询问侯之明:"会不会搞错了?"对方解释这些药是他们配好后由广州的华东药监局快递的。对方既然保证可以治好他的腰椎间盘突出,解除痛苦,赵强也就没有再纠结发货地址的问题。

第一次寄来的6盒分别是"太极门冷疗贴"和"远红外消痛贴",每盒10贴,白天贴"太极贴",晚上贴"远红外贴"。赵强按照要求,一丝不苟,早也贴,晚也贴,一个星期过去,毫无效果,仍是疼痛、酸麻难忍。他打电话联系治疗中心,接电话的还是侯之明。侯之明说,看来光贴不行,要买口服药了。他向赵强推荐了"舒脂甘复合片"。两三天后,6瓶"舒脂甘复合片"快递到家,这次赵强付了8000多元,发货地还是广州。一个疗程吃下来,症状依旧。

"你的病比较特殊,看来要找我的老师马建国了。"侯之明说他会把赵强的联系电话转给马建国。随后,马建国主动电话联系赵强。他介绍自己是"北京中国骨病治疗中心"的教授医生,听了赵强的病情,说是要增加其他药,先后给他开了"舒甘黄杞酸复合片",还有什么"御太医骨痛方冷疗走珠器""伤科敷料医用冷敷贴",快递寄过来一大堆,赵强付了5.6万元药费。

外贴内服,一晃3个月过去,几个疗程药用完,赵强的腰疼时好时坏。为了挣药费,赵强坚持上班。钱用得差不多了,他去银行查那张农行卡,没有分毫进账。他去电询问,侯之明让其去医院复查,称要治疗痊愈后才能报销。赵强去医院拍了片,结果仍是"腰椎间盘突出,脊椎退行性病变"。他扫描医院的X光片和诊断结果,通过QQ邮箱告知侯之明。侯之明回话,从片子上看,情况有所好转,必须再吃几个疗程药,如果半途而废,将前功尽弃。赵强想想也是这个理,但这个药太贵,有点承受不起。侯之明信誓旦旦地说一定会帮他争取到85%的农保报销。赵强一咬牙,同意继续吃药,接受治疗。这磨人的病一旦治愈,该是多大的幸事。

药源源不断寄来,家里的钱一天天减少。积蓄花光,赵强找厂里领导预支工资,向亲戚朋友借钱。至2016年10月,赵强先后20余次购药,总共花去30万元,这对于一个普通家庭来说,是一笔不小的开支。赵强也曾怀疑过,问对方为什么一开始说五六万元能治愈,现在花了这么多,病情仍无改善。对方说,他的病情复杂、顽固,必须几种药联合使用,巩固治疗,故费用水涨船高。赵强不想半途而废,一条道走了下去。

赵强的儿子小赵有些怀疑,父亲吃的是什么药,居然花了几十万元都不见有什么效果。他上网查询赵强吃的敷的那些药,没有查到任何结果。"难道是假药?"小赵把心中的疑惑和查询结果告知父亲。赵强心里一个"咯噔":"遇到骗子了?"他仔细回忆求医、购药过程,觉得是被人牵着鼻子、一步步走进陷阱的。一味相信什么"农保报销",钱哗啦啦出去,病痛却没有解除。

赵强家居江苏宜兴,2017年2月9日,他向辖区派出所报了案,同时把吃过的药、用过的贴包括包装盒带到了派出所。经过药监部门鉴定,2种内服药均为食品药,而那些贴,均没有注册商标,系伪劣假冒。专业人士解释,"舒脂甘复合片"的外包装瓶上有QS标志,这是食品生产的标识。通过包装瓶上提供的生产许可证编号查询发现,该款产品属于糖果制品,价格也就20元左右一瓶。那款"舒甘黄杞酸复合片"竟也是糖果类食品。糖果冒充特效药,20元一瓶的产品以上千元高价卖给患者,这伙骗子太胆大、太贪婪了。

骗子使用的是"010"开头的虚拟网络电话,电话的实际登记地点在广东番禺,具体地址为番禺桥兴大道大厦楼的广州康麟商品信息公司。这是一幢商用写字楼,里面大小公司四五十家。循着快递单上的相关信息,民警查明所谓"特效药"的发收货流程及资金流向。一个通过公司化运作、实施诈骗的犯罪团伙浮出水面,窝点就是康麟公司。

宜兴警方派出侦查组赴广州,经过连续多日的暗访、蹲守,锁定疑犯行踪,制订了周密的围捕方案。2017年3月14日,80余名执行抓捕任务的民警从陶都急赴番禺,在当地警方配合下,直掏骗子窝点。围捕行动干脆、利落、漂亮,50名诈骗嫌疑人全部落网,查获作案用"特效药"35箱及大量道具、仪器等。

该诈骗团伙为首者吴士根,40岁,广西玉林人。2014年,他在广州成立康麟公司,招募50余人。他先后在互联网、地方有线电视台投放虚假广告,扛着"北京中国骨病治疗中心"招牌,广泛散布"专家治疗骨病"的虚假信息。他们以非法获取的患者信息为目标,面向全国大撒网,冒充名医、教授忽悠患者;他们以廉价的食品类产品冒充高价特效药,大肆诈骗钱财。

无论患者患的是关节炎、骨质增生,还是腰椎病、颈椎病,所谓"专家""名医"一律推荐服用"舒脂甘复合片"或"舒甘黄杞酸复合片",还有这贴那贴。上当受害者遍布全国30个省(区、市),人数多达3000余人,被骗金额达1000余万元。

为了将这伙骗子绳之以法,办案民警昼夜兼程,上海、安徽、浙江、河南、河北……分赴全国各地寻访受害人,笔录做了厚厚一堆。铁证如山,吴士根等人最终受到法律的审判。

防骗贴士

"当时对方只是在电话里问了我几句病情,就给我荐药、开药,现在想想也太草率,太轻信别人了。"赵强懊恼地说。他希望通过自己的遭遇,提醒其他患者,治疗疾病切莫轻易听信网上或电视广告里"专家"推荐的"特效药",一定要去正规医院治疗,否则得不偿失,既耽误病情,又损失钱财。平时也要多关心医保政策的调整,国家对医保的比例、范围都是有明确规定而且会及时向社会公布的。凡自行就医、自购药品都不属报销范围。

案例 41

戒毒神器"毒瘾消"
——10万元买来25瓶消炎利胆片

人到中年的莉莉事业有成。她在无锡锡沪路上开了一家规模不小的装饰店,主要经营窗帘、床上用品,附带经营墙纸、装饰画等。现如今物质水平提高,人们追求生活品质,买房换房的人年年提增,带动了装饰生意的兴旺。

莉莉头脑活络、勤快肯干、为人热情,装饰店生意不错。这几年,她家里换了大房子,买了车。丈夫帮着她打理生意,女儿即将上大学。诸事称心,唯一闹心的是她有个不争气的弟弟,七八年前染上毒瘾,三十大几的人,业未立,家未成,整天与不三不四的人搅在一起,算是毁了。

说起这个弟弟,莉莉不禁有些怨她的父母。父母也算是新时代的人,可思想保守,传宗接代观念根深蒂固,生下女儿莉莉后,非要再生个儿子。事遂人愿,弟弟阿兴降生了。父母含在嘴里怕化了,捧在手里怕飞了,溺爱无度,从小养成阿兴自私、任性、乖张的性格。书读不进去,活不肯干,花钱倒是大方,没了就向父母、姐姐伸手要。后来竟然交上毒友,陷入万劫不复的毒渊,先是摇头丸,后来是冰毒,越吸越厉害,瘦成一把骨头,人不人鬼不鬼的。直到此时,父母才悔恨不已,当初对他太宠溺了。

阿兴没有任何收入,毒瘾一上来就逼父母拿钱。父母退休工资不高,常常捉襟见肘。阿兴就像魔鬼一样,把一个家搅得天翻地覆。看不得父母一把鼻涕一把泪,莉莉时不时帮衬一下,并数次出资把阿兴送去戒毒。可是,阿兴出戒毒所好上十来天,"粉圈"里的人一诱,又飞蛾扑火般奔着毒品去了。一人吸毒,全家遭殃,莉莉常为此闹心。因为帮衬娘家,丈夫已有些想法,多次给她脸色看。女儿也为有这样的舅舅而颇有微词。

"有没有这样一种药,吃了后能彻底戒断毒瘾呢?"莉莉常常这样幻想。

嘿,别说,机会在不经意间来了。

那是一个冬天的上午,天气寒冷,太阳散发着惨淡的光芒,感受不到一点暖意。尽管店堂里几台柜式空调卖力地工作着,仍抵不住阵阵寒意,莉莉插上取暖器。

上午10点多,来客了。这是一个50岁模样的中年男子,身材矮胖,脸孔黝黑,说着广东普通话,莉莉好一会儿才听明白来意。其老板在市区某商住大厦租了一个楼面开公司,要定制一批窗帘,需求量还不小。大生意上门,莉莉当然高兴。她热情耐心地向对方介绍各式各样的面料。面料选定,价格谈好,双方约定第二天在店里碰头,一起去公司现场量尺寸。

第二天上午,广东男子准时到了装饰店,称老板住市区某大酒店,窗帘的价格还要再议价。这很正常,只要没签协议,价格都是可以谈的。莉莉把店里的业务交给员工,自己拎着包随广东男子坐上出租车走了。

"老板病了,让我去医院找个医生帮他看病,得去医院拐一下。"途中,广东男子接了个电话,略带歉意地对莉莉说。

"没关系,我陪你去。"

在市区一家大医院的门口,一名50岁出头的妇女等在那里。广东男子刚下车,她迎了上来,同样广东口音,两人谈得热乎,似早就熟悉。脑子简单的莉莉还以为这广东男子人脉广、路道粗呢。她没想一想,上班时间,医院的医生怎么可能随便出私诊。

3人同乘一辆出租车来到某大酒店,广东男子付的车费。在酒店511房间,莉莉见到广东男子的老板,一个粗俗的中年女子。这是老板吗?又矮又胖,打扮土气不说,还一口大横牙,一副大嗓门。不过,讲话口气倒挺大,暴发户的腔调。"管她像不像老板,只要有钱赚就行。"莉莉想。

莉莉再次向女老板介绍了面料、进货渠道、价格等。女老板大手一挥:"就这么定了,拿钥匙到公司量尺寸吧。"

"你在这儿稍等,我拿了钥匙马上来。"广东男子让莉莉在老板房间等,自己匆匆走了。

"早晨起来,头有点晕,腿发软,你帮我查查。"女老板对医生说。

"最近累着了吧,生意再忙也要注意身体呀。"医生跟女老板关系非常亲密,边说边从包里拿出血压计,"血压有点高。"然后搭脉,看舌苔,说是体内湿气重。医生利落地开出医嘱。

"上次你让我问的'毒瘾消',这是国家严格控制的药品,我们医院没有。"看完病,医生不着急离开,与女老板聊起天。

"我弟弟在广东开戒毒所,这药很灵的,不少吸毒的服了这种药就不想吸了。上次进的货全用完了,现急需这种药,价格可以开到每瓶4000元。你帮帮忙,打听打听,哪里有货。"女老板十分急切。

"真的有这种药吗?不是说毒瘾戒不掉的吗?"一旁的莉莉来了兴趣。她正为弟弟反复吸毒着急,如有这种神奇的药,那就太好了。但她有些不信。

"这是国家刚研制的新药,你怎么知道没用。"那医生睨了莉莉一眼,然后对女老板说,"我们是老交情了,我帮你问问。"她随即打电话到处找人。不一会儿,她告诉女老板:"有了,走,我们一起去看看。"

"我头还晕,不能到处跑,让我的驾驶员陪你去吧。"她拨通驾驶员电话,对方称正在外面办事,1个小时后回。

"那可不行,我是从医院偷跑出来的,得赶回去上班,被领导发现不仅挨批,还要扣奖金。"医生不愿意了。

"你帮个忙,陪她去一趟吧。"女老板恳求莉莉。

"好的,好的。"莉莉连连答应。她正想看看这"毒瘾消",有可能的话买2瓶给弟弟服用。只要能真正戒除毒瘾,她这个当姐姐的花再多钱也愿意。

莉莉随医生来到市中心一家药品超市。一到门口,便有一男子从超市出来,从口袋里掏出一瓶药递给医生。"只有一瓶,一个疗程。这是禁药,国家严格控制,不能随便卖。"

"他们高价买你的药,你就多卖些吧。"医生露出失望的神情,莉莉更失望,她还想蹭2瓶呢。她恳求那男子。

"既然这样,我去问问经理。你们在这儿等着。"男子转身进了超市,没10分钟返回,神秘地把医生和莉莉拉到一边,"超市现有100瓶'毒瘾消',经理决定卖50瓶给你们,每瓶3500元,共17.5万元,必须付现金,赶快去拿钱。"

"哇,50瓶,太好了!"医生班也不上了,拉着莉莉兴冲冲地回到511房间。

女老板一听更高兴,头也不晕了,当即拎了包要去药品超市,被医生拦住:"你不能去,这药是禁药,人家超市是担风险的。只能我们俩去,人多了人家不肯卖。你放心,我们一定把事办好,购药款我先垫。"

"麻烦你再去一趟,事成后我给你2000元劳务费。"戏演至此,女老板抛出诱饵。莉莉听了,心一动,这笔窗帘生意做了,也就赚三四百元,跑次腿就有2000元,这钱好赚。

"我身边钱不够,我们先去趟上海,找我弟弟借点钱。"在去药品超市途中,医生放出"试探气球"。

"去上海多麻烦,我借给你,我有银行卡。"莉莉是直爽脾气,未经大脑思考就决定借钱。

"你真爽气,转手后,我给你1万元好处费。我们这边3500元一瓶,转手4000元卖给女老板,中间可赚2.5万元呢。"

"原来是这样。"莉莉终于明白医生为什么要垫款。

"这'毒瘾消'真的灵吗?"莉莉一心想的是弟弟。

"当然灵,要不卖这么贵。"

"那好,1万元钱我不要,给我3瓶'毒瘾消'吧。不瞒你说,我弟弟染有毒瘾,戒了好几次都不行。"

"那好啊,你遇对人了。我给你3瓶,3个疗程下来,保证让你弟弟不再碰毒。"医生拍胸脯。

莉莉跑了几家银行的ATM机,用不同的银行卡取了10万元现金,赶到某药品超市。那男子候在门口。

"这是10万元。"莉莉把一袋钱交给他。

"怎么只有10万?那不能给药。"

"你先给一半,25瓶,一会儿再送钱来。"莉莉想的是先把25瓶给女老板,拿了钱再来拿剩下的25瓶。

"那行吧。"那男子无奈地说。他进店堂拎了一包药出来,说是35瓶,他提出要求:"35瓶'毒瘾消'12万多元,你们两人中留下一个。"

"我留下吧,你快去快回。"医生自告奋勇留下来。其实,这是骗子得手,要撒了。莉莉浑然不知,拎了药去找女老板。

当莉莉敲开511房间时,哪儿还有女老板的影子,只有服务员在打扫房间。一问,客人15分钟前退房走人了。莉莉心知不妙,急吼吼往药品超市赶,医生和那男子也没影了。药品超市的药剂师告诉她,他们从未销售过"毒瘾消",也没听说过这种药。此时,莉莉才想到手中的那包药,打开一看,哪是什么"毒瘾消",是十几元钱一瓶的消炎利胆片。

10万元巨款出手,莉莉连对方姓啥名啥都不知道。

防骗贴士

本案中,"毒瘾消"只是骗子用来骗人的道具。所谓国家刚刚研制的新药,完全是骗子的荒诞说辞。而急于为弟弟戒除毒瘾的莉莉之所以上当,一是轻信,二是医学知识匮乏,三是鉴别能力差。当然,还有那么一点点贪小便宜。因此,人们在遇到所谓"神药"时,一定要多想、多问,吃不准的事可以从专业人士那里找到答案。

新药免费试用
——独居老人申请医疗补助倒贴12万

王警官说起顾大爷3个月被骗12万元的事,至今记忆犹新。

那是2016年7月的一天,大中午的,烈日高悬,空气滚烫,树上的知了都热得躲起来了。小王在派出所"110"接处警室值班。

"小王警官,我要找小王警官。"辅警扶着一位颤颤巍巍的老人进了值班室。

"哎呀,顾大爷,怎么是您?天这么热,有什么事打个电话给我呀。"小王连忙上前,搀扶老人坐下,倒了一杯凉开水。只见顾大爷神色恍惚,眼神呆滞,嘴里不断重复:"我的钱,12万,全被他们骗了。"

"大爷,您别着急,喝口水,定定神,慢慢说。"小王用干毛巾拭去老人额头的汗水。小王以前是社区民警,管的就是顾大爷那个社区。85岁的顾大爷孤身居住在小区一个二居室里。顾大爷的老伴几年前病逝,有个儿子在北京工作。儿子、儿媳挺孝顺,不放心老人一人在无锡,几次三番要接他去北京,方便照顾,老人执意不肯。北京一会儿沙尘暴,一会儿雾霾的,哪有无锡好啊。再说,故土难离啊。社居委很关心他,时不时有人上门探望,帮助买这买那。小王警官也经常上门嘘寒问暖,不是亲人,胜似亲人。小王后来调去派出所刑侦组,顾大爷有事仍爱找他。

一杯凉白开下去,吹了一会儿空调,老人缓过神来,给小王讲述了上当受骗的过程。

2016年4月中旬的一天,顾大爷正在阳台上浇花。为了怡养心情,也让家中有点生气,他养了绿萝、吊兰、幸福树,都是好侍弄的绿植。在他的精心培育下,这些绿植都长得郁郁葱葱,生机勃勃。突然,家中的座机响起。

"不年不节的,谁呀?"顾大爷放下水壶去接电话。还是个北京长途。儿子这会儿正上班呢,怎么会打电话来,号码也很陌生呀。

"大爷您好,我是北京××医院的杨教授。国家非常关心老年人的健康状况,我们医院专门成立了老年人保健中心,建立老年人健康档案。您的档案在我们中心,由我负责联系您。从档案上看,您老患有高血压、糖尿病,不知最近状况如何?"对方原来是北京大医院里的教授。顾大爷确实患有高血压、糖尿病,一天要吃十几颗药。可他从来没去北京看过病,怎么跟北京挂上钩了?顾大爷没有细想。

"最近血压有些不稳定,时高时低,血糖也是这样,控制不好,正担心着呢。"听人家北京教授来关心自己的病情,顾大爷感到很温暖。

"这可不行,血压、血糖控制不好会得并发症的。我们医院最近研制了一种新药,对高血压、糖尿病非常有效。现正在试验阶段,如需要,可寄给你免费试用。"杨教授一点没有架子,体贴周到。

"免费赠送?好的呀,我家地址是……"顾大爷一听不要钱,试就试吧,轻易就把家里的地址告诉了人家。

一周后,快递员敲开顾大爷的屋门,送来一包东西。东西放下,快递员迟迟不走,称要付260元货款。

"不是免费赠送吗,怎么要收货款,不是出尔反尔吗?"顾大爷有点恼火,拨通杨教授的手机。

"大爷,别生气,怪我没有说清楚,药确实是赠送的,260元是运费,是需要您付的。"杨教授解释。顾大爷想,药都来了,就试试吧,如果效果好,260元钱也不算白付。

撕开一层层包装,纸箱里装着十几个手掌大小、牛皮纸包装的中药袋,上面没有任何文字说明,连最基本的生产日期、服用方法、保质期等信息都没有。顾大爷只得去电杨教授。

服药期间,顾大爷经常接到杨教授电话,询问他是否按时服药,身体有何变化,并进行详细的保健指导。各种温情脉脉的关怀,令顾大爷颇为感动。第一个疗程服完。对方又分3次快递过来3个疗程的免费药。每次,顾大爷都支付运费,少则300多元,多的一次付了1000余元。

自打吃了杨教授寄来的药之后,顾大爷把本该服的药停了。可到医院去检查时,血压上去了,血糖也上去了,被医生责怪一顿。他没敢告诉儿子。2个月4个疗程下来,顾大爷觉得特效药对他不起作用。

"杨教授,谢谢了,这药好像不适合我,别给我寄药了。"顾大爷给杨教授打去电话,对方没多说,只是关照他保重身体。

过了两三天,顾大爷接到自称是"北京红十字会"的电话,说是使用新药无效的可以申请医疗补助,国家会根据不同情况给予申请者一定的补助款。

"你们怎么知道我使用新药无效的?"顾大爷疑惑。

"是××医院的杨教授告诉我们的,他是想为你争取点补助,减轻负担。"

"杨教授真是好人哪!申请补助要办什么手续?"顾大爷又一次被感动。殊不知,这是骗子请君入瓮的诱饵。一脚跨进去,便是一个深不可测的陷阱。

很快,顾大爷收到"红十字会"快递来的文件,还赠送了几盒印着洋文的药品。"红十字会"工作人员称已为顾大爷建了档案,需支付1000元建档费。顾大爷照付了。

申请补助款期间,顾大爷每隔两三天就接到"红十字会"的电话,对方不时汇报进展:建档了,领导签字了,正在排队等候审批通过。

"大爷,申请人很多,通通关系可能快些。"有一天,对方来电,说话期期艾艾的。

"不就请客送礼吗?这个钱要花。"顾大爷倒大方,分五六次汇款给对方"通关系",每次不是3000元,就是5000元。

"顾大爷,告诉您一个好消息,医疗补助款批下来了,共5万元。""红十字会"终于来电告知申请成功,但要先收10%的个人所得税。

顾大爷马上向指定账户汇去5000元个人所得税。

然而,事情没那么简单,就在顾大爷坐等补助款之际,某"银行经理"来电:"红十字会汇进账户的钱被冻,无法取出,必须根据身份信息等进行验码,核实无误才能取出。"于是,顾大爷又支付了3000元验码费。

"我明天来取钱行吗?"就在顾大爷准备到银行取款时,"银行经理"又来电:"国家的公家账户只能以整数的形式往外转款,必须先打款把账户上的钱凑成整数再一并支出。"这样,顾大爷又汇出3万多元。

就这样,3个多月里,顾大爷共计被骗12万余元,存折上的钱基本掏空。待他去某银行找经理要求取款时,人家告知根本没有此事。再打杨教授、"红十字会"和"银行经理"电话,均已变成空号,顾大爷方知中了骗子的计。他一阵天旋地转,差点晕倒在银行大厅。银行派车把他送回家,并提醒他赶快报警。

"哎呀,大爷,就当花钱买补药吃了,别生气了。"事已至此,小王还能说什么呢,他唯有言语安慰。他曾多次提醒顾大爷,陌生人的电话不要接,特别是涉及钱的事,千万不能信。小王和搭档认真地给顾大爷做了笔录,找来社区民警把老人护送回家后,立刻投入了查案工作。

顾大爷的儿子闻讯,立马从北京回锡。他说,老人钱被骗,他也有责任,平时关心照顾不够。这次,他决计要说服老父亲,随他一起去北京安度晚年。

小王在办案中发现,上当受骗的并非顾大爷一人,无锡市同期报案的有30多名老人,被骗金额从1万到十几万元不等,顾大爷是损失最惨重的。骗子先从网上买来老人的信息资料,作案后又转手卖给其他团伙。诈骗顾大爷的就是两拨骗子,先是"杨教授"送特效药,后是"红十字会"帮助申请补助款。真的是防不胜防!

防骗贴士

"杨教授"的关心是有前提的,他与你非亲非故,对你的特别关爱,无非是看中你的钱袋子。顾大爷们的经济损失,恐怕难以追回,但他们落进温情陷阱的教训,值得人们吸取。千万不要轻信"专家、权威"电话里推荐的所谓免费特效药,包着糖衣的"毒品"吃不得。对货到付款的赠品要坚决拒收。

"食药同疗"可治慢性病
——大江南北上当者千余

2017年6月22日清晨,武汉汉阳,李广华在音乐钟"起床喽,起床喽"的提示声中醒来。又是新的一天。

这是一套三居室单元房,位于临江一高档住宅区的17楼。屋内装饰豪华,设施一应俱全,中央空调吐着舒适的新风。这套房子是李广华租的,不久的将来,他也会有这样一套大房子,以后,他还会有大别墅。他憧憬着。

36岁的李广华出生在广西玉林下属的一个小县城,医药中专毕业后,他找到一份在小药店卖药的工作,每月工资两三千元,过着不死不活的生活,连妻儿都养不活,更别提买房买车。妻子耐不住清贫,带着儿子离开了,剩下他孤家寡人,日子好凄惨。

一段时间,电视上、网上、各种杂志上,医药广告乱飞。"高血压不用怕,吃

××药帮你降压。""治疗糖尿病有特效药,能帮糖尿病患者摆脱药物依赖。""治疗骨刺有秘方,无任何副作用。"……西药、中药、藏药、苗药,偏方、秘方,没有什么病是治不好的。外行看热闹,内行看门道。李广华知道,这些广告都是夸大其词,甚至是骗人的。然而,他从中嗅到赚钱机遇,开始一系列的前期准备。

2016年5月,李广华辞去了那份鸡肋工作,揣着借来的启动资金,前往武汉"创业"。为什么不选择家乡大城市?他是这样想的,一来那是自己的家乡,了解他底细的人多;二来事情一旦败露,影响太大,他好面子。

李广华在高档写字楼里租了150余平米的单元房,门口钉上健康咨询公司的牌子,自任总经理,然后从网上购进几十箱食品类保健品,包装盒贴上"食药同疗"治疗糖尿病特效药的说明。这些东西吃不死人,也治不了病。至于"食药同疗"治疗糖尿病,玩的是概念,就像炒股一样,概念股才吃香。再者,当今社会,人们生活富裕,患糖尿病的越来越多,特效药推出,肯定有市场。公司有了,"特效药"有了,再就是人。他着手招兵买马。

招聘广告发出,应聘者众多,大多是年轻人。李广华亲自面试,挑的大都是90后,他们刚跨出学校门,没有工作经历,社会经验不足。他认为,这些年轻人聪明、简单、可塑性强,而且大多数找工作心切,业务能力嘛,可以培养。事实证明,他是有"见地"的。

那些90后进了公司,绝大多数人在了解工作内容后,感觉这就是个诈骗公司。然而,现如今找工作不易,这项工作来钱快,只要打打电话,每月工资就能上万。如1995年出生的王宇,进公司3个月,第一个月挂空挡,只拿到2000元底薪;后来2个月,他的"业绩"达到18万,提成10%,1.8万元,再加底薪,就是2万元。这么高的收益,明知是违法犯罪,他也死心塌地干了。

一切就绪,公司开张。第一步是宣传,吸引患者上钩。李广华脑子聪明,宣传手段多样化、立体化、全方位。既打电视广告,又发放传单,制作宣传折页,吸引客户拨打"400"热线电话,还微商推广,寻找"客户"。为取得客户信任,他还扯上了"中华糖尿病康复指导中心"的大旗。

公司的运行模式是这样的:一旦有人拨打热线电话,公司女秘书即冒充"中华糖尿病康复指导中心"导医首接,收集客户资料,然后将资料通过系统推送给业务员。业务员以老师的身份向客户吹嘘"食药同疗"的好处,列举一个个凭空捏造的治愈事例,说得有名有姓的,引诱客户购买公司的"药物"。客户确认购买数量后,即由物流部门将所谓的特效药快递给客户。客户付款签收,资料转到售后部门。售后部门业务员冒充专家、主任回访客户,询问服药效果,诱导客户继续购买。当客户认为药物无效,不想购买时,便以报销返还医药费等幌子,让客户办理住院手续,交住院费、押金等实施诈骗。总之,不把油水榨干不罢休。

如李广华所料,广告一投放,客户踊跃,"特效药"卖得特好。全国各地的汇款纷至沓来,他的腰包一下鼓了。他在汉口租了豪宅,天天无酒不欢,身边美女如云。为了扩大规模,也为躲避警方视线,他在另两个写字楼租下办公场所,设置14个窝点,分工越来越细。一线销售的,微商推广的,客户回访的,在不同写字楼、不同房间各自为政,互不串岗。各个工作间都有负责人。

李广华把管理公司的模式移植到管理诈骗团伙,对团伙成员实行绩效考核,每月按绩效发放工资。每周还评选优秀营销话本,根据他们与患者沟通、推销产品的录音,评出最优秀的制作成范本,发给大家学习。新员工逢进必训,老员工以老带新,随岗培训。

李广华做大了。一年间,客户数上升到1000余人,遍布大江南北。李广华发财了。一年间,营业额达3000多万元。他有理由相信,他很快会开上豪车,住上大别墅。他要衣锦还乡,让那弃家而去的物质女看看,她有多么目光短浅,抛弃了一个大富豪;他还要让他的父母骄傲,他们培养了一个多么优秀的儿子。

"没有的花儿可在梦里找,没有的辉煌可在梦里寻。"李广华最喜欢这首《好梦成真》了,他哼着歌儿端起一杯牛奶,桌上有煎好的鸡蛋、烘好的面包。

门被敲响了。

"谁呀,一大早的?"他边埋怨边不经意地拉开屋门。

"李广华,跟我们走吧!"涌进五六个陌生男子,语气不容置疑。

"什么人哪,乱闯民宅。"李广华预感不好,徒做挣扎。

"我们是无锡警察,你和你的公司涉嫌诈骗。"来人亮出硬派司。李广华无语,束手就擒。他什么梦都做过,就是没做过警察上门的梦。他不知道怎么就栽在无锡警察手里了,山高路远的。

李广华不知道,他的手下把无锡的陈大爷坑惨了。陈大爷愤而报案,无锡警方给予这个诈骗团伙以毁灭性的打击。在其落网当天,其余77名涉案人员全部被抓。

陈大爷居住在无锡南长街上,75岁,患糖尿病多年,一直吃药控制着血糖。2017年三四月,陈大爷血糖忽然不稳定了,忽高忽低上下乱窜,他烦恼不已。一天,他在电视上看到了销售治疗糖尿病特效药的广告,记下了对方的联系方式。陈大爷拨打了那个联系电话,对方自称是"中华糖尿病康复指导中心"的老师,询问陈大爷的病情后,说他们公司自产的"食药同疗"产品正是针对他这种糖尿病患者的。陈大爷求药心切,当即订购一个疗程共1500元的产品。按照说明,陈大爷像吃饭般一天三顿服用,连原本吃的药也停了。一个疗程下来,血糖反而升高。这时,"指导中心"的回访电话不期而至,听了陈大爷的情况,说是正常现象,还需服用一个疗程。陈大爷又付1500元买了一个疗程。家人劝他不要盲目服用来历不明的东西,他认为是专家推荐的,不会有错。

又一个疗程过去了,陈大爷的血糖指标噌噌往上升。家人慌了,劝他服医院配的药,好不容易才稳住血糖。他打电话找"专家"理论。"专家"说,必须吃满5000元钱的产品才有效,而且满5000元就可以报销70%的费用。陈大爷一听合算,又买了2000元。让他始料未及的是,他刚收到快递过来的产品,"专家"的电话就追过来了。"专家"说,要想报销药费,还要交住院费、住院押金、出院费、异地证明金等等。账单开出一长排,反正是不断交钱。一心想着报销药费,陈大爷瞒着家人,一次次汇钱,先后汇出32000多元。

接下来的事让陈大爷愤怒了。他交完一桩桩费用,向对方讨要报销费用时,对方却以"人不在,找不到领导签字"或"管这事的人出差了"等种种理由推托,最后干脆不接他的电话了。吃了一堆"特效药",根本没什么疗效,还搭上这样那样的费用,陈大爷觉得自己上当了,便去当地派出所报了案。

李广华纳闷,无锡警察怎么会找到武汉,找到他们的。以前,他们也碰到过客户察觉上当,找他们退还费用的,都被敷衍搪塞过去,不了了之的。所以,他们想,陈大爷再怎么来电话,不理睬就是了,过一阵自然风平浪静。而且,公司使用的是全国统一的"400"电话。

无锡警方对陈大爷的报案非常重视,成立了专案组,汇总研判各类大数据,一路追踪到武汉,锁定李广华的健康咨询公司。他们派出侦查小分队赴武汉落地侦查,把14个窝点包括李广华的租住地查得清清楚楚。

李广华爱看侦探推理小说,自以为有逃避侦查的办法。他一人独住,所有人都不知道他的具体租住地。平时他也很少在公司抛头露面,公司好多人不认识他。外出喝酒吃饭,乘出租车回租住地,他也都在离居住小区一里地的地方下车。即使这样,仍然是躲得了初一,躲不过十五。

2017年6月21日清晨,85名无锡警察长途跋涉,当天晚上抵达武汉,22日清晨实施抓捕。擒贼先擒王,李广华是第一个落网的。

防骗贴士

发财梦醒,李广华一伙去了该去的地方。吃一堑,长一智。但愿"陈大爷们"从此不再上当受骗,也提醒人们,特别是患有这样那样慢性病的朋友,千万不要盲目服用来路不明的"神药""特效药",一旦贻误病情,悔之晚矣!

私人定制膏滋
——"老中医"竟是90后

盛夏,火球似的太阳悬在空中,树上的知了声嘶力竭,大黄狗吐着舌头瘫卧在水泥地上。郭小玲的心情一如这天气,火燎、燥热、郁闷。人工助孕再次失败,这对年过四十的小玲来说,不啻是个晴天霹雳,这也许就意味着这辈子她再也不会有自己的孩子了。

小玲结婚10余年,丈夫很爱她,公婆待她也不薄,美中不足的是数年来她一直未怀上孩子。医院诊断是她的原因,为此她十分内疚,觉得对不起丈夫、公婆。10 余年里,不知看了多少医生,中药、西药一包包拎回家,无奈肚子始终不见动静。郭小玲夫妻间倒是恩爱,丈夫不时劝慰她:"二人世界挺好的。"可丈夫看邻家孩子时那落寞的眼神,令小玲心里很不安。

"千金妍膏滋为你私人定制,该产品可调节妇女月经,治疗不孕不育、子宫肌瘤、乳腺增生等妇科疾病。"2017 年 8 月初,小玲正在玩手机,突然收到一条推送广告。平时,她对这些广告都是不屑一顾的,这次,看到"治疗不孕不育"字样,心里不由一动,难道自己的病还有治愈的希望?她太想有一个自己的孩子了。

小玲立即加了广告里的微信号为好友,对方的微信昵称叫"膏滋胡萍",头像是个穿白大褂的女子,50 多岁模样。小玲还是挺谨慎的,一开始并未与"膏滋胡萍"交流,只是看看其朋友圈,里面发的都是千金妍膏滋的产品介绍及疗效,还有用户反馈,不少人都说用了千金研滋膏效果很好。朋友圈里的人都尊称胡萍为胡老师。

"胡老师,您好!"四五天后,小玲主动与"膏滋胡萍"打招呼。

"你好!""膏滋胡萍"回复很快,自我介绍是湖北某医院著名中医,退休不久,专注于膏滋调补。

小玲叙述了自己的不孕情况以及多年来的治疗措施。"膏滋胡萍"询问了小玲的年龄、月经等问题,为其分析不孕原因,称主要是体寒、宫寒、气血不足造成的,只需稍加调理就会受孕。

"真的吗?怎么个调理呢?"小玲喜出望外,看到了一丝希望。

"我做了很多年的膏滋调配,丫头,我可以根据你的身体状况量身调制适合你的膏滋,只要按时服用便能治好你的不孕症。""膏滋胡萍"说得很轻松,"有人服用了我调制的膏滋,3 个月就成功怀孕了。"

"要服用几个疗程有效?一个疗程多少钱呢?"因为长期吃药治病,小玲的经济状况不是很好。

"一个疗程 3960 元,起码要服四五个疗程吧。""膏滋胡萍"答复,"丫头,女人要对自己好点,夏天正是调理身体的好时机,千万不要错过机会哦。"

小玲觉得有点贵,没有马上购买。考量再三,她还是想要个孩子。一个多月后,她再次联系"胡老师",发现对方的微信昵称改成了"千金妍膏滋李梅"。

"这个微信不是胡老师的?"

"丫头,我就是胡老师,因为找我的人太多了,换了一个。"

"胡老师,你能为我定制膏滋吗?"

"当然可以!丫头,如果你决定了,我马上为你配制。"

"那我先买一个疗程吧。"

胡老师一口一个"丫头",小玲感到很温暖,她通过微信支付了300元定金。一周后,她收到快递,15瓶千金妍膏滋,黑乎乎、稠稠的。她挖一勺尝了下,甜得发腻,没什么药味。

"丫头,要坚持服用啊,早晚各一次,每次一勺,温水冲服。"小玲支付了剩下的3660元后,"胡老师"主动发来微信。

早一勺、晚一勺,小玲希望出现奇迹。服用七八天后,先是上火,满嘴溃疡,接着小腹隐隐作痛,一向准时的月事也提前了。她连忙微信胡老师:"这是咋的了?"

"丫头,正常的,这是好事,说明此方对你有效。"胡老师要小玲加大剂量,每次增加半勺,坚持服用。小玲将信将疑,又服用了一段时间,身体状况反而不如服食前。于是,她带着膏滋去了医院,医院告诉她这是一款"三无"产品。

"都怪自己太轻信。"感觉上当受骗的小玲向无锡梁溪警方报了案。民警检查了千金妍膏滋,没有任何国药准字号标识。送到专业机构鉴定,成分主要是蜂蜜、冰糖、桑葚、枸杞,哪里是什么治疗不孕症的特效药?

"绝不能让假药危害群众!"梁溪警方先后接到了十几起这样的报案,迅速成立专案组投入侦查。顺线追查,追至湖北武汉。2018年4月11日上午,专案组在武汉警方协助下,闪电出击,摧毁以肖斌为首的假药诈骗团伙,抓获涉案人员145名。

小玲只是无数受害者中的一个,根据缴获的账本统计,受害者上万名,遍布全国各地,其中无锡就有100多名。该团伙自2016年开始诈骗作案,两年多时间涉案金额达1.3亿元,为首者肖斌个人得款近4000万元。

侦查发现,受害者不管什么病情收到的都是一样的膏滋。肖斌一伙所谓

"针对病情单独熬制的膏滋药",实际上是千人一方。这些膏滋是团伙委托某厂家批量生产的,才30元,根本没有治病或调理身体的功效。可经过一通吹嘘,居然成了"神药",卖给受害者时,便成了300—500元一瓶的定制膏滋。

明明是假药,毫无疗效,却能卖给上万人,获利上亿元。这个诈骗团伙是怎样迷惑人的呢?

据受害人陈述,他们都曾在微信上请一个叫胡萍的老中医看过病,问诊后便根据其推荐买了千金妍膏滋。那么,这个"神医"的真面目如何呢?

在网上搜索"胡萍",能看到不少介绍她医术高明的文章,介绍她是湖北中医药大学的教授,湖北中医院的返聘专家。这些介绍文章图文并茂,还有不少患者的现身说法。在网上,胡萍俨然一个中医老专家。那么,她实际上是个什么人呢?

经警方调查,胡萍早年做过厂医,现已退休,有中医资质,但是是针灸方面的,从来没有熬过膏滋,配过膏方。至于"中医老专家"的身份,完全是诈骗团伙包装出来的。那些现身说法的患者,也是团伙找来的"托"。"名医"胡萍只是肖斌一伙实施诈骗的幌子。胡萍因虚构身份、配合虚假宣传受到法律处罚。

肖斌把自己的亲戚朋友拉进团伙,注册多家公司,在网上推广诈骗用的二维码和微信号,微信统一使用胡萍的头像,一旦有人找胡萍问诊看病,真正接诊的都是公司招聘的年轻人。这些年轻人大都是90后,那个在微信上对小玲"丫头、丫头"叫得亲热的"千金妍膏滋胡萍",其真实身份是一个叫李梅的女子,还不到20岁。这些年轻人冒充老中医给人诊病,推销膏滋,既无行医资格,又无医学方面的专业知识,只是按照预先设定的"话本"大肆忽悠,真是害人不浅。

防骗贴士

最近,食品药品监管总局专门出台消息,提醒消费者要警惕"专家义诊、权威证明、免费试用、宣传疗效"等非法宣传的营销陷阱。还是那句话,就医要到正规医院,不要轻信网上所谓的"专家""名医"。一旦吃错药,不仅损失钱财,而且伤害身体,到时后悔都来不及。

老祖宗喊你儿子去帮忙
——村医竟也迷信"神医"

人逢喜事精神爽。2011年国庆节是巧芬为儿子小军选定的结婚大喜之日,还有一个月就要到了。儿子大学毕业,在外资企业工作,儿媳妇是儿子的同学,毕业后进了银行。儿子是巧芬夫妇的唯一,也是骄傲。准儿媳聪明能干,贤惠孝顺。一想起这些,巧芬的心情不是一般的好。

巧芬时年55岁,早年当过赤脚医生。赤脚医生是"文革"那个特殊年代的产物,也是农村对"半农半医"卫生员的称呼。后来,乡里送她到医学院进修了一年,之后成了一名村医。这几年,她退休在家,过上了安逸的晚年生活。

巧芬和丈夫都是老实本分的普通人,省吃俭用一辈子,为的是给儿子办一个风风光光的婚礼。自从两年前儿子有了女朋友,她就开始做准备,家里房子修葺一新,添了空调、冰箱等家电。巧芬还是个有心人,她精心准备了一包首饰,钻戒、金项链、金手链是给新媳妇的,金锁片、金花生是给未来的孙子或孙女准备的。

事情发生得很突然,事后,巧芬捶着自己的脑袋悔恨地说:"这脑子里怎么就进了糨糊呢?"

且说早饭后,儿子上班,丈夫也出了门。巧芬拾掇完家务,骑自行车到华庄镇上的农贸市场买菜。市场规模不小,五六千平米,一圈转下来,肉蛋蔬菜,买了满满两袋。一看时间,已是上午10点,巧芬匆匆往家赶。自行车刚骑出十几米,遇一中年女子拦路问讯。

"大姐,你知道华庄镇上有个从新加坡回来的老中医吗?90多岁,专门搞康复治疗的。"这名妇女40岁出头,打扮时髦,烫一头卷发,外地口音。她从一辆"金城"摩托车后座上跳下来,神情焦急地拦住巧芬。骑摩托车的是一名中年男子,那女子下车后,他驾车一溜烟跑了。

"没听说过呀,华庄医院倒是有个康复门诊。"巧芬虽当过医生,熟识不少人头,唯独没听说镇上有个新加坡回来的90岁老中医。

"我认识,我带你去。"有人凑过来搭讪。身后突然窜出个女人,中等身材,梳马尾辫,热心、热情。此女自我介绍姓陈,浙江人,华南大学毕业,现在上海浦东做房地产生意,到无锡是来谈业务的。问讯女子忙迎上去,自称姓张,租住无锡丁村。

"开摩托车的是你老公吗?"陈女指着远去的摩托车问。

"不是,那是'摩的'。老公能陪我来倒好了。我老公是做生意的,常常不见人影,对我和女儿不闻不问。我女儿15岁,患精神病,狂躁型的,成夜不睡觉,不停地穿衣服脱衣服,嘴里又喊又叫,扰得四邻不安。真是急死人了,想找个老中医看看。"张女一肚子苦水,一把鼻涕一把眼泪的。巧芬听了心里酸酸的,同情的泪水在眼睛里直打转。这一幕被两名女子看在眼里。

"这位大姐真是个好心人,镇上地形我们不熟,求求你,陪我们一起去找老中医吧!"张女、陈女一边一个挽住巧芬的胳膊,夹着她就走。巧芬粗懂医理,家里有个头疼脑热,都是她诊断买药治好的。她也想会会老中医,看看老中医医术如何,便随她们去了。

3个女人一台戏。一路上,3人有说有笑,两名外地女问东问西,问的都是巧芬的家庭情况。巧芬毫不设防,一股脑儿全告诉对方,连儿子叫什么名字,什么时候结婚,也不隐瞒。不一会儿,陈女把她们带到镇上文化宫南面一条弄堂里,从一幢住宅楼里叫出个中年男子。

"他叫阿强,老中医的孙子。他爷爷会看阴阳八卦病,挺神的。"陈女指着中年男子说。

"你是不是姓王,我爷爷算出你要来,让我下楼迎你。最近我弟媳妇生了对双胞胎,怕犯冲。不好意思,不能请你进屋了。"这个阿强真奇怪,急着找他爷爷的张女他不理不睬,反而对巧芬热情有加,不知怎的还知道巧芬姓王。巧芬尚未回过神来,他神秘兮兮地把她拉到一边。接下来一番话,令巧芬目瞪口呆,犹如晴天霹雳。"你有个儿子快要结婚了,你家3天内要出大事。你家祖坟上不好,小鬼与老祖宗打架,老祖宗要叫你儿子去帮忙。"

神药骗局

"老祖宗要让儿子去帮忙?这可如何是好,有办法解吗?儿子是我的命根子,可不能出事。"巧芬虽是医生,有文化,却也十分迷信,平时经常与那帮老姐妹出去求神拜佛。阿强跟她从未谋面,居然对她家里的情况如此清楚,她对阿强的话不由不信。

"办法倒是有,就看你配合不配合。你要把家里所有的钱和金银首饰拿来,让我爷爷帮你化解。"阿强"指点迷津",抖出包袱。他称自己的爷爷在新加坡行医一辈子,救人无数,这次是家中添丁,才到无锡来的。随后,阿强把巧芬晾在一旁,又与张女聊上了。"你女儿病了,病得很重,你老公不管家里。"张女家的情况,他也说得丝毫不差,同样要其回家拿钱物来让其爷爷作法。张女千恩万谢,立马赶回家拿东西去了。

"为了儿子,我什么都愿意。"巧芬顾不上辨别真伪,也不找人商量商量,骑着自行车冲到家里,揣上家里全部8000元现金,找出那包金银首饰,把几张定期存折塞进包里,急乎乎返回镇上。陈女在银行门口等着她。

巧芬的钱存在几家银行,当她从一家银行取完款,已是午休时间。她请陈女在街头饭馆吃了饭。下午1点,她从其他银行取出所有存款。连本带利共14.1万元,连同家中带来的8000元,共计14.9万元。那包金银首饰,有5只戒指,4条项链,还有金手镯、锁片等,价值好几万元。

下午2点多,当巧芬和陈女匆匆赶到"老中医"楼下时,阿强守在那里。"快点,快点,快把钱给我,你儿子开始肚子痛了,晚了就没命了。"巧芬把装有现金和首饰的包递给他,他给了巧芬10元钱,让其赶快买4只苹果,神坛上要用。巧芬一溜小跑到水果摊,买了苹果返回原地,哪儿还有阿强和陈女的影子。经询问楼内住户,无人知道有什么新加坡回来的90岁老中医。巧芬不得不面对一个残酷的现实:她被骗了,给儿子办婚礼的钱没了,给儿媳的金银首饰没了。

巧芬强撑着回到家中,瘫软在床上,泪水沾湿了枕头。傍晚,丈夫回家,见老伴这样,以为她病了,连忙召回儿子,准儿媳也闻讯赶来。家里人张罗着要送她上医院,她死也不肯。再三追问下,她才吐露真相,一家人秒间石化。好久好久,丈夫憋出一句话:"你呀你呀,亏你还是个医生。""快报案!"儿子扶着她去派出所。

钱财被骗,儿子的婚礼咋办?那是摆酒席宴宾客的钱啊。巧芬连着几日茶饭不思,神情恍惚,连死的心都有了。丈夫也是长吁短叹。好在儿子、准儿媳明事理,天天守在左右,劝说宽慰,才慢慢缓了过来。

警方分析案情,认定这是一个外来人员组成的诈骗犯罪团伙。办案民警根据巧芬的描述,按图索骥,周密布控。很快,入住蠡湖边一家小旅馆的"特殊客人"进入了视线。这群客人有男有女,来自广西玉林,包了4间房间,已住半个多月,每天早出晚归,形迹诡秘,出手阔绰。抓贼抓赃,警方在小旅馆设下伏兵,决定趁这伙人作案回巢时一网打尽。

小旅馆的这伙特殊客人,正是诈骗巧芬钱财的骗子。团伙为首者邱成,广西玉林乡下一农民。团伙成员邱英、冯娟、谢永是其同乡。邱成在老家有妻儿,邱英是他的"临时夫人"。团伙中还有个叫许子龙的,无锡市无业人员,曾因诈骗吃过官司。服刑期间,许子龙认识了一个姓彭的牢友。彭某是街头迷信诈骗的老手,在狱中曾多次向许子龙"传授"诈骗秘诀。刑满释放后,彭某和许子龙各自回老家。有一天,有个叫谢永的广西人找到许家,说是彭某的老乡。谢永上门是密谋搞诈骗勾当的。许子龙正为钱发愁,飞蛾扑火般投入了这个犯罪团伙。因其是当地"土地",熟谙地形风俗,成为团伙骨干。

那天上午,邱成驾面包车,许子龙开摩托车,载着团伙成员窜到滨湖区华庄镇,先找到了一幢相对偏僻的商品房模拟"老中医"住所。然后,许子龙扮"摩的"司机,载着冯娟到街头"巡视",寻找猎物,戴着金项链、大戒指的巧芬撞到枪口上。冯娟上前搭讪时,邱英适时凑上前。寻找"老中医"途中,两人花言巧语套出巧芬家庭情况,随即打电话用方言通报给邱成。"老中医住所"楼下,邱成扮演的"老中医"孙子阿强适时出场,一见面便神奇地说出巧芬家情况。"儿子要出事"这一说击中巧芬软肋,紧接着抛出用家中财物"供奉消灾"一说,把一向精明的巧芬骗得晕头转向,彻彻底底中了套。

狐狸再狡猾也斗不过好猎手。这伙骗子的一举一动已被警方牢牢盯住。巧芬报案一周后,这伙骗子窜到江阴南闸,骗了一名中年妇女,"战果"是1500元现金和两条金项链。当他们陆陆续续回到旅馆,关门分赃时,民警冲开房门。这伙骗子目瞪口呆,束手就擒。

邱成等人到案后供述,短短半个月时间内,该团伙流窜无锡华庄、洛社、坊前和江阴璜塘、南闸等地作案 7 起,骗得财物 27 万余元。

这是一个结构严密、分工明确的诈骗团伙,每个团伙成员都有固定角色和定位:邱成"扮演"阿强,"新加坡老中医"的孙子,作案时守候在事先选定的地点;谢永是幕后人,先骑摩托车到作案地,将车子交给许子龙,随后到路口望风;许子龙冒充冯娟表哥或"摩的"司机,用摩托车载着冯娟在街头转悠,物色作案对象;冯娟自称姓张,以家中女儿患精神病,需找老中医为名引诱"目标";邱英是路人甲,假装路过,待冯娟勾上猎物,主动上前搭讪,称认识老中医,举例说明老中医治好家里人的疑难杂症,然后热情陪同上当者去找"老中医",途中套出被骗者家中情况。

所谓的"新加坡老中医",纯属子虚乌有。被骗者到"老中医"住所楼下时,邱成从藏身的二楼跑下来,称其爷爷已知道有人要来,然后称被骗者家中要出大事,有性命之忧,只要拿出家中所有现金和金银首饰让老中医开坛作法,便可免灾。当被骗者把家中财物拿来,便以"买苹果"等理由支开被骗者,一伙人乘面包车快速逃离。

防骗贴士

邱成一伙编织的骗局其实破绽很多,作案手法也并不高明,甚至有些俗套。那为什么还是有人轻易上当受骗?主要是利用了少数人的迷信思想。此类诈骗案件一般发生在菜场和农贸市场附近,时间多是早晨八九点钟。此时,家人大都上班上学,各忙各的,家中无人,受害人从家里拿钱物不容易被阻拦。迷信思想害死人,人们要提高科学素养,坚决不信算命看卦以及所谓的神医巫医。遇事要多想想,为啥就这么巧,对方说的情况是不是自己说过的。最最关键的一条就是,你说啥都行,让我拿钱,没门!

神药骗局防范重点

医学常识告诉我们,至今尚没有根治高血压、糖尿病等慢性疾病或老年疾病的药物或疗法。所以,在疾病面前,我们需要保持理智。一个个案例惊醒人们,那些所谓的神药、特效药不过是见利忘义的不法之徒用保健品、食品,甚至是假药、劣药包装而成的,根本不能对任何疾病起到治疗作用,一旦上当,不仅会被骗去半生积蓄,有的甚至会因得不到正规治疗而加重病情,延误治疗,遗恨终生。至于那些神龙见首不见尾、装神弄鬼的"新加坡老中医""上海退休医生",更是骗子惯用的伎俩。当一个人相信鬼神的力量,那么上当受骗也是必然的。

造成保健品骗局频现、神药神医兴风作浪的原因,既有不法之徒的贪婪,也有社会监管的不力,但更多的是一些老年人的侥幸心理和防范缺失。只要注意到以下这些防范重点,骗子也就没有空子可钻了。

1. 记住三点,远离保健品、假药骗局。一是食品和保健品都不具有预防疾病、治疗疾病的功效,更不能替代药物。二是凡号称能辅助降"三高"、抗疲劳、减肥的食品、保健品,都有违法添加药物的可能。三是凡号称包治百病的药物都是骗局。

2. 千万不要盲目相信电视、网上或电话里"专家""权威"推销的神药、特效药,更不能迷信道听途说的老中医、退休老医生,有病一定要到医院接受正规治疗。如果你已购买所谓特效药、新药,一定要找专门机构鉴定,辨清真伪,切莫轻易服用。

3. 上当受骗者中"空巢老人"居多,子女应与父母多交流,多提醒,多陪伴。常回家看看,帮助父母提高辨别能力,既要关心老人的身体健康,更要关心老人的心理健康,鼓励他们培养多种兴趣爱好,建立健康向上的"朋友圈"。

上军校，有「捷径」？

❶ 高考成绩出来了，小明高考只考了302分，唉！这个成绩只能勉强上大专了。

高考成绩 302分

❷ 俺家小明的梦想是上军校，俺得帮他找路子，让他实现自己的军事梦。只要能实现俺家小明的梦想，俺可以不惜一切代价。

❸ 我朋友认识一个北京的能人，听说此人神通广大，认识不少军事院校的招生处处长，能办事。

那太好了，赶快联系。

❹ 三天后……

孩子分数太低，现在反腐形势严峻，先在另一所大学上两年，然后再转学，总体花费20万左右。进了军校等于进了保险箱，毕业就是军官，国家包一辈子。

这几所大学你挑一所吧。

xxx大学
xxxxx大学
xxxx大学
xx大学

三里屯xxx酒吧

❺ 大明一所所上网查询，全是国家公布的虚假大学，花了十多万，连军校的大门都没看着，大明懊恼不已，知道被骗了。

第六章

校园骗局

高考年复一年，招生骗局也生生不息。每年高考录取期间，总会有不法分子利用考生家长盼子成龙、望女成凤的心理实施诈骗。

小宇参加2016年的高考，分数公布，离梦寐以求的军校差那么一点点，他沮丧极了。为了实现儿子的梦想，宇爸四处找关系，真的找到一个神通广大的能人，称有"内部招生指标"。结果钱花了十几万，入学机会还是落空了。

没进大学门的遭骗子围攻，进了大学门的也屡屡遭遇骗局。河南某高校就发生一起学生因无力偿还"校园网贷"，只好以死相赎、跳楼轻生的惨剧。而对于即将跨出大学校门、四处觅职的天之骄子而言，美容陷阱、招工骗局无处不在。学生小朱为给面试加分，怀着忐忑的心情走进美容院，仅10分钟就被忽悠贷款3.5万元。

骗子的黑手同样伸向中小学校园。一到开学季，擅长蹭热点的骗子们也忙起来了，而他们最新的代号便是"班主任"。"班主任"发来短信，通知开学前的准备，温州陈女士的银行卡里14万元没了。

这年头，贪婪的骗子真是无孔不入，无论是学生还是家长们，都要打起十二分精神、提起十二分警惕啊！

案例 46

出钱便能上军校

——花费10万多,大学门都未见着

六月考学生,七月考家长。当考生的分数下来,另一项艰巨任务便摆在考生和家长面前,那就是高考志愿填报及录取。特别是一些成绩不上不下、处在尴尬境地的学生,家长挖空心思托关系、走门路,希望分数不够钱来凑,千方百计想让儿女上个好大学。所以,每年高考成绩放榜,也是不法分子蠢蠢欲动之时。那些想通过走后门让孩子上好大学的家长,就这样跌进"低分高录""花钱上军校"之类的陷阱。阿庆就是其中一个。

阿庆是做企业的,企业规模不大,因为产品适销对路,每年旱涝保收,生活富足稳定。天宇是他的独生儿子,亏什么都不能亏孩子。阿庆小时候家里穷,读到初中就辍学了。他总结,企业做不大,与自己文化水平不高有很大关系。为此,他舍得投入,从天宇上幼儿园起,一路读的都是贵族学校。不知是在蜜罐里长大,不懂文化之重要,还是智力本就平平,天宇的学习成绩一直难以令人满意。跌跌撞撞进了高中,人家紧张他放松,数理化成绩直往下掉。天宇自己不急,倒把阿庆急坏了,花高价请来家教,突击恶补,收效甚微。高考成绩放榜,天宇考了302分,勉强进当年的大专线。那几天,家里的空气犹如黄梅天那样沉闷、阴湿。阿庆唉声叹气,其妻吃睡不香,天宇则把自己关在房间里。

天宇性格随和、安静,虽然长在富足家庭,却没有纨绔子弟的坏习气。他热爱军事,课本知识啃得不咋的,军事方面的东西却无师自通,尤其对军队现代化装备感兴趣,房间里到处是坦克车、装甲车之类摆设。他的梦想是上军校,实现自己的军事梦。高考成绩公布,他懵了。他关上房门,关了手机、电脑,屏蔽了与外界的联系。

阿庆知道儿子的梦想,作为父亲,他觉得有责任不惜一切代价为儿子追梦铺路。在家闷了几天后,他频频外出找门路。一天,他和几个生意伙伴聚会,酒酣时,他吐露了内心想法。孩子的事比天大,朋友们一个个设身处地帮他想办法。

"有了,我朋友认识一个北京的能人,听说此人神通广大,认识不少军事院校的招生处处长,能办事。"席间,有个生意伙伴一拍大腿。

"那太好了,赶快联系。"阿庆连忙敬了一大杯酒。那人也不含糊,当即联系他的朋友,朋友满口应允,第二天就电话找到那"能人"。对方回话:"上军校,没问题,只要舍得花钱。"阿庆一听,心里乐开花。

阿庆去银行提了十几万元现金,揣着银行卡登上了赴京的高铁。为了儿子上学,花多少钱都值。在三里屯一个灯光幽暗的酒吧,阿庆见到了"能人"。此人年纪三十七八,大背头梳得油光水滑,吆五喝六,一副包打天下的样子,仿佛大学是他家开的。

"一点辛苦钱。"隔着桌子,阿庆把3沓百元大钞推到"能人"面前。"能人"用余光一瞥,没有动作。阿庆心领神会,又加了2沓。对方动作熟稔地装进包里,随后开了腔:"你儿子进军校的事啊,问题不大,只是要费些周折。"

"那是,那是,多劳您费心。"阿庆连连点头。随后几天,"能人"带着阿庆出入高档饭店、酒肆,会见各路神仙。一会儿某军事大学的学生处处长,一会儿某军事学院的招生办主任。酒喝得昏天黑地,钱花得如流水。你想,顺峰、钓鱼台这些酒楼、宾馆,人均 1000 元都是最低标准。宴请结束还要塞红包,没个三五千打不住,请人办事嘛。至于孩子上学的事,阿庆没听出名目。人家在那儿吹得天花乱坠,阿庆听得五迷三道,但大致意思他听懂了,军校是可以上的,但没那么简单。

还是三里屯那家酒吧,"能人"跟他摊牌了:"孩子进××军校没问题,学校的招生办主任已拍了胸脯,但孩子分数实在太低,加上现在反腐形势这么严峻,人家不敢明目张胆开后门点招,必须先拐个弯,在另一所大学上两年,然后再想办法转学,总体花费在 20 万左右。进了军校,等于进了保险箱,毕业就是军官,国家包一辈子。"

"容我再想想。"阿庆想,如果直接进军校,花20万元也是值的,可进了其他学校再转,两年后还不知啥情况呢,这不太悬乎了吗?

"能带我去那所军校认认门吗?"想了一晚,阿庆提出请求。

"我今天还有其他事,明天再说吧。""能人"一口拒绝,没有商量余地。

"那孩子先上哪所大学呢?"阿庆退而求之。

"这几所大学你挑一所吧。""能人"报了几所大学名称,甩下阿庆走了。

"中国邮电大学""中国科贸管理学院""中国电子科技学院",阿庆一所所上网查询。这些大学名称虽好听,却都是国家公布的虚假大学,也就是人们常说的野鸡大学,既不具备招生资格,又没有办学资质。"这种野鸡大学,怎么可能转得进军校!"阿庆摇头。"难道这个'能人'是个骗子?"阿庆背上凉飕飕的,额头冒出冷汗。"钱损失是小事,万不能军校未上成还耽误了孩子。"

"我还是想去看看那所学校。"阿庆再次请求。

"你怎么这样啰唆,多少人都是经我手进的军校,难不成我会骗你?这样吧,今晚带上钱,赶个饭局,去见招生办主任,让他当面承诺你。然后,你把钱交给他。""能人"有点不耐烦了。

饭局设在前门附近一处小院。阿庆多了个心眼,没带大额现金,只带了银行卡和手包。某军校的"招生办主任"大驾光临,走路外八字,说话口音很重,夹着脏字。酒桌上,此人举止粗野,丝毫没有军人派头,一看就是个"托"。趁一伙五六个人喝得热闹,他溜出小院,直奔火车站,走人了。

"能人"也许知道已被识破,事后消息全无。阿庆一算账,一番折腾,请客加送礼用了10万多元,连军校的大门都没看着,只得自认倒霉。"还好没陷得太深。"他自我安慰。

"爸、妈,对不起,是我不上心,没考好,让我复读吧,我一定要自己考上军校。"封闭一个多月的天宇终于走出房门。随后一年,他变了个人似的,悬梁刺股,日夜苦读,踏实用功一年,终于达到本一分数线,如愿成为某军校的一名大学生。

拿到录取通知书那一天,阿庆欣喜异常。想到自己一年前的遭遇,他怨自己太过相信歪门邪道。他在心里对自己说:"今后做任何事都要走阳关道。"

> **防骗贴士**
>
> 为什么那些高考骗子能够横行甚至得逞呢?其中很大一个原因就是利用考生家长入学心切的心理,再加上不少考生家长对招生政策、招生程序不太了解。他们对骗子所说的"用钱可以买分数""搞关系能上好学校"等说法宁信其有,心甘情愿就中了计。军校招生与地方高校招生一样,有严格的程序和规定,甚至更严,也从来没有计划外名额。交钱即可上军校必有诈,千万不要心存侥幸。

案例 47

"免费"做美容咨询
——单纯女孩滑入"美丽陷阱"

网恋有陷阱,招生有陷阱,但你是否知道,美容也有陷阱。走在大街上,如果有人要为你做免费美容咨询或皮肤测试,也许,骗子就已盯上了你。

每年寒暑假都是大学生整容高峰期。少数无良美容院打着免费的旗号,把黑手伸向单纯的学生,这已不是什么新鲜事。媒体就曾报道过这样一个案例。2016年寒假期间,一名24岁的大学生在街头广场被拉去美容院"免费"美容,半个多小时里,从最初的"免费"到一步步消费,花了2100元。明知这是个骗局,但她不得不交钱。

随着互联网迅猛发展,近年,从事医美分期的贷款平台也如雨后春笋般涌现。部分急功近利的医美机构和分期平台内控不严,再加上黑中介不择手段钻空子,千方百计骗人,涉世不深的大学生最容易成为"猎物"。

19岁的田巧巧是个准大学生,经过十几年闻鸡起舞、争分夺秒的寒窗苦读,2017年初夏,她终于收到了心仪大学的录取通知书。那一天,她高兴得跳了起来,母亲喜极而泣,父亲则烧了一大桌菜。

巧巧和父母生活在北方一个偏僻县城,虽是普通人家,平平常常,但一家人生活幸福而美满。巧巧很久以前就有一个愿望,要到江南来看看,她的愿望在考上大学后得以实现。8月初,她站在了六朝古都江苏南京的街头。这是她这次旅游的第一站,后面还有无锡、苏州、上海行。田爸田妈要上班,没陪巧巧来,南京有个远房亲戚,他们把巧巧拜托给了亲戚。

参观了中山陵,再游玄武湖、秦淮河,第二天,巧巧就要启程去无锡游览太湖了。巧巧与亲戚打了声招呼,独自外出逛逛,领略街头市井,没想到这一逛,竟然莫名其妙欠下4万余元债务。这是怎么回事呢?

据巧巧回忆,那天,她出地铁站的时候,看见路边竖着块宣传牌,上面有个"扫一扫有奖品"的标识。好奇心驱使,她驻足观察,掏出手机欲扫二维码。这时,一个衣着时尚的中年女子满面笑容凑上来,异常热情地说这是美容院的免费活动,凡是扫二维码的都有可能中奖,奖品有防晒霜、护肤水、美容肥皂等。

年轻女孩本就热爱新鲜事,加之对奖品的期待,巧巧扫了二维码。果然中奖了,奖品是一款品牌护肤水。

"恭喜你,我是这家美容院的工作人员,你跟我去拿奖品吧。"中年女子拉着巧巧就要走。

"要去店里拿?上面不是说可以快递吗?"巧巧有些犹豫。

"美容院就在这儿往前几百米,去看看嘛。"

巧巧想,反正是出来逛的,看看也好。中年女子非常能聊,一路上,问这问那的,把巧巧的情况摸了个透。当得知巧巧刚考上大学,她当即表示祝贺,然后说,巧了,美容院正在做暑期专家免费美容咨询,赶上了。巧巧本来就对自己的相貌不太自信,单眼皮,鼻子不挺拔,皮肤还有点黑。初高中时,拼命啃书本,马上要进大学了,接触的人多了,而且今后找工作相貌也很重要,她有些担忧。前一阵,好几个同学去割了双眼皮,还有的"瘦脸""隆鼻",她有点心动。

可想到媒体上有人去整容上当受骗的报道,她一直犹豫不决。父母更不同意,面孔是一个人的门面,万一整容不成反毁容,情何以堪。

"可以只咨询不做吗?"巧巧想听听专家的建议再做决定,即使要做,也要回北方去做。手头没钱,还得跟父母商量。

"当然。"中年女子回答得干脆、利落。

说话间,美容院到了。这家美容整形医院坐落在繁华地段,从偌大的门面和挂的牌子看,挺正规的。进门后,中年女子关照前台:"这位是学生,刚考上大学。"巧巧听了,心里暖洋洋的,对中年女子充满感激,至于警惕性,早就丢掉了。

一个挂着美容师胸牌的女子把巧巧引进一个房间,说先给她做个皮肤测试。美容师在她右脸上抹了一层黑泥似的东西,刚抹完,她就觉得脸颊上火辣辣的疼。"疼,快洗掉!"巧巧眼泪都要出来了。

"那去做面部扫描吧。"美容师给巧巧洗掉黑泥,巧巧一照镜子,右脸又红又肿。另一个美容师把巧巧引到旁边房间,指导其在美容床上仰面平躺,仪器从面部扫过,电脑屏幕上出现巧巧的脸部结构。

"你看,额头窄了点,下巴又太宽,问题最大的是鼻子,塌得厉害,影响整体美观。3个手术一起做可能身体承受不住,抓住主要矛盾,先做一款隆鼻手术怎样?"美容师指着电脑给巧巧分析,说得巧巧频频点头。当美容师征求她意见,先做隆鼻手术时,她稀里糊涂答应了。

"隆鼻手术多少钱啊?"巧巧突然想起问问价格。

"不贵,你是学生,打8折,折后3万多元。"美容师笑眯眯看着她。

"3万多元,这么贵? 我还是个学生,哪来这么多钱。我不做了。"巧巧吓了一大跳,声称要回家与父母商量。

"妹妹,你别急。钱是小事。你想想,你用一张崭新的脸去迎接大学生活,该是一件多么高兴的事。再说,投资一次,得利一辈子,今后你谈对象、找工作,都有好处的。你不要为钱的事犯愁,可以在网上贷款的,慢慢还就是了,不少像你这种情况的在我们这儿成功做了美容手术,有的还写来感谢信呢。"美容师给巧巧"指点迷津",并拿出一组照片让巧巧欣赏,有隆鼻的,割双眼皮的,瘦脸的,祛斑的,整与不整真不一样,前后对照,判若两人。

"整容还能贷款?"巧巧有点惊讶。

"当然可以,只要先做一次信用额度测试。"美容师把巧巧带到前台。前台接待要去巧巧的手机,在手机上下载了一款名为"么么钱包"的APP,又问她要了姓名、学校名称,拍了身份证的照片上传。所有信息都是前台接待帮着填写。前台接待手指不停按手机,嘴也不闲着,"贷款成功率很低的,也就20%"。然而,仅仅2分钟,巧巧就接到贷款平台电话,称已接到她的贷款申请。

"不是做信用额度测试吗?怎么就直接申请贷款了?"巧巧有点懵。

"你的信用额度好,平台主动给你放贷了,人家还贷不到呢,你幸运吧。"前台接待肩一耸,"你现在反悔,已经来不及了。"

约摸过了10分钟,贷款手续通过,贷到美容手术费3.5万元,18个月还清,利息4600元,每月还款2200元,连本带利共计39600元。但巧巧并没有收到这笔贷款,款项是直接打到美容院账上的,说是用作手术费用。

"妹妹,你运气真好,贷款到账,今天回去准备准备,明天来做手术吧。"前台接待关照。

出了美容医院,木偶似的巧巧脑子稍清醒,开始有了思考。她想,自己只是个学生,不大可能贷到款,没料到这么轻易就通过了。父母约定,入学后每月生活费1200元,可贷款就要还2200元,这完全超出自己的经济能力。难道为了一个鼻子就不要生活了?!她越想越郁闷。回到亲戚家,表姐看她不开心,忙询问缘由,她如实陈述,大家都说她上当了。想着还没有做手术,她决定第二天去取消贷款。

第二天,表姐陪她一起去那家美容院。一听不做手术要取消贷款,前台接待马上换了一副冷面孔,说是因为贷款已经成功,且签了手术合同,如要退款,需支付1万元违约金。表姐建议报警,巧巧拨打了"110"。警察很快来了。听了双方的陈述,鉴于巧巧前一天已在手术同意书上签字,只得建议通过消协来解决。

消协非常重视,查明美容院未征得巧巧同意便使用其身份证和手机帮其贷款,其行为涉嫌欺诈。经过反复调解,美容院终于同意帮巧巧取消贷款。

> **防骗贴士**
>
> 巧巧遭遇的是"美容贷"。2017年以来,以美容贷款实施诈骗的案件时有发生,上当受骗的以女大学生居多。有些大学生原本没有美容需求,只是听信骗子"免费美容"的蛊惑,稀里糊涂就贷了款。爱美的姑娘切莫轻信美容机构或中介的忽悠。贷款平台已与央行的征信系统挂钩,消费者一旦违约,征信将受影响。因此,消费者一定要慎重对待贷款,不要轻信中介人员任何口头上的承诺,以防维权无门。大学生在消费时应理性考虑个人和家庭的经济承受能力,防止过度、超前消费,不要被"免费""优惠""特价"等字眼冲昏头脑。凡签字,个人证件的出示、复印与扫描都要三思而后行。

校园贷9万元18个月滚至百万
——大学生躲债失联至今

大学生小殷为缓解手头紧张,借款4万元,谁知从此落入高利贷陷阱。在层层套路下,一年半时间欠下债务(包括利息)100多万元。

本应享受美好大学生活的学生,为何负债累累?不少学生一度陷入校园贷困境,有人退学,有人失踪,甚至有学生因此搭上生命。校园贷到底是怎么回事?

小殷从小生长在湖北恩施大山深处的一个小村庄,一家人过着靠天吃饭的日子。年成好,雨水充沛,尚能温饱,遇上大旱,就艰难了。为了生计,父母外出打工,把他和妹妹丢给爷爷奶奶照着。没有父母的陪伴和呵护,小殷兄妹孤单、寂寞,还有点敏感。每年春节父母回家,是兄妹俩最幸福、快乐的光景。父母在江南打工,父母口中江南富庶、秀丽的风景,犹如世外桃源,令兄妹俩神往。他们暗暗发誓:"一定要认真读书,走出大山,到江南读大学,并在那里生根发芽。"

事遂人愿。小殷考上江南一所大学。一年后,妹妹考到徐州。一家出了两个大学生,此事轰动山村。欢喜背后,是深深的忧虑叹息,学费、生活费怎么办?亲友借遍,还申请了助学贷款,兄妹俩才勉强跨进大学门。小殷知道父母的不易,他努力读书,勤工俭学,打了好几份工。屋漏偏遭连夜雨,2016年5月,小殷大二时,父亲因太过辛劳病倒,只能卧床静养,再也不能挣钱打工。小殷再怎么努力,也是杯水车薪。

就在小殷一筹莫展之际,他的手机收到一条校园贷的短信,称可以为经济紧张的学生提供分期贷款。"这倒不失为一个好办法。"小殷心里一动。想想自己反正有兼职,做着好几个家教,先借些钱救救急,然后慢慢还。他没想到,正是这条短信,使他陷入更深的绝望。

根据短信上的联系方式。小殷找到李大力、冯军军,两人把他带到一家娱乐场所,从场所业主处借款5万元。5万元借款,扣去2000元上门款、8000元中介费,小殷实际上只拿到4万元,借条上却写了9万元。

"借条上为什么写9万元,我只拿到4万元呀。"小殷弱弱地问了一句。

"你若能按时还款,就不必按借条上写的数字还,如拖延时间,那就……"李大力给了一个意味深长的微笑。

借贷双方签订了一份书面约定。根据约定,小殷每半个月还款2000元。

借到的4万元钱,一半寄回家给父亲治病,再汇给妹妹一些,小殷自己留下1万余元以备不时之需。每半个月,小殷均按期还款2000元。还到第4期时,借款的老板突然提出,得立刻还清所有欠款。

"我是一个学生,兼职赚些钱,一下子怎么还得起。"小殷慌了手脚。老板态度非常强硬。就在小殷不知如何是好时,李大力"适时"出现,声称可以帮其"平账"。

李大力把小殷带到一幢写字楼,向一家公司借款1万元,要求一个月后还款1.3万元,且需要打6万元的借条。在1万元借款中,中间人李大力拿2000元中介费,借款公司收取1500元手续费,小殷实际到手仅6500元。

小殷拼命工作,不仅做家教,还到24小时便利店打工。这次,他吸取教训,提前凑满1.3万元前去还款。谁知,对方翻脸比翻书还快,说是"提前还款也属于违约",要他偿还6万元违约金。

"这是哪家的理啊!"小殷欲哭无泪,"逼死我也没有呀。"三五个大汉把他带到大楼地下室一隅,塞进一辆汽车,威胁"拿不出钱不放人"。

小殷叫天天不应,叫地地不灵,只得电话联系李大力。李大力把他"解救"出来,仍找那个娱乐场所老板,写下一张借款12万元的借条,要求每月还利息1.2万元。老板还"安慰"他,"先还利息,本金拿得出来时再还"。

噩梦并未因此终结,一次次的借新还旧,一双双黑手把小殷推向还款深渊。

此后,他又先后10余次被介绍到不同的地方去借新款、平旧账,借款额犹如雪球,越滚越大。小殷先后共打了20余张借条,总额100多万元。其间,那些放贷者不时通过威胁、恐吓的手法使小殷的欠款不断增加。他累死累活兼职挣钱,变卖手机、电脑,无异于杯水车薪,债务仍在不断上升。

小殷的学生生涯被高利贷彻底打乱,不仅他时常遭到威胁,他的父母、老师和同学也不时受到放贷者骚扰。为了躲避债务,小殷辍学失踪了,至今未与家人联系。为防止放贷者追到湖北小山村,其家人也躲避到亲戚家。

大学生深陷高利贷并非个案,在监管和风控缺乏的情况下,针对缺钱大学生的嗜血高利贷变得越来越疯狂。"门槛低,无抵押,免担保,放款快,只需学生证、身份证。"一些不法分子明知大学生无还贷能力,自我保护能力和法律意识薄弱,仍用各种方法把他们诱入高利贷的陷阱。为了遏制校园贷的蔓延,国家相继出台规范校园贷管理文件,又于2017年9月6日明文规定:任何网络贷款机构都不允许向在校大学生发放贷款!

> **防骗贴士**
>
> 一些大学生之所以陷入"校园贷"引发不良事件,主要原因还是无法

> 分辨披着各种"马甲"的不良"校园贷"。要防范此类事件,必须认清不良"校园贷"的真面目,并切实加强自我防范。大学生要树立正确的消费观和金钱观,不轻易参与使用"校园贷"。如有临时性资金需求,应向家人、朋友或学校求助。要了解高利贷的评判标准,了解贷款利率、还款期限、逾期后果等信息,坚决抵制高利贷或高利贷平台。高校也要加强对学生金融知识的教育,引导学生远离贷款骗局。

贷款刷单赚佣金

——看起来很美却是个"局"

2016年3月10日,一个春光明媚的日子,无锡城南阳光派出所,一场特殊的发赃会正在举行。

阳光派出所经过3个多月的侦查,破获了一串专门针对在校大学生,利用网络贷款平台诈骗的系列案,并不辞辛苦追回20万元被骗款。民警把追回的钱款分别发还23位学生。应该说,这些学生是幸运的,小徐正是其中之一。

小徐是无锡某职业技术学院的大一学生。他出生在普通农家,父母给的生活费有限,日子过得紧巴巴的。为此,他一直想着法子做些兼职。2015年11月,他发现境况与他差不多的室友小王手头活络起来,好像是找到了什么赚钱的门路。

"小王,你我难兄难弟,有钱一起赚嘛。"小徐向小王讨教经验。

"这有什么不可以的,鼠标点点,钱就来了。"小王说得很轻松。原来,他是在网上刷单兼职,"我在网上贷款2万元,连着刷了两天单,已赚500元,来钱很快的"。

根据小王提供的网址,小徐上网找到那家平台,看了介绍,了解到这个兼职是刷资金走量的,单刷得越多,佣金就越高,且小王已经拿到佣金。

"这个赚钱倒是很容易。"小徐加了对方QQ。对方说,你诚心要做,可以下载"名校贷"软件,从上面贷款刷单。对方还告知,这个贷款平台只针对在校大学生,其他人没资格贷款。

小徐感觉这贷款平台蛮正规的,为了证明身份,他录了视频、出示身份证、学生证,签署了自愿贷款协议。经过评估,他可以贷款1万元。然而,平台收取的保证金有点吓人,20%,1万元贷款,实际到手只有8000元。但小徐并不担心,因为之前QQ上那人说,他是湖南一家科技公司的员工,跟平台有合作。只要小徐帮忙刷单贷款,不仅能拿到佣金,而且贷款一到月底就会还上。

8000元贷款一到账,小徐立马按照QQ上那人的指令,全部刷了单,马上得到500元的佣金。接下来的情形让小徐傻了眼,软件迟迟没有显示返还款信息,他马上QQ联系对方,对方称月底会帮着还清贷款,并返还佣金。

好不容易挨到月底,小徐不仅未等来返还款,对方的QQ号也已删除,再也找不到人了。身边的五六个同学,包括介绍他刷单的室友小王都发现不对劲了。他们都是在平台上贷款去刷单赚佣金的。

1万元贷款,如果月底一次性还清,加上利息要13000元,分期还的话,利息更多。小徐上哪儿去弄这么多钱?他选择了报警。其他几个同学也报了警。

接案的是阳光派出所。民警通过研判发现,江苏常州和广西桂林有同类案件发生,上当受骗的学生都是帮"名校贷""爱学贷""优分期"等网络贷款公司刷贷款业务兼职。多数是贷了现金出来,还有的贷了实物如手机,但最后只拿到300元至500元不等的佣金,还因此背上沉重的债务。

派出所在逐一调查走访无锡受害学生的同时,派出民警赴桂林查案,他们找到桂林某学院被骗的4名大学生。随着调查深入,一个叫"汪兵"的疑犯浮出水面。循线追踪,2016年1月2日,民警在安徽铜陵将汪兵抓获。

时年22岁的汪兵原是湖南长沙某学院学生,后退学。他雄心壮志要自主创业,借了6万元钱注册成立公司,结果不到两个月,钱赔光不说,还遇到网络骗子。在"讨钱"过程中,骗子教他用这个办法合伙"赚钱"。行骗中,他发现不少大学生很单纯,稍引诱就上钩,而且钱来得快。不久,他开始单干,先后诱骗

20余名学生跌入陷阱,不仅"赚"回做生意亏掉的6万元,还有十几万元"盈利"。

汪兵到案后,警方积极追赃,为小徐他们挽回了损失。

防骗贴士

一些受害学生涉世未深,一心想的是轻松兼职赚钱,轻易便中了圈套。大学生兼职挣钱是好事,但一定要选择正规、信誉高的机构,要高度警惕"贷款购物"刷单兼职骗局。同学间也要相互提个醒,切实加强自我防范。

案例 50
谎说交赞助费买了个学籍
——假同学是个真骗子

"潘家姑娘考上无锡的大学了。"2014年8月,这个消息在江苏扬州广陵区某社区传开。

"同喜,同喜,大家喝茶、吃瓜子。"潘家夫妇热情招呼着上门祝贺的左邻右舍。他们的女儿潘云却躲在房间里不肯见客,说是在做上学准备。先前,潘云向父母声称已拿到无锡某职业技术学院的录取通知书时,潘父曾要查看录取通知书,她推托说在同学那里。说辞虽有点牵强,但女儿总不会在"考上大学"这么大的事情上说谎吧。

其实,潘云高考落榜了。她报考的的确是无锡某职业技术学院,但因为"小高考"成绩太烂,最后没考上。没考上说考上了,她为什么要撒这个弥天大谎呢?一是虚荣心作祟。她周围的同学、发小都考上了自己想上的学校,她面子上下不来,所以就说考上了无锡的大学。二是想离开家。父母把希望寄托在她身上,万一他们知道没考上,一定会逼她去复读,一天到晚在耳边唠叨,她不想听。

一个谎要用无数个谎来圆,就因为那份虚荣心和任性,潘云一步步走向深渊,最终沦为一个人们所不齿的"校园骗子"。

话说9月开学季,潘云模仿众多大学新生,打好行李,背上行囊,离开家乡,来到太湖之滨的无锡。她在无锡某职业技术学院附近租了间民房住下,白天不是逛街就是蒙头大睡,晚上则衣着光鲜地活跃在这所职业技术学院的角角落落,由此认识了不少同龄学生。她自我介绍是2014级物流班的,而且还混进一个舞蹈社团,不时参加演出。

一次,潘云做自我介绍时,有个物流班的学生问她:"我怎么从来没见过你来上课,班里的学生花名册上也没你呀?"她信口拈来:"我是成绩不够,家里交赞助费,买了个学籍,平时不用去上课,到时拿毕业文凭就可以了。"单纯的学生也就信了。

两三个月过去,潘云的"校园生活"如鱼得水,可父母给的半年学费、生活费仅租房就花去一大半,加之吃用开销,口袋很快见底。去打工是万万不能的,那样就露馅了。

在出租屋闷了几天,潘云想到一个生财之道——骗学生的钱。平时,她没事就上网,在网上看到有专门面向学生的贷款平台,便加了几个QQ群了解情况,了解到这种平台有放现金贷款的,也有分期贷款购物品的。于是,她想骗学生去做,贷到钱或物品供自己使用。

潘云第一次行骗是2014年12月27日。那天,房东催缴租金,潘云口袋里实在没钱了,她恳求房东宽限几天。随后,她找到在社团里认识的梅梅。两人同龄,都是1995年出生,很玩得来。

潘云问梅梅愿不愿意做介绍"趣分期"的兼职,介绍人数到一定数量,可以拿提成。潘云还说,她差两个名额,让梅梅帮忙刷个单。梅梅没多想,同意了。当天晚上,潘云带梅梅办了"趣分期"借款业务。第二天,梅梅的支付宝上收到1999元,她当即把钱转给潘云。事先讲好,潘云会把贷款本金、利息一次性还清的。

拿到这笔钱,潘云立马交纳房租,然后去街上潇洒了一回。这钱来得太容易了,仅仅10天,1999元便花光。她又找到梅梅,让其在"分期乐"上买了一部苹果6 Plus手机。手机到货,潘云转手卖出,得款4800元。

梅梅贷的1999元分24期,每期还款101.06元,总计还2425.44元。购买苹果手机也是分24期,每期还308元。潘云仅仅还了2期,就不还了,这可把梅梅急坏了。她家在盐城乡下,父母给的钱有限。

潘云倒好,梅梅找她,她人不见,电话不接,能拖便拖,能推则推。她想的是继续骗其他学生,用后面骗到的钱去还前面的账。

就这样,自2014年底至2016年3月初,在一年多时间里,潘云以兼职帮忙刷单赚取好处费、承诺按期偿还贷款为由,诈骗梅梅等20余名学生手机54部、电脑3台(经物价部门估价,合计金额为272089元)、现金15万余元。实物和现金总计40多万元,大都被其挥霍殆尽。

人们不禁要问,40多万元,沉甸甸一大袋子钱,她是怎么花出去的?据其落网后交代,除了新账还旧账,大部分钱花在了吃喝玩乐上。自从有了钱,她搬出租屋,住进酒店,时不时天南海北去旅游,买衣服,购名牌化妆品,爱吃什么吃什么。钱花光了就回来接着骗。

那么,那些被骗的学生有没有察觉潘云的诈骗行为呢?

慧慧是因为信任室友而选择相信潘云,从而陷入骗局的。慧慧是2015年5月在宿舍认识潘云的。她的室友邵英英是潘云的扬州老乡,那段时间,潘云常到宿舍找英英玩。一来二去,大家都熟了。后来,英英对慧慧说,潘云是"分期乐"的兼职,她与同宿舍的亚文也参加了,现在完不成业绩,能否帮个忙。慧慧与英英关系不错,认为潘云是其老乡,可以信任。尽管如此,慧慧还是有些担心:"一旦还不上贷款怎么办?"英英说,没事,潘云家里是开连锁大超市的,就是有问题她家里也会兜着。于是,慧慧答应了。她随潘云来到一家奶茶店,与其介绍的一个男青年签了"分期乐"贷款。潘云说,其他事由她负责。事后,慧慧在手机上查到,潘云以她的名义在"分期乐"上贷款买了部苹果6 Plus手机,价格5488元,分18期还贷。

可事情并非那么简单,自打贷款买了手机,慧慧每月收到催还贷款信息,潘云在其催促下仅仅还了1期,就找不到人了。手机停机,微信、QQ拉黑。这下慧慧没辙了,找英英、亚文,她们也在为还不上贷款、找不到潘云而着急呢。

至于婷婷,则是看中潘云承诺的"好处费"。2015年9月,婷婷通过同学认识潘云。认识第二天,潘云就找她兼职刷单,承诺每刷一次给100元好处费。婷婷来自广西,家里每月给800元生活费,开销有些紧张。听说有好处费,反正贷款由潘云还,何乐而不为。在一个月内,她先后帮潘云在"趣分期""人人分期""分期乐"等网络平台上,用自己的身份证、学生证贷款4次,连本带息共计24800元。贷款所得款项均转给了潘云,她只拿到100元所谓好处费,而潘云仅还了2000元,便失去联系。

婷婷背上了沉重的债务。平台催得紧,她天天接到催款电话、短信。她不敢告诉家里,父母为了她已经倾尽所有。婷婷再没心思上课、自习,发疯似的寻找潘云。出租屋、学院周边旅馆、歌舞厅、酒吧找遍;同学、同乡、朋友问遍,都不知道潘云的踪迹。倒是遇到慧慧、英英等同样被骗,也在寻找潘云的十几个同学。

其时,潘云躲在市区一家酒店。她遇到了大麻烦,资金链断了,拆东墙补西墙的游戏玩不成了。上当的学生们在找她,学生家长也找上门来了。她让一个叫朱峰的男生办了10000元"爱学贷"贷款,没有兑现还款。朱爸爸闻讯从外地赶来,盯着她还钱,否则就报警。这一年多,她已把各类贷款平台当作自己的银行,每次贷款一到,转手就挥霍掉,反正总有人会帮她贷。没想到朱爸爸这样执着,天天盯着她。她怕被警察抓去坐牢,于是,她又忽悠2名学生贷了两笔款,还了朱峰的贷款,才算蒙混过去。

潘云也知道婷婷她们在四处找她,她一边躲着不露面,一边放出风来,正在积极筹措资金还钱。婷婷她们听了,稍感放心。

过惯了挥金如土的"富日子",潘云回不到过去了。学生们不再相信她了,"潘云可能是骗子"的说法在校园里渐渐传开。这时,她认识了一个叫诸飞的人。

诸飞,男,1995年出生,无锡市人。诸飞的父母都是普通工人,他却一身名牌不说,吃喝玩乐无所不精。他特喜欢呼朋唤友进酒吧,创下4个月在酒吧消费23万元的记录。酒吧老板追债到家,父母如雷轰顶,最后帮他还了5万元。父母自此对其灰心,除每月生活费,不再给钱。为了还酒债,诸飞利用贷款平台干起诈骗勾当。

潘云遇到诸飞的时候,诸飞正为钱着急。交谈中,她发现诸飞大大咧咧、粗枝大叶的,不禁灵机一动,何不以诸飞的名义去找人贷款,自己既可以从中浑水摸鱼,万一将来东窗事发,又可推到诸飞身上。两人一拍即合,联手行骗,在一个月里诈骗数名学生,骗得手机3部、现金20150元。

婷婷、慧慧她们始终未等到潘云的还款,2016年3月2日,愤而向派出所报案。阳光派出所迅速投入侦查,将潘云、诸飞抓获归案。在潘云住处,民警只查获一批名牌包包、化妆品、首饰,现金几无。诸飞更是一文不名。

消息传到扬州,潘云的父母必须面对这样一个无情的事实:女儿并没有考上大学,且已蜕变成一个专门祸害大学生的骗子。

防骗贴士

潘云的诈骗行为令人不齿,然而,这么多学生陷入骗局,原因令人深思。中国人民公安大学与蚂蚁金服的一项联合调查显示:受访大学生的防骗能力平均得分仅为69分,近半数大学生无法识破"校园贷"诈骗陷阱。因此,大学生要提高自警自防意识,提高自身评估风险能力。要学习掌握一定的金融知识,既要防止超前消费,又要坚决抵制"兼职刷单得好处费"的诱惑。同时,对网络平台所宣称的低息、高额度、无抵押信贷产品要有辨别能力,对可能产生的后果要有清醒认识。

案例 51
"班主任"来信息
——家长手机消费短信井喷

随着互联网触角不断延伸,班主任的家访、家长会、电话沟通这些"土掉渣"的传统方式,已被汹涌而来的"家校通""校讯通""班主任"这样的短信或微信群所替代。网络在给人们的信息交流提供便利的同时,也给骗子带来可乘之机。因为家长的钱太好骗了。

2017年8月22日,暑假接近尾声,新的学年即将来临。塞班岛、海南、武夷山,疯狂了一个暑假的小昊此刻正在狂赶暑假作业。这是一个即将跨入四年级的男生,虎头虎脑,讨人喜欢,就是有点调皮。

"昊昊,快收拾桌子,爸爸马上下班了,等他回来就开饭。"傍晚5点30分,昊妈在厨房里忙碌。餐桌上的手机响起短信提示音。

"××家长,您好!我是您孩子的班主任,请点击hexiaoyuan.cn查看下学期开学所需要提交的资料(和校园)。"看到短信内容,昊妈没多想,顺手就点击了那个链接。"亲爱的家长,您好,因校讯通升级需要,请下载最新版校讯通"。链接点开,屏幕上跳出一条下载APP的提示。APP升级是常事,没什么奇怪的,她连忙下载升级版的校讯通。下载一开始挺顺当,不知怎么的,不一会儿死机了,再怎么按也白费劲。"怎么回事?这安卓系统就是不好使。"昊妈自言自语,压根也没想是中了什么套。

"叮咚",门铃响起,昊爸下班回家。班主任来短信是常事,昊妈没与昊爸提起此事,一家人围桌而坐,享受温馨的晚餐时光。

晚饭后,昊妈忙完家务,坐到沙发上。等她再次打开手机,短信提示音接二连三响个不停,点开一看,昊妈惊呆了,长长一串消费短信,密密麻麻共100余条,银行卡内资金莫名被刷15万元。

昊妈连忙电话联系学校,找到小昊新学年班主任,一问,根本就没有什么软件升级。"天哪,着了骗子的道了。"昊妈晕了。

同一天,有百余位家长收到"班主任"的短信,内容一模一样,其中有十几位家长中了骗子的套。陈先生看到上面是他女儿的名字,以为是学校发来的,毫不犹豫点开短信上的网页链接,手机屏幕闪烁十几下后,莫名就死机了。第二天,他发现银行卡账户上短少5万元,被人分10余笔在网上消费了。

其实,"班主任"骗家长的短信,何止这些,下面再列举二三。

一是谎称交学费。骗子利用一些家长对孩子的事情特别上心、在意、着急的心理,发来短信:您好,我是您孩子的班主任,请把这学期的学费6800元打到学校财务的农行账户,6228××××6946,户名××。只要仔细看看,这条短信破绽百出。最简单一条,学费怎么可能汇到私人账户上去?可是,还是有粗心的家长不辨真伪,真的就汇了钱去。

二是致家长的一封信。"××家长,您好,即将面临开学,这是学校对上学期各位同学在校的评价和学校致家长的一封公开信(来自和校通)。"不少孩子面临上小学或小升初的学生家长手机收到学校发来的致家长信,便会迫不及待点开短信中的链接,结果手机感染上木马病毒。

三是孩子学习情况。"××家长,您好,这是您孩子近期的学习成绩,asd.xhfnxpw,请家长关心孩子的学习情况(班主任)。"班主任常常会发来孩子的学习情况,有的家长担心孩子学习成绩下降,常常一收到"班主任"信息,不分青红皂白就点进去,一点进去手机立马中招。

防骗贴士

骗子通过非法渠道掌握学生家长信息,以通知学生开学需带资料、通报孩子在校成绩为由,向学生家长精准发送诈骗信息,诱骗家长点击网页链接,点开的链接其实并不能查看所谓内容,而是中了木马病毒。家长们收到与学校有关的短信,一定要电话确认或语音沟通。凡是以"校讯通""和校园""班主任"等为后缀且附带链接地址的短信,十有八九是骗子发来的,千万、千万、千万不能点开!手机最好安装杀毒软件,并及时更新病毒库。

女儿重伤正在抢救
——妈妈不明就里急汇3万元

这是2014年12月的一天上午,周一,郁青正在召开部门办公会议。她是公务员,而且是部门的头儿。部门一周的工作,都由她安排。郁青事业有成,家庭幸福,丈夫自主创业,公司发展得不错,女儿在上海读大学,刚升大二。

机关事务,各人一摊,部下逐个汇报,郁青认真记录,逐个点评,有条不紊地安排工作。桌上的手机突然振动,这是一个"170"打头的陌生电话,她按了"拒绝"。开会不许接电话,这是她定的规矩。对方锲而不舍,连续不断打来电话,大有不接不罢休之势。

"处长,你就接了吧,也许人家有啥急事呢。"一旁的内勤小袁看不下去了。

"对不起。"郁青跟大家打了个招呼,起身到门外走廊接听电话。

"你是许倩云的妈妈郁青吗?我是许倩云的老师。刚才,许倩云从楼梯上摔下来,头部受伤,昏过去了,现正在医院抢救。"对方是个男子,自称是女儿倩倩的老师,而且准确说出郁青母女的姓名。"老师"口气很急,气咻咻的。

"什么,倩倩摔伤了,在医院抢救?"郁青惊着了。

"是的,医生说要做手术,急需3万元手术费,学校垫了些,但不够。"

"在上海哪家医院?我马上赶过去。"

"来不及了,必须马上手术,急等手术费。账号是……"

"那麻烦老师了,我立马汇钱。"郁青心急如焚,当即通过手机银行汇了3万元到指定账户。

钱汇出,郁青深信女儿出事了,急忙电话联系老公,关机。真是急死人!再一想,老公一早出差,此刻正在飞机上。她进会议室说了句"散会",旋即冲下楼,发动汽车,冲上高速,直奔上海而去。途中,她让在上海工作的弟弟赶快到学校问问,倩倩在哪家医院抢救。

"郁女士,你女儿刚做开颅手术,出血量很大,现医院正在全力抢救,需要输血,再汇5万元过来,还是那个账号。"高速公路上,郁青又接到"老师"电话。她将车靠边停在应急车道,点开先前"老师"发来的账号,正欲汇钱,一个激灵,发现这是一个私人账号。"不会是遇到骗子了吧?"她脑子突然清醒,她看过类似事情的报道。

"老师,我想问问,我女儿是怎么摔倒的,伤情到底如何,你能让医生跟我通个电话吗?"郁青回拨"老师"电话。

"摔了就摔了,没怎么的。医生正在抢救你女儿呢,哪有时间接电话,赶快汇钱!否则你女儿性命难保。""老师"口气变得十分生硬,没等郁青再说什么就挂了电话。再打过去,怎么也不通了。

"姐,倩倩好好地在教室里上课呢,不会是遇到骗子了吧。"就在这时,弟弟打来电话。果真是骗子,白白损失3万元不说,精神上、心理上遭受的打击难以言表。郁青直怨自己糊涂。

无独有偶,李怡在上班的时候,也接到"老师"的电话,说孩子上课时突发急病,口吐白沫,昏迷过去,已送往儿童医院抢救。

李怡的儿子上小学三年级。老师说情况十分危急,要手术,医生也来电话了,说"孩子十分危险,可能是胃穿孔,昏迷,需要大量输血,尽快做手术吧"。李怡害怕极了。

"我已经垫付1000元急诊费,你抓紧先汇28000元来,给孩子做手术。""老师"口气焦急。李怡既着急,又有点疑惑。早上儿子还活蹦乱跳的,怎么就胃穿孔了呢。

"会不会是烤串、薯条吃的?"李怡猜想。她平时倒是十分注意,不给孩子吃油炸食品和膨化食品,可爷爷奶奶宠孩子,时常会给孩子买羊肉串、薯条、虾片什么的。看,吃出病来了吧。

李怡赶紧要了"老师"的账号,准备先汇钱做手术,然后赶去儿童医院。这时,微信上的家长群忽地热闹起来。点开一看,原来好多家长接到这样的电话,大家你一言我一语,认为这是诈骗。李怡还不放心,乘出租车来到学校。学校说是骗子作怪,孩子已放学回家。李怡打电话给婆婆,老人说,孩子在做作业呢,没事。

防骗贴士

此类诈骗案针对性强,骗子掌握的学生及家长信息全面、准确,很有可能是通过网络或教育培训机构等途径购得相关信息。当家长接到类似电话时,要提高警惕,挂断电话后及时电话联系班主任或校领导,了解真实情况,切莫轻易汇钱。家长要多与孩子沟通,不要随便泄露隐私,特别是孩子姓名、家长姓名、联系方式等。

案例 53

电话急聘业务员
——女大学生命殒招工陷阱

无锡城南某地块,是一家大型企业的预留地。原先,这里是一排排错落有致的居民住宅,现在是废墟一片,到处坑坑洼洼,长满一人多高的杂草,鲜有人迹。一天,地块中央一堆新倒的建筑垃圾吸引了3个拾荒者,他们拎着蛇皮袋,拨开草丛,奔向那堆垃圾。

"哎呀,这、这、这里有个死人!"一个拾荒者脚下一绊,俯身跌进个土坑,一股恶臭味扑鼻而来。定睛一看,土坑里躺着具女尸,顿时吓得魂飞魄散。他手脚并用,爬出土坑,面如土色。

"吓死人了,快跑吧!"再顾不得那堆垃圾,3个拾荒者边向"110"报警,边飞快逃离现场。

沉寂好长时间的废墟热闹了。一辆辆警车飞驰而来,围观民众被拦在警戒线外。土坑是迁坟后留下的,四周长满狗尾巴草,坑底有薄薄一层积水,女尸脸朝下俯卧坑底。

死者是一年轻女性,经法医检验,约22岁,身高1.68米,披肩长发。颈部有明显勒痕,食管割断,死亡时间7天左右。死者身上没有任何身份证件,现场搜索一无所获。

茫茫人海中,要找出一个无名失踪人员,谈何容易。在地毯式排查的同时,无锡各新闻媒体、省内周边城市以及上海、浙江等省(市)的媒体,均刊播了寻尸启事,千余份协查通报发往全国公安机关。

时间在寻觅中一天天逝去,死者的身源始终未浮出水面。无锡警方着急,一江之隔的苏北泰兴,有一对父母更加着急,他们的女儿章燕已经失踪20来天了。

21岁的章燕是南京某大学英语系的大专生,她文静内向,清纯善良,与同学、室友相处融洽。章燕是独生女,父母都是农民,家庭经济状况虽一般,对章燕可谓呵护备至。自章燕进了大学,住宿、伙食、购买资料等等,费用陡增,光靠地里收入明显不行。母亲留守家中,父亲随同乡去云南打工,后辗转到南京一家木材厂,既能苦钱,又能时不时看望照顾女儿,一举两得。

4年大学生活眼看就要结束,就业问题无可选择地摆在章燕面前。研究生、本科生找工作尚且不易,何况学英语的大专生。章燕为此犯愁纠结,她知道自己家庭既无背景,又无社会地位,一切得靠自己。从大三上学期起,她就四处奔波寻找工作机会。她参加了多场招聘会,不是专业不搭边,就是达不到用人单位要求,几乎每次都是失望而归。她在网上到处投简历,终于苏州有家公司有意聘她当产品推销员,给她灰暗、沮丧的心情添了些许信心、亮色。

寒假到了,离毕业只剩四五个月,章燕回泰兴与父母、爷爷奶奶团聚。春节期间,泰兴有家大型企业招聘员工。能在老家工作也挺好的,她抱着试试看的想法,投了简历,填了张登记表,留下手机号码。她应聘的是这家企业的酒店领班。

寒假一晃而过,章燕如期返校,刚跨进宿舍门,手机响了。来电者是个陌生男子。章燕诧异:"你怎么会有我的手机号码?"当对方言明是泰州那家企业的工作人员后,章燕释怀。

"我原是企业集团总部的员工,春节后调到无锡开拓业务,急需招聘业务员,你有没有兴趣来应聘?"对方自报家门,然后讲明来电缘由。

"待遇怎样?"有人主动来电招工,章燕挺开心的。

"开始一年月薪2500元,配手提电脑,可先试做。"

待遇倒是说得过去,且无锡风景秀丽,经济发达,机会比较多。章燕答应考虑一下。

"电话里说的事你也信啊。"章燕的同学听说这事,觉得有点不靠谱,七嘴八舌劝她不要太心急,摸摸底再说,切莫上当受骗。大家这样一说,章燕有点犹豫了。第二天,那男子连着2次来电,说业务处急着开工,催她赶快到无锡应聘,否则就找其他人了。

章燕心又活了。"找份工作不容易,去看看也好,行就干,不行就返校另想他法。"她乘上南京到无锡的动车,随身只带了只双肩包。里面是简单的日常用品,还有300多元现金,2张银行借记卡。

"燕子,随时保持联系啊。"临行,室友小艳关照。小艳是个有见地的姑娘,与章燕情同姐妹,对章燕多有照顾。

"我已顺利到锡,对方正请我吃肯德基。"下午2点,小艳收到章燕的短信。不一会儿,又收到信息说要去见客户。小艳回信息让她别忘了第二天学校组织的招聘会。章燕回应:"不会忘的。"

第二天上午,另一名同学接到章燕短信,说还在无锡,马上要去苏州,大约个把月才能回南京。"不会吧?"小艳有些疑惑,连忙拨打章燕手机,奇怪,关机了。这一天,章燕的手机始终处于关机状态,以后再也没打通过。小艳心中产生强烈的不安。

再说章燕父母。章燕返校后,当天即向母亲报了平安,并给她返宁的父亲打了电话。3天后,章父拨打女儿手机,关机。他连忙赶到学校宿舍。小艳告诉他,章燕到无锡应聘,已失联3天。章父这下急了:"女儿去苏州1个月不可能不跟我说呀。"

章父打电话找到女儿高中同学娟娟,询问有没有见到燕子。娟娟在无锡读大学。她也在纳闷,3天前,她接到章燕电话,说来无锡面试。娟娟问要不要去火车站接,其称不用了。章燕还说,给她打电话招工的人讲话支支吾吾的,她让娟娟别关手机,有情况随时联系。那天,娟娟等到深夜,也没等来章燕的任何信息。她无数次拨打章燕手机,都是关机。她在忐忑中度过一夜。第二天早上,章燕短信来了:"昨晚有事耽搁了,他们让我先去苏州工作1个月。"既然如此,娟娟一颗心放了下来。接到章父电话,她才知道燕子失联了。

章燕无端失踪,急坏了她的家人。父母、舅舅、叔叔、表哥、表弟分头外出寻找。南京、苏州、无锡,同学、朋友、亲戚处,都没有章燕的行踪。忙中出错,他们没想到求助警方。好朋友失踪,娟娟焦急万分,四处打听寻找。半个月后,她无意中在报纸上看到一则寻尸启事,连着看了两遍,"上面描绘的特征怎么这么像章燕啊"。她的心抽紧了,立即与章父通了电话,并心急火燎赶到办案单位。刑警出示的照片,正是燕子无误,娟娟的眼泪喷涌而出。

"儿啊,我的女儿啊。"章燕的父母见到女儿寒假返校时穿的米色夹克衫、咖啡色牛仔裤,顿时天旋地转,晕倒在地。DNA 检测确定,废墟女尸正是失踪多日的章燕。

身源查明,警方顺藤摸瓜,很快锁定疑凶,一个叫周大忠的泰兴人。

章燕父母做梦也没想到,杀人凶手竟然是他们的泰兴同乡。

某企业集团总部在泰州,下设销售总公司,在无锡派有 6 名业务员,时年 33 岁的周大忠是其中一员。6 名业务员均系泰兴人,租住城南某小区一单元房。通常情况下,这些业务员周五回泰兴,周一来锡,周大忠也不例外。

周大忠的工作主要是到各医院推销药品,按业务量提成。收入不稳定,时多时少,多的时候四五千元一个月,少时一两千元。其父早年过世,母亲常年有病。这些钱既要养家糊口,又要支付自己在无锡的吃用开销,常常捉襟见肘。他有一个嗜好,喜欢与年轻女性交往,手机通信录里,存着五六十名女青年的电话,遍布全国各地,通信费也是一笔不菲支出。

周大忠原本是公司的临时人员,春节后的那场招聘会,他签合同、交押金,成为公司正式员工。事情办妥,他在地上捡到一张招聘登记表,此表正是章燕的求职登记,不知何故被当作废纸飘在地上,上面姓名、年龄、家庭住址、手机号码等个人信息一应俱全。周大忠随手揣进口袋。

过了元宵节,周大忠返回无锡,摸着瘦瘦的荷包,他愁得夜不能眠,最后竟想到了骗。怎么骗?"以招工为名把章燕骗到无锡,让她先交一笔押金。"一个念头像毒蛇一样钻进脑袋。如章燕答应来锡"应聘",便骗其应聘时交 3000 元押金。于是,他拨通章燕的电话。

打完电话,周大忠琢磨,能顺利骗到钱最好,一旦骗不到怎么办?抢!想到"抢",周大忠一个激灵。他看过一个报道,有人因抢一毛钱判了 5 年刑。抢 3000 元,罪更重了。"不如把人做掉,神不知鬼不觉。"周大忠恶向胆边生。他专门外出踩点作案地,最终选中城南那块杂草丛生的预留地块。

章燕是下午 2 点多到的无锡。周大忠揣着一把匕首、一条领带守在火车站出口处。他"慷慨"地请章燕吃肯德基,随后让章燕把 3000 元押金交给他。章燕不肯,坚持要去推广会现场。周大忠招了辆出租车,两人上车往城南开,在预留地块附近下了车。

"推广会在那边开,我们抄小路过去。"周大忠指着远远一排楼房说,领头走进那片偌大的空地。章燕不知有诈,跟了上去。行至草丛深处,周大忠凶相毕露,一转身猛地把章燕推倒在地,接着扑上前紧紧扼住其脖子。可怜章燕连一声"救命"都没喊出口,就离开了这个世界。

唯恐章燕不死,周大忠又是领带勒颈,又是匕首割喉。令他沮丧的是,害人一命,只抢得356元现金。他把章燕拖进一个土坑,把作案工具和章燕的随身物品抛进河里,只留下手机卡,发出两条短信,放出"去苏州1个月"的烟幕弹。

天网恢恢,疏而不漏。自以为神不知、鬼不觉的周大忠很快落网。

防骗贴士

因为求职心切,盲目应聘,一个风华正茂的大学生,一条年轻鲜活的生命,就这样香消玉殒,给父母家人留下无尽哀思,也给人们留下太多惋惜、太多警示。每年毕业季,都是求职高峰期,很多大学毕业生急切地寻找工作。对于刚出校门、缺乏社会阅历和工作经验的求职者来说,往往面临着人才市场供需不平衡或专业难对口的严峻考验。因此,在求职时一定要慎之又慎,要学习一些政策规定,提高识别能力和独立思考能力。毕业生在求职时应尽量到大的、正规的人才市场或人才机构,不要求职心切,一听"招聘"就盲目前去应聘。

包吃包住月薪 8000

——职校生应聘管道工被"涮"

每年六七月,各类招工诈骗案便呈高发态势。一些不法分子利用就业形势不乐观,应届毕业生涉世不深、缺乏生活经验、求职心切的心理,设下陷阱,实施诈骗。2017年毕业的"菜鸟"刘平就被骗子"涮"了一把。

刘平上的是一所职业技术学院,甫一毕业,白天他忙着参加各类招聘会,晚上上网浏览,看有没有合适的工作。无奈他学的专业偏冷门,不是用人单位要求高,就是工种不好,报酬太低。刘平有点沮丧。

"招聘厂区管道工1名,待遇:包吃包住+双休+报销车票,月薪8000元。文化大专以上,年龄30岁以下⋯⋯"一天,刘平在网上看到这样一条招聘信息。"包吃包住,月薪8000元,还有双休,这条件太优厚了。"刘平有些不相信,又仔细看了一遍。不错,确实如此。刘平和父母挤在一套破旧的两居室里,太想搬出去。他顾不得多想,第二天一早就拨打了那个招聘电话。

"你好,这里是××公司人力资源部。"接电话的是一个男子。

"看到你们的招聘广告,觉得挺适合我。"

"欢迎欢迎,请明天上午携带身份证、毕业证书到××大厦702室面试。"

"OK!"刘平高兴得差点跳起来。

转天上午9点,刘平一身正装,准时来到该大厦702室。这是一处百来平米的单元房,接待他的是个中年男子,听声音正是隔夜接电话的人。面试怎么不在公司呢?

"我姓李,公司人力资源部副部长,专门负责招聘。公司在新吴区,为了方便招聘者,这里是公司租赁的临时办事点。"李部长见刘平脸有疑惑,解释说。

"原来是这样。"刘平松了口气。

面试时间很短,问题也简单,无非是年龄、毕业学校、所学专业之类,资料上都写着呢。

"恭喜你通过第一关,你先交900元入职保证金,试用1个月后如数返还,3天后再来参加入职考试。"李部长一开口就要钱。

刘平没听说还要交入职保证金的,但想到包吃包住和高薪,他认了。随身没带那么多现金,他用支付宝向对方转账900元。

3天后,刘平如约前去参加入职考试,当天下午接到李部长电话,称考试成绩不好,未通过。

"怎么会呢？我全答了呀,你帮帮我吧,我真的需要这份工作。"刘平恳求。

"这……要不,你去买条中华香烟,我到领导那儿疏通疏通。"

刘平伸手向母亲要了 700 元,花 680 元买了条中华烟送去。李部长让他回家等消息。

等了一个多星期,刘平还是未等来上班通知。他去电李部长,对方支支吾吾的。问到应聘公司在新吴区的具体位置时,对方含糊地称是某联合集团。刘平到网上一查,根本没有这个单位。

刘平到××大厦702室找李部长要说法、讨钱,谁知这里已人去室空。据大厦物管人员说,所谓的李部长租金交了 1 个月,人只待了十来天,前来讨说法的不止他一人,还有十几个年龄跟他差不多的男孩。

防骗贴士

刘平的经历不是个例,跌入此类陷阱的为数不少。一些不法分子通过互联网或手机短信发布虚假招工信息,诱骗求职者,然后以入职保证金、押金等名义实施诈骗。提醒大家,求职最好去政府设立的人力资源市场,或选择有工商营业执照的正规劳务市场。网上找工作一定要仔细甄别信息真伪,待遇优厚得离谱的,要长个心眼,也许这就是个陷阱。

校园骗局防范重点

"校园骗局",顾名思义,就是专门针对学生及其家长的骗局。从已发生的种种校园诈骗案分析,骗子之所以屡屡得逞,一是一些家长高度重视子女升学、学习成绩、身体健康状况,高度关注各类信息,相应的防备心理有所放松。骗子正是抓住家长这一心理,用"花钱可以上好学校""班主任提示""孩子在学校出意外"等种种谎言骗取钱财。二是抓住学生单纯、简单、缺乏社会经验、防范能力不强、风险意识差的弱点,设下校园贷、美容贷等校园不良借贷圈套以及高薪聘请之类的招工陷阱。因此,要识破并抵御校园骗局,必须学校、家长、学生同心协力,共同织牢防范大网。

1. 高考季,考生和家长在高校录取期间要高度警惕虚假查分网址、混淆高等教育不同类型、冒充军校招生人员、伪造录取通知书、谎称提前发放助学金等五类骗局。遇到疑难问题,要通过正规渠道查询核实,切莫轻易将考生准考证号等信息交予他人。

2. 社会环境千变万化,大学生必须学会适应环境,学会自我保护,提高辨识能力,要多知道、多了解、多掌握防范知识。要增强风险意识,坚决抵制校园不良网贷,无论是贷款、求学,还是求职,都要走正常渠道。

3. 学生家长要切实担负监护责任。在填报各类培训班或各种调查问卷时,注意保护家庭隐私和孩子信息。平时要注意留有孩子老师、同班学生、其他学生家长的联系方式,若遇到疑似诈骗,要多方求证核实,切莫轻信。

4. 学校应加强对学生的防骗教育,通过开设防范讲座、发放防骗指南、典型案例剖析等,提高学生的防骗、识骗能力。

第七章

身份骗局

警察、军人、老师、工人……社会生活中,每一个人都有其特定的社会经济地位、职业和工作岗位,因而具有不同的身份。一个人的身份具有越多的法定权力和社会影响,在民众中的信任度也就越高。

亲戚、朋友、同事、同学,现实生活中,每个人都有自己的关系网,离自己最近的首先是熟人,其次是熟人的熟人,由近及远,形成一个熟人圈。

"瘾君子"扮交警、"摩的"司机变身工程师、刑满释放人员冒充台湾富商,假扮身份骗钱骗物,是骗子惯用的一种十分老套的骗术。骗子利用的是善良的人们对那些权大、多金、有一定社会影响的人或是熟人的盲目信任。这种骗术并不新颖,要说有变化,也只是随着民众信任对象的改变而百变其身。如社会上"拼爹"现象一度突出,于是"厅长的儿子""局长的干女儿"满天飞;拜金风一刮,"富二代""白富美"又十分吃香。

此外,久未谋面的同事街头偶遇,同窗好友热心为你找工作,亲戚上门拜访,你会怀疑这些熟人乘机设套吗?有时候,熟人也会坑熟人。

案例 55

请出示两证接受检查
——"瘾君子"扮交警骗走 7 辆车

万军的人生如此不堪。从一个大学生、银行职员,沦为人们所不齿的"瘾君子",最终去做坑蒙拐骗的事,自己把自己送进了监狱。

宜兴张渚镇坐落于苏浙皖三省交界处,万军就出生在这个山清水秀、景色秀丽的地方。一方水土养一方人。他聪明伶俐,心灵手巧,高考填志愿时填报了工业大学机械设计系。毕业时,适逢经济大潮汹涌,受大环境影响,他在亲朋好友劝说下报考了热门的银行。工科生的情商通常低于智商,面对各种各样的机器,无论构造多么复杂,他都能在短时间里弄明白,家里的电视机、摩托车都曾被他大卸八块,然后一一复原。可银行整天面对的是数据,枯燥乏味,单调无趣。再者,新入职人员都要先当柜员,这是行规。每天微笑面对客户,一天下来,脸都僵了。他慢慢有些心不在焉,接着因为连连出错、客户投诉不断,被"贬"到后勤岗位,一腔热血更是降为冰冻。

后勤工作,无非是发发报纸、买买盒饭、管管卫生,文盲也能干。怀才不遇的万军情绪低落,原本好学上进的他变得迷茫、颓废、消沉。他迷上喝酒、K歌,交了一批社会朋友,每天不是你请客就是他埋单,有限的工资全"贡献"给了酒吧、歌厅。

"你这小子,整天没精打采的,尝一颗,包管你精神百倍。"迪厅里,玩伴递上颗"药丸子"。他不问来路,就着冰水吞了下去。很快,他浑身充满力量,冲进舞池兴奋地蹦跳起来,疯狂到黎明。事后,他才知道,那是摇头丸。明知是毒品,可他忘不掉那种沉醉、迷恋、疯狂、忘我的感觉,居然离不开它了。一次,他与玩伴聚集吸食摇头丸时,让警察逮个正着。铁证如山,他被送进戒毒所强制戒毒。

4 个月后,万军走出戒毒所,银行早已将其除名。家里乌云笼罩,父亲唉声叹气,母亲暗自垂泪。万军破罐子破摔,干脆不着家了,游荡社会,四处为家。一天,他在宜兴鲸塘街头闲逛,看到停靠在路边的一辆皮卡车车厢里有一件仿警服,便顺手牵了走。

"成天东游西荡也不是个事,不如先去搞辆车开开,然后看看能干些什么。""警服"到手,万军产生了做件大事的冲动。他穿上"警服",挂上捡来的城管"警号",配上藏青色裤子,对着镜子横照竖照,觉得像那么回事。

兔子不吃窝边草。他来到邻近常州武进区的一个二手车交易市场,转悠一圈,眼前一亮,一辆奇瑞旗云汽车停在检测线旁,司机一脸无奈站在车旁。这条检测线是车管部门设在这里的,检测非常严格。万军"漫不经心"踱过去。

"警察同志,我这车是公司的,灯光有些小问题,其他都好,能否帮个忙通融通融。"见"警察"过来,司机递过一支香烟,上前搭讪。

"这里不能抽烟。"万军神情严肃地推回香烟,心中却窃喜。看来这身"警服"挺管用的,虽是混搭,一般人也不太看得出。他脑子一转,露出焦急神情,"帮忙啊,没问题,我有点急事,车子先借我接几个人,回头马上帮你办手续"。

"行,不过你要快点,我公司还有事。"司机毫无戒备地把车钥匙递给万军。万军坐进驾驶室,点火、发动,一踩油门溜之大吉。当晚,他卸下牌照,锉掉车架号和发动机号,第二天花500元从假证贩子那儿买来驾驶证和"苏A"牌照,神气活现地上路了。他春风得意开着车回到久违的张渚,父母惊喜大于惊诧,儿子终于混出息了。街坊、邻居也以为这个曾经掉链子的人走正道挣大钱了,没有人朝"骗"字上想。

万军每天开着"奇瑞"招摇过市,好不逍遥。开着开着,发动机漏油了,他寻思着换辆车开开。他换上"警服"再次来到那个二手车市场,瞄上一辆待检测的尼桑蓝鸟。他诓骗车主,由他开车上线检测,还称"奇瑞"留在那儿做担保。见"警察"这样说,大大咧咧的车主也就信了。车子到手,万军径直将车开出市场,直奔宜兴。车主傻了眼,欲追时,已没了方向。

"奇瑞"和"蓝鸟"的车主均报了案。因缺乏线索,警方一时难以破案。

屡屡得手,万军的胆子越练越大,越骗越有经验,动机也从"玩""炫富"演变为"销赃变钱""享受挥霍"。

冬天的一个晚上,八九点钟,天空飘着鹅毛大雪,路上行人几无。万军身穿"警服",来到常州武进区一个十字路口"执勤"。

"请出示两证接受检查。"路面湿滑,一辆常州牌照的"马自达"轿车小心翼翼驶来。万军站立路中央打手势拦下。

"交警同志辛苦了,这么大雪还在执勤,佩服。"驾驶员是个外向的中年男子,打开车窗,配合地递上驾驶证、行驶证。

"请你下车,我要开车到前面岗亭上网查询此车有无违章记录。"万军假模假式翻了翻证件,递还车主,要求驾驶员下车。

"交警同志,我向来遵守交规,没有违章,我还有急事呢。"驾驶员面露难色。

"有无违章,不是你说了算,必须查。"万军哪儿肯放过。

"雪这么大,要不我开车带你去岗亭。"驾驶员说。

"不行,这是公务,你再不配合我就只能扣车了。"

见"交警同志"发火,驾驶员只得乖乖下车。万军坐进驾驶室,启动车子,朝前行驶,越过岗亭,飞驰而去,消失在漫天风雪中。此时,驾驶员方知遇上歹人。手机、钱包都在车上,他深一脚浅一脚好不容易找到派出所报案,已是1个多小时后的事了。

几天后,万军见没动静,将车子开到一家无名修理厂改头换面,销赃外地得款5万元。

钱来得快,去得也快。万军自以为找到了生财之道。毒品上瘾,骗车也上了瘾。已在武进地区骗了3辆车,不能再去了。他乘出租车窜到无锡钱桥。入夜,大街上车来人往,他看中一饭店门口停着的红色"丰田"。

"这车是谁的,车主呢?"万军闪到公厕换上"警服"现身。

"这是我的车,怎么啦?"车主阿芬闻声走出饭店。阿芬做餐饮生意,是这家饭店的老板娘。她的车一直停在店门口。街灯下,只见车旁站着个"警察"。

"我是高速交警,你的车被人套牌,在高速上有15条违章记录。"万军信口拈来。

"被人套牌?我从来不上高速的,你有办法帮我消除吗?"阿芬有些发懵,恳请帮忙。

"我试试吧。要不你跟我去交警队。"万军满口答应,让女子开车一起去附近的高速交警大队。到那儿,已是晚上8点多,交警队关门了。

"明天再来看看吧。一定想办法帮你消掉。"

"谢谢,真的谢谢你了。"阿芬深信不疑,再三道谢。

"老板娘,我老婆外出旅游回来,你的车借我开开,我到高速口接她,顺带帮你把违章消除。"第二天晚上6点多,万军来到阿芬饭店。

"我陪你一起去接。"车子交给陌生人,阿芬不放心。

"不用,她们人很多,我去就行。"万军说辞一套套的。

"我很快回来。"万军挥挥手把车开走了。阿芬等到第二天天明,也未等来自己的爱车。

这辆20余万元的丰田车,万军3万元销了出去。

不久,他又流窜到南京,在白下区一小区门口,以警察检查套牌车为名,骗抢一辆雪佛兰,销赃得款3.5万元。又到无锡骗了辆马自达汽车,仅卖得2万元。

唐耀的宝马车,是万军骗抢的第7辆车。

唐耀年届不惑,事业有成。他在苏州城里最热闹的观前街开服饰公司,客户分布本市和周边城市。公司规模虽不是很大,他也时常亲自开着"宝马530"到周边城市谈生意。

那天,他到常州市区洽谈业务。下午2点,他驾车经沿江高速返回苏州,一不留神在常州南武进错入口跑错道,便在高速匝道口附近调头。

"你怎么开车呢,这里能调头吗?"路边岗亭里走出个"警察",把唐耀拦下来。

"对不起,我走错道了。"唐耀知道自己错了,摇下车窗玻璃打招呼。

"你喝酒了吧,下来测试酒精度。""警察"让唐耀下车接受检查。

"多亏没喝酒。"喝酒不开车,开车不喝酒,这点上,唐耀十分清醒,从不敢大意。中午,客户倒是客气,备下好酒,硬要与他干一杯。他坚称要开车,一再谢绝,以茶代酒敬了大家。他心中暗自庆幸,神情坦然下车接受检查。

"你到岗亭等着,我帮你把车停到路边。""警察"这样说,唐耀认为很正常,暗赞"警察"想得周到。接下来一幕令他目瞪口呆,只见那"警察"坐进驾驶室,一脚油门,车子窜上高速公路,飞了。

"我的车,我的车被'警察'开走了!"唐耀立即拨打"110"报警。

侦查中,警方排除公安内部人员作案的可能。民警沿路搜索,寻找蛛丝马迹,一路搜到夹克衫、身份证、银行卡等物,均系唐耀之物。"宝马"在宜兴境内敛了踪迹。

"110,有辆车停在我家车库门口,我的车出不去了。"一天中午,宜兴公安"110"接到居民求助。这位居民住张渚镇银湖小区,停在他家车库门口的是一辆"宝马530",无锡牌照。居民反映,从未见过此车,也没见过车主,车子停在他家车库门口一昼夜了。处警民警合力将车子推至路边,为居民清出通道。然后一查,车牌是假的。再比对发动机、车架号,车主正是唐耀。

接到宜兴警察的电话,唐耀喜出望外,当即赶到宜兴领回爱车。

再说万军,那天作案得手,他把车子藏到银湖小区,四处寻找买主,讨价还价,最终敲定6万元成交。为避风头,他要买主过几天再交易。后来,他到银湖小区窥测动静,见宝马车移了位置,前后轮胎套上软锁,情知不妙,连忙逃跑。

"这辆宝马车是我购买的赃车,我知错了,车子不要了。"就在真警察上天入地寻找假警察时,宜兴公安收到一张纸条和一把宝马车钥匙。纸条没有具名,也无日期。送纸条和车钥匙的是一个在张渚街头载客的"摩的"司机。"摩的"司机对前来调查的民警反映,他在汽车站揽客时,有个30岁模样的人给其16元钱,让他把纸条和车钥匙送到交警队。

此人正是万军,这是他使出的障眼法。机关算尽太聪明。警方顺线追踪,法网向其罩来。夜晚,当万军拎着装满吃食的大包小包从超市出来时,守候多时的真警察把这个假警察逮进警车。

防骗贴士

1件仿制警服,1串城管编号,居然骗倒7名车主,令人不敢相信。说白了,骗子利用的正是人们对警察的信任。那么,普通市民该如何识别假警察呢?遇到此类事件又该如何处理呢?首先,要看警用标志是否齐全,警服必须有警衔、警号、胸徽、臂章4种警用标志。其次,遇到声称执行公务的警察,公民有权要求其出示人民警察证,证内卡印有持卡人照片、姓名、所在公安机关名称和警号。如果对民警的身份有怀疑,最直接的办法就是拨打"110"求证核实。通常情况下,假警察听到你拨打"110",会立马逃跑。

案例 56

我是您儿媳的哥哥
——"亲戚"上门借钱屡屡得手

周老伯居住的荣巷东浜可是块风水宝地。明代初年,无锡荣氏始祖迁来无锡,定居于梁溪河下游北岸,督率子孙辟草荒、筑河坝、建家宅,建立了上荣、中荣、下荣3个自然村落,使之逐渐成为田地平畴。屋舍俨然,阡陌交通,粮田、鱼池、桑竹交错。近代,荣氏走发展民族工商业之路,系无锡著名的四大家族之一。

百年沧桑,荣巷老街依然保持旧时模样,东南西北贯穿的街巷将上荣、中荣、下荣3个自然村落紧紧连接在一起,后改为东浜、西浜、中浜。随着时代的变迁和城市化的进程,追求时尚、现代的年轻人相继离开老宅,搬到高楼林立的水泥森林去了,只留下一些怀旧的老人坚守村里。平时,街巷空旷、冷清、冷落,只有到了节假日,子女上门探望父母,游客前来寻梦,摄影爱好者来采风,街头巷尾才充满生机。

周老伯夫妇居住东浜一处老宅,老两口均年逾八旬,腿脚已不那么方便,他们不愿住到高楼去,守着老屋恋着光阴。老人生活很有规律,每天上午去菜场买买菜,与邻居拉拉呱,午饭后睡个午觉,活动活动腿脚,读读报、看看电视,一天就过去了。日子如家门前的小溪,淡泊、宁静。

"笃笃笃",一天下午1点,有人敲响周家的门。"谁呀?别着急,来喽来喽。"周老伯穿衣起床,前去开门。老伴也被惊醒。子女各自忙于生计,一般晚上回来看望,大白天的,谁这个时候上门?

打开门,眼前一个中年男子,衣着整齐,戴着无框眼镜,斯斯文文,笑吟吟的。

"你是?"周老伯患有白内障,看人有些模糊,一时想不起来者何人。

"老伯,你不认识我啦!"该男子握住周老伯的手亲热地摇着。周老伯还是有些疑惑,脑子有些卡顿。"您老真记不得我了?"来者颇显尴尬。

周老伯老伴闻声从里屋走出,戴上老花镜一番打量,觉得像小儿媳的哥哥。那还是十几年前见过一次面,隐隐约约有些印象,脸形差不多。"你是我小儿媳的哥哥?"老人不敢确定。

"是是是,您老记性真好,我是您儿媳的哥哥,我妹妹结婚那天我们见过面,一桌喝的喜酒。"来者连声附和。

老伴这一说,周老伯似乎想起来了。儿媳的娘家人不能亏待。他热情地将客人让进屋,又是沏茶,又是递烟。

"我今天来荣巷办事,顺道来看看妹妹。好久不见,挺想的。"

"哎呀,她上班呢,晚上才回来呢。"其实,小儿子、小儿媳早搬出去住了,一般晚上回来,陪父母吃晚饭。周老伯和老伴没听出对方话里的破绽。

"您二老身体还好吧,平时要多活动活动腿脚,健康是第一位的。"

七扯八拉闲聊一会儿,中年男子话锋一转,面露难色:"老伯,今天我来其实是想问妹妹借点钱的。刚才我办事途中接到老婆电话,说被汽车撞了,手骨折,现正在外科医院手术。我出门没带多少钱。"话说完,他掏出手机给妹妹打电话,"妹妹,我在你公婆家里,跟你说个事,你嫂子被车撞了。动手术急需钱,想先问你借点。你大概什么时间回来?"他一副煞有其事的模样,声音挺大,几乎是吼,唯恐两位老人听不见。"什么,先问你公婆借?那多不好意思啊。好的,我晚上就把钱送过来。"

"老伯,只能麻烦您了。"挂了电话,中年男子脸上满是不好意思。

"说啥呢,自家亲戚,有难总要帮的,要多少?"刚才通话的内容周老伯听清楚了。

"我……我想借……借1万。"中年男子期期艾艾。

"1万没有，家里只有3000元。"

"那就3000元吧。"

周老伯到里屋抽屉里拿出3000元现金。

"谢谢老伯、阿姨，晚上我一准上门还钱。"中年男子接过钱，匆匆走了。

傍晚，小儿子一家三口回来了。饭桌上，周老伯说起小儿媳哥哥借钱的事。小儿媳惊诧："没接到哥哥电话呀！"她急忙打电话找哥哥嫂嫂询问。哥嫂正好端端在家吃晚饭呢，哪来撞伤、借钱之说？

"什么亲戚，原来是个骗子。"周老伯气得饭都吃不下了，血压骤然升高。

派出所里，周老伯遇到在孙女的搀扶下前来报案的吴阿婆。吴阿婆年近九十，住在距周老伯家不远的荣巷西浜，这天上午被一自称其女儿同事儿子的人，以"家人出车祸"为由，骗走5000元。民警让两位老人坐下，慢慢说，并安慰他们："一定尽快抓获骗子，追回损失。"老人倍感温暖。

那段时间，无锡一些老居民小区接连发生同类诈骗案。骗子以低收入的老年人为目标，白天上门，冒充老人子女的亲戚、同事、朋友行骗，案额虽然不高，但都是老人的医药费、生活费。

骗子作案所选择的都是技防设施较差的老旧小区。办案民警奔波在40余个居民区，逐一走访上当的老年人。被骗老人年龄最大的93岁，最小的也有60岁以上。老人们除了提供骗子的相貌、口音、作案手段，其他的说不太清楚。

根据老人们的描述，警方判断这串案件系同一人所为，并勾勒出骗子的大致轮廓：年龄40岁左右，身高约1.8米，戴眼镜，无锡人，穿着较时尚。作案手法：周一至周五白天上门，以路上偶遇或敲门入室手段接近老人，冒充老人子女的亲戚、朋友或同事，以"老婆突遇车祸需借钱"等为幌子，实施诈骗。诈骗金额多的近2万元，少则几百元。

骗子十分狡猾，每次作案都在不同的小区，流窜范围较广。警方在依托技术手段侦查的同时，组织警力加强巡防守候。就是上天入地，也要把这个骚扰老人安宁生活的"幽灵"揪出来。

警方要寻找的这个"幽灵"叫李中,作案屡屡得手,他得意忘形,此刻正躲在阴暗角落狞笑。

李中时年44岁,长得高大威武。戴副无框眼镜,乍看像读书人。英俊、斯文的外表下,藏着狡猾、奸诈、欺骗。他打小能说会道,谎话连篇,满口跑火车,为此不知挨了父亲多少打、老师多少批。初一那年,他迷上武侠,什么《天龙八部》《射雕英雄传》,书店里武侠小说那么诱人,他想买回家慢慢鉴赏,可没钱呐。父母是普通工人,要养活一大家子人,哪来闲钱买小说书。他想到了骗,且一举成功。

一天,轮到同学阿明值日,放学后留下打扫教室卫生。时机来了,他跑到阿明外婆家,对外婆说阿明被自行车撞了,被同学送医院了,他是来取医药费的。外婆着急万分,当即给他50元钱。他跑到书店把心爱的书买了回来。事情很快穿帮,人家找上门来,父母还了钱,还给人家再三赔笑脸道歉。当时的50元,等于父亲半个月的工资。那天一顿打是刻骨铭心,屁股好几天才消肿。可令李中记忆更深刻的却是:老人的钱好骗。

成年后,李中一直没有稳定的工作。生活没保障,家庭生活难免风雨飘摇。他有过一段失败的婚姻,夫妻离异,正上学的儿子判归他。离异不久,他就有了女友,很快同居。儿子上学费用不少,家里开销压力也很大。为钱所困,李中绞尽脑汁,少年时的那件事重新浮现脑海,他觉得是条生财之道。

2010年7月,一天上午,李中第一次出手。他游荡到市中心永乐路上的大庄里,拦住挂着拐杖、单身行走在小巷里的陈阿婆。陈阿婆从纺织厂退休多年,前几年患脑梗,经抢救及时保住了性命,却留下右腿无力的后遗症,这天是出来康复锻炼的。李中主动迎上前喊阿姨套近乎,携扶陈阿婆散步。他自称是陈阿婆以前同事的儿子,边走边聊,越聊越热乎。最终,他以"母亲突发急病"为由,成功"借"得2000元。

接下来,他越骗越顺手,而且打一枪换一个地方,一般不在一个小区连续作案。李中选择行骗的对象都是60岁以上的老年人,因为他们善良、容易轻信且消息闭塞。作案时间选择在上午9点至11点,下午1点至5点这两个时段,人们上班的上班、上学的上学,家中只有老人留守。作案时,他随机找户人家敲门,如果开门的是年轻人,便称"敲错门了"。如开门的是老年人,开口就问小弟或小妹在不在家,然后拉家常,套近乎,嘘寒问暖,聊得老人没了戒心,轻易就套出老人子女的情况。接着,冒充其子女或女婿、儿媳的朋友、亲戚、同事,以"包丢了""老婆突发车祸"等幌子行骗。在半年多时间里,他行骗的踪迹遍及无锡市区近40个老小区,有200余位老人上当受骗,诈骗得款100余万元。

疯狂到头是灭亡。2011年4月24日上午,李中窜到城南一小区诈骗得手5000元,下午又溜到城西,刚来到一户居民家门口欲举手敲门,便被一路寻踪而至的民警拿下。

在李中家中,民警查获十几张银行卡,赃款大都存在这些卡里。据李中交代,虽然收入颇丰,但他不敢乱花,准备存满200万元歇手。这些钱细水长流,100万作为儿子的教育基金,100万元是与女友的结婚费用以及家庭开销。他的算盘打得太如意了。

"坑了那么多无辜老人,你良心上过得去吗?"民警气愤地问李中。

"我、我没想那么多。"李中深深低下头。

警方召开退赃大会,把被骗款项一一发还老人们,并以案释法,给老人和他们的子女上了一堂生动的防骗课。周老伯的小儿子说:"多亏警察追回钱,父亲才不念叨了。以后一定常回家看看,多给老人说说外面的事,避免再次上当受骗。"

防骗贴士

子女由于学习、工作、结婚等原因离家,使得当今社会上空巢老人越来越多,已成为一个不容忽视的社会问题。一般来说,老年人比较善良,容易轻信,分析判断能力、防范意识随着年龄的增长和社会活动的减少而降低,加之子女与老人沟通少,邻居间交往少,信息闭塞,更易上当受骗。老人在家,凡遇到从不走动的"熟人"上门,一定要仔细问清楚,并向家人反复求证。一旦他们提出"借钱",更要再三核实,切莫轻易掏口袋。

案例 57

公司要买些壶打点
——紫砂大师轻信"富二代"屡被骗

宜兴紫砂陶,是中国特有的手工制造陶土工艺品,迄今已有 2400 多年的历史。紫砂陶以紫砂壶最常见,其特点是不夺茶香又无熟汤气,壶壁吸附茶气,日久使用的空壶注入沸水也有茶香,被誉为"人间珠宝何足取,宜兴紫砂最要得"。

赵伟家里世代制壶,接力棒传到他这一代,仍是赖以生存、传承光大的立身之本。赵伟 30 岁刚出头,已被评为工艺美术师,开有一间工作室。品茶赏壶,是人们时下的一种休闲方式,紫砂壶亦成为人们礼尚往来的伴手礼。

赵伟常常是通宵创作,夜深人静,精力集中,才思泉涌。上午则是睡觉,养精蓄锐。一天上午 10 点,他犹在梦乡,被一阵手机铃声吵醒。这是个陌生号码。

"赵老师,您好,打扰了。我是李俊,××电缆公司李总的儿子。春节临近,公司准备订购一批壶,送到北京请书画名家刻字画画,您能接单吗?"来电者虽是公子哥,说话倒是挺和顺,一点没骄娇二气。

"行,你马上到我工作室面谈。"生意上门,赵伟当然高兴。"我现在正在××工艺大师这儿喝茶,1 小时后到。"对方回答。

赵伟立马起床,洗漱停当,赶到工作室。洗壶、温茶,静候李公子前来。那家电缆公司很有名,能与该公司合作,前景广阔。

11 点,李俊如约前来。果真玉树临风,气度不凡,打扮得体,见多识广,谈吐高雅。从古董到字画,从紫砂壶的选料到制作工艺,以及紫砂圈里的奇闻逸事,无所不知。赵伟有的听说过,有的闻所未闻。两人年龄相仿,这一聊,聊出差距,赵伟自愧不如。

午饭时间到了。赵伟邀李俊到镇上一家土菜馆吃午饭。几杯酒下肚,两人更是敞开心扉,海阔天空,大有相见恨晚之意。他们的谈话不时被李俊的手机铃声打断,不是 A 大师来电,询问那几把壶刻什么字;就是 B 大师来电告知,他的包落在朋友的悍马车上。李俊当即去电朋友,提醒朋友小心开车,看好皮包,里面有大笔现金,还有购壶合同等,千万不能有闪失。

"儿子,你在哪儿呢?"李俊父亲来电。

"我正跟赵老师吃饭,谈那批壶的事呢。"

"C 大师夫人病了,你代我去医院探望,封个红包意思一下,再送个花篮。"

"遵命!"

通完电话,李俊面露尴尬:"赵老师,我包落车上了,银行卡、现金都在包里,方便借我 3000 元吗?"

"没事。"把这位潜在的大客户侍候好,还怕没财路?赵伟从口袋里掏出一沓钱,只有 2000 多元,他又去银行取了 5000 元,顺手把 7000 元钱全给了李俊。

"我们在石家庄有个分公司很快要开业,你准备 50 把光壶,我要去北京找人刻字。"李俊收好钱,赵伟终于等来生意。

"我陪你去医院吧。"C 大师太有名望,赵伟早就想认识,苦于没有机会。

"下次吧,有的是机会。我爸虽与 C 大师是多年老朋友,但未经他许可,我不敢贸然带人去。"李俊推辞。赵伟想想也是。

50 把光壶准备就绪,赵伟打电话联系李俊拿货,对方却关机了。找人一打听,××电缆公司老总确实姓李,但只有女儿没有儿子,也无"订壶"一说。"都怪自己太轻信。"赵伟报了警。

"李俊"显然是个假姓名,至于与这个大师、那个大师的通话,都是其自编自导的"独角戏"。

"李俊"虽在赵伟面前消失,却仍幽灵般游荡在丁蜀镇紫砂圈,身份还是"富二代",只是姓名不同而已。

沈芳在镇上开一家紫砂店,专门做外地游客生意,有时也为企业提供礼品壶。一天,她接到一个电话,"沈老板,我半年前到你店里买过壶,质量不错,还想买,找不到你的店了"。

原来是老客户,沈芳没有多想,随手就加了对方微信,发了个位置图过去。

不到 5 分钟,一名男子走进店堂,称就是刚才打电话的人,顺手递上一张

"唐云"的名片,上面印的头衔是某矿业集团公司总裁助理。沈芳不由刮目相看,格外热情周到。

"我陪几个天津客户来买茶壶。客户刚下飞机,在浙江萧山,公司已派车去接,我在这儿等他们。"唐云坐下与沈芳闲聊,习惯性往口袋里一摸,"唉哟,烟忘带了。"

沈芳心领神会,派员工到烟酒店买来条"中华"。待会儿壶的价格抬高些,全在里面了。

"我还要到隔壁那店买几只花瓶送客户,包在车上,司机开车去接了人,你能否借我2000元,回头买壶时一并给你。"沈芳对唐云的说辞没有任何怀疑,从柜台抽屉里取出20张百元大钞给他。唐云拿钱走人,一去不复返。

一周后,"唐云"出现在紫砂工艺师徐锋的工作室。这次他一身黑,黑T恤,黑裤子,一双小圆口北京布鞋。不过,这次他叫"邵俊",自称是宜兴一家在外地上市公司董事长的侄儿,也是公司的副总裁。

"我叔叔是部队转业的,开了一家上市公司,资产几十个亿。以前,他在你这儿买过几把壶,赠送给北京的几位老将军。将军们很喜欢,爱不释手。这次,叔叔叫我来找你,想再买5把壶送他们。"邵俊一番话,徐锋听得心花怒放。他虽想不起有这件事,但可能是数年前的事,加之客户多,记不住也正常。他陪着邵俊精心挑好5把壶。一开价,邵俊没有还价。

"我的钱在银行卡上,卡在车里,司机开车出去办事,一时半会儿回不来,我明天上午10点来付款拿壶。"邵俊有点尴尬。徐锋连称:"没事,没事。"转身拿了条"苏烟"给他。这笔生意做成,能赚几万元,条把香烟,小意思。

天色向晚,邵俊抬头看看天,自言自语:"天这么晚了,来不及回公司,只能住下了,可身上没钱呀。"他转头对徐锋说:"徐老师,你能否帮我找家宾馆,垫付一晚房费,明天一并结算。"

"好呀,好呀。"徐锋安排车子把人送到宾馆,垫付1000元押金。第二天,他等了一天未见人影,心中疑惑,按名片上的联系方式把电话打到公司。公司确实是家上市公司,但董事长没有侄子,也没有叫"邵俊"的副总裁。邵俊手机已关机。追到宾馆,总台说客人入住不到1个小时就退了房,拿上押金走人了。

因为被骗数额小，沈芳、徐锋自认倒霉，没有报警。再说，这种事在圈子里传开，丢人。他们不报案，导致这个所谓的"富二代"胃口越骗越大。

李子才评上高级工艺师五六年，他壶艺精湛，制作精良，颇受收藏者的青睐。"富二代"采用电话预约购壶的手段，并上门自我介绍。这次冒充的是混凝土公司老总的儿子"范俊"。他在李子才的工作室陈列架上一口气挑了6只精品壶，称"公司车子去上海机场接客户，下午才能来接他，并把买壶钱带过来"。他在工作室坐下，与李子才摆开龙门阵。他吹嘘家里有奔驰、宝马好几辆，公司年产值几个亿。讲起紫砂圈里的故事，更是有根有据，不由人不信。午饭，李子才到农庄摆了一桌，吃到高兴处，范俊竟摘下手腕上的"浪琴"表送给他，说是见面礼。"浪琴"男表打底万元以上，这么贵重的礼品，李子才不肯收，范俊硬往其手腕上套，他这才不得不收下。"这公子哥儿真大方啊！"李子才暗叹。事后经检验，这是只两三百元的山寨表。

回工作室途中，范俊说还要去A大师女儿家，通过其购买大师的壶，他身上钱不够，能否借些，回头到工作室取壶时一并奉上。李子才不知有诈，顺道拐进银行取了1.5万元给他。当然，李子才再也没见到范俊。

假的就是假的，伪装迟早要剥去。这个"富二代"终于被警察抓获。他真实姓名唐俊，宜兴本地人，时年31岁。他压根不是什么富家子弟、企业高管。父母是农民，他是无业人员且劣迹斑斑，曾因盗窃、诈骗两次被判刑。刑满释放不到一年，他便重操旧业。这次，等待他的又是高墙铁窗。

据唐俊交代，狱中才几年，世上已千年。第二次出狱，他发现紫砂壶价格涨得厉害，便利用人们对有钱人戒备不足的心理，印制了一大把诸如企业副总裁、总裁助理等名片，冒充知名企业老总儿子、侄儿等"富二代"身份，以购壶为名行骗于紫砂圈，居然屡屡得手。而那些紫砂艺人的信息，网上就有，得来不费吹灰之力。

> **防骗贴士**
>
> 随着紫砂行情的持续升温，参与紫砂买卖的人群不断扩大。因交易

频繁,销售对象不稳定,一些从业者往往对购买者的身份放松警惕,难免上当受骗。对主动上门的"大客户",特别是身份特殊、背景显赫的陌生人,卖家不要被一张名片、一面之词所蒙蔽。要想方设法求证,避免上当受骗。

高价聘请女友
——"台湾富商"骗财又劫色

他是一个双面人。A面,他是"台湾富商",家财万贯,阔绰大方;B面,他是无业游民,劣迹斑斑,骗财骗色,曾先后4次坐牢。

他和她们在虚拟世界相识,在现实世界相遇。谁能想到,浪漫体贴、万般温柔的富商是一条恶狼。被"富商"蒙了眼,陷入这个财富、温柔陷阱的莉莉,失财又失身,伤财又伤心。

自从有了互联网,这世界便多了多少宅男宅女。29岁的莉莉自大学毕业,宅在家里已五六年。刚毕业时,她还有踏上社会、走进人群的冲动,随着找工作一次次遭拒、碰壁,她越来越害怕出门,最后干脆猫在家里,成了典型的"网虫"。网络不仅带给她喜怒哀乐,还带来财富。她注册了一家网店,卖些衣服、饰品。她眼光好,卖的东西物美价廉,网罗了一批粉丝,每月五六千元收入,足够维持生活。坐在家里挣钱,免却职场竞争压力,更不用朝九晚五路途奔波劳累,逍遥自在,人生复何求?

年难留,时易损。光阴似箭,眼瞅着将要跨入而立之年,找另一半迫在眉睫。莉莉自己整天优哉游哉,父母急得寝食难安。老两口就这么一个宝贝女儿,以前是急女儿找不到正式工作,那辈人的观念,没有单位就是无业。后来女儿的网店生意好,他们才放下心来。现在又愁女儿的婚事。

妈妈天天在饭桌上唠叨嫁人的事,莉莉的耳朵都起了茧子。听多了,烦了,她干脆不上桌吃饭,躲进房间自成一统。这找对象又不是上街买菜,萝卜、青菜,看着新鲜就往篮子里扔。找对象要靠缘分,那是个要一起过一辈子的人。

莉莉心里清楚,父母说的、做的,都是为她着想。成天不出门,白马王子也不会主动上门,也许缘分在网上。之后,莉莉上网,对婚恋方面多了分关注。

缘分说来就来。有次,莉莉在QQ聊天时,网友"简单的方式"主动要加她为好友。他在莉莉的验证信息里输入的内容为"高价聘请女朋友"。

"谁这么赤裸裸的?"另类信息引起莉莉的好奇,立即加对方为好友。没有铺垫,两人进入私聊。

"我叫罗一凡,台湾人,目前单身,经营家庭企业。因忙于事业,无暇恋爱,至今未成婚。现在,父母天天催着结婚,连女朋友都没有,何谈结婚啊。""简单的方式"发过来一张苦恼的脸。

"我叫莉莉,江苏无锡人,29岁,也是单身,没有恋爱史。"莉莉觉得此事有点谱,可以考虑作为挑选对象。她将自己的情况如实相告。

"太巧了,我喜欢江南女子,婉约秀美,巧笑倩兮。我正想在无锡找个女朋友,家里给了我一大笔钱,要我到无锡找投资项目。""简单的方式"欣喜地给了个笑脸。

"那你对女朋友有什么要求呀?"莉莉有些心动。

"做我女朋友不吃亏,每年给50万元零用,首付25万,半年一支付,再送一辆30万元的中档轿车。另开一张银行卡副卡,每月付3万元生活费。我对女朋友只有一个条件,就是必须对我绝对忠诚,没有任何隐私。女朋友所有的银行卡必须改设密码,由我的生日和女朋友的生日组成。如果双方处得好,两年后结婚,我父母等着抱孙子呢。""简单的方式"发来的这段话,无论是信息量还是含金量都太大了。莉莉仔细看了好几遍,觉得既神奇又离奇,她迟迟没有回应。她有些自卑,觉得高攀不上。

"你能给我个手机号吗?"见莉莉无动静,对方主动伸出橄榄枝。"钻石王老五"毕竟难遇,莉莉发去手机号。几乎同时,"简单的方式"也发来他的手机号。

微信、QQ、手机通话仅仅一个星期,莉莉便与"简单的方式"确定恋爱关系,进入热恋阶段。没想到这么顺,莉莉自己都不敢相信。她怕父母追根究底冲了运气,忍着没讲,只待谈婚论嫁时再说也不迟。

"莉莉,我来无锡了,住在××大酒店,我们能见个面吗?""简单的方式"突然袭击,来了无锡,住进市中心一家五星级大酒店。接到电话,莉莉喜出望外,精心打扮,妆容精致地出了门。她爸她妈目瞪口呆:"这孩子遇到什么好事了?"

晚9点,一对恋人在酒店大堂见面。"简单的方式"也就是罗一凡,果真气度不凡,仪表堂堂。40岁模样,中等身材,微胖,国字脸,鼻梁上一副价值不菲的半框无色眼镜,手拿"普拉达"公文包,有型有范,一看就是个有钱人。"真是无心插柳柳成荫。"莉莉心花怒放。

"我们去宵夜。"莉莉尽地主之谊,招了辆出租车,偕罗一凡到古运河清明桥畔。夜景很美,霓虹闪烁。两人品尝无锡小吃,尽赏水弄堂风采,陶醉在良辰美景中。夜11点,两人手挽手,意犹未尽回到酒店。正欲"拜拜",罗一凡说急用电脑联系生意伙伴,不巧的是自己的电脑坏了。

"不着急,用我的。"莉莉回家拎来"苹果"笔记本电脑。

"莉莉,你真好。"迎着罗一凡热切的眼神,莉莉不能自已。当夜,莉莉留宿酒店,免不了男欢女爱。两人相拥着一直睡至第二天中午。在酒店自助餐厅用过午餐,罗一凡深情脉脉、含笑盈盈地对莉莉说,马上带她去银行存25万元首付款,还要去商场给她买衣服、首饰,做他的女朋友,要有全新的形象。莉莉高兴得只顾点头,哪儿还辨东南西北。

离开酒店客房时,罗一凡顺手把莉莉放在桌上的银行卡、手机、项链、身份证以及1400余元现金装进自己口袋,并将"苹果"电脑拎在手里,嘴里自言自语:"哪能让女士操心,这都是男人的事。"莉莉听了心里像灌了蜜似的甜。她傍着罗一凡的胳膊,小鸟依人出了酒店,径直来到附近一家银行。

根据莉莉提供的密码,罗一凡将2张卡内21000元全部提现。他对莉莉说,要存那25万元,必须将她卡内存款全部取出来,然后再转账进去。莉莉这时倒还算有心眼,把提现的钱装进了自己口袋。

"晚上有个朋友要宴请我们,你这一身太土,我们现在去买几件靓丽衣服。"两人先到八佰伴转了一圈,没中意的,然后到商业大厦,在二楼"宝姿"专卖店,看中一件外套,莉莉拎着进了试衣间。罗一凡对营业员说句"我去趟厕所",便闪人了。

"一凡,这件外套我穿还行吗?"出了试衣间,莉莉兴致勃勃边照镜子边唤罗一凡,无人应答。听营业员说其去了厕所,她隐约感到哪里不对,忙扔下衣服到厕所门口守候,守了半个小时,未果。连忙找公用电话,拨打其手机,已关机。

"骗子,骗子。"莉莉回到家中,把自己关进房间。女儿离家一昼夜,兴高采烈出门,失魂落魄归来,父母不知发生了什么,急得手足无措。

莉莉遇到的的确是个假扮"台湾富商"的骗子,而且是个"四进宫"惯骗。

罗一凡真名傅建,时年41岁,原籍上海,无业。他的人生大都是在劳改场所度过的。自1997年因诈骗被判刑,监狱里四进四出,犯的都是诈骗罪。第四次刑满释放,街道会同派出所想方设法为他找了份工作,他没干几天就嫌收入低、不自由,不辞而别了。

傅建迷上网络,为填补情感空缺,他在虚拟世界里结交了不少朋友,尤以年轻女性居多。渐渐地,他萌生利用网友骗钱的念头。针对一些女生的"逐富"心理,他把自己包装成"台湾富商""钻石王老五",在网上大张旗鼓寻找女朋友,伺机下手。他常常在同一时间段周旋于三四个年轻女性间,时机成熟便下手,莉莉只是其中一个。至于"罗一凡"这个姓名,是他随口诌的。

那天在商业大厦,他趁莉莉试衣之机,拿着莉莉的1400元现金、手机、项链和"苹果"电脑"上厕所"一去不返。潜回上海躲了十几天,他又窜到江阴"约会"刚在网上钓到的女孩芳芳,趁其在商场试衣时,拎走其挎包,内有现金8600元、手机、数码相机、手提电脑、银行卡等。随后,他还盗提了其银行卡内8400元存款。接着,他以同样方式"约见"网友小雪,骗得手机1部、现金1900元。随即,他把"战场"转移到浙江。

一日凌晨,傅建现身浙江慈溪杭州湾大酒店,这是慈溪市里最高档、最气派的五星级大酒店。这天,他骗了一个做小生意的女子,钱物到手,他把女子带到酒店欲骗色,没想到无锡警察在酒店张网以待,第五次牢狱生涯在向他招手。

据办案民警介绍,傅建使用"简单的方式""行者无疆""大道至简"等看似很大气的网名,一年内行骗足迹遍布上海、福建、四川、浙江、江西和江苏省内南京、镇江、无锡等地,作案20余起,骗得财物数十万元。他假扮"台湾富商",专门吸引大龄"剩女"。一旦有人上钩,他就想方设法骗财骗色,作案得手便金蝉脱壳。

> **防骗贴士**
>
> 本是想找另一半,没想到遇上骗子。这样的事越来越多地发生在虚拟网络和现实世界里,不少人就像莉莉一样财色双失。此类案件中,受害者往往女性居多。在此,提醒正在和想要在网上找另一半的人们不要轻信所谓的"富二代""有钱人",切莫让虚拟世界代替现实世界,投入过多情感,投入越多,伤害越深。在双方交往过程中,一定要妥善保管好自己的钱和物。

离异女征婚觅幸福

——外企工程师竟是"摩的"司机

大龄女莉莉网上觅婚巧遇"台湾富商",离异女青青电视征婚引来"工程师",两人的结局都一样,失身又失财。

在无锡城北一个老旧小区,一套两室一厅的单元房里,住着青青和她的儿子。青青的老家在天府之国,巴中市下属的平昌县。说到巴中,大家想到的是美丽的光雾山和红军之乡。可平昌县却十分贫困,辖区山连着山。青青的娘家坐落在一个小山村,巴掌大的庄稼地种着玉米、红薯。山里人靠天吃饭,年成好、雨水多,勉强糊口,遇上干旱,饿肚子也是常有的事。父母重男轻女,为了给哥哥娶媳妇,青青17岁那年,硬是被换亲到另一个山坳的张家,曾对婚姻抱有幻想的青青被现实击得粉碎。丈夫性格暴躁,贪吃懒做,还是个酒鬼,一喝酒就拿青青撒气,她的身上经常青一块紫一块的。

为了维持哥哥的婚姻,青青选择了"忍",她曾想自己这把骨头只能埋在山坳里了。直到有了儿子,为人父的丈夫不仅没有丝毫改变,反而变本加厉,青青藏在枕头里的奶粉钱都被他拿去换了酒。儿子半夜饿得哇哇大哭,他竟然对小人儿拳脚相加。

"这日子没法过了。"青青护住儿子,大声怒吼。

"不过就不过,谁稀罕你这臭婆娘,带上小兔崽子一起滚。"丈夫转过身去,满屋呼噜。

黑天暗地,青青抱着儿子出了门。娘家是断断不能回的,父母眼里只有哥哥,不把她捆回来才怪。她摸黑到小姊妹家中将就一宿,借了盘缠,一路辗转到江苏无锡,她有个表哥在这个城市打工。

青青的第一次婚姻就这样解体。她进了纺织厂,在流水线上"跑"了五六年。后来,她筹款开了家小饭馆,主打家乡特色"麻辣烫",生意不错。很快,她不仅还清外债,手头也略有积蓄,在城北买下80多平米的二手房。

儿子渐渐长大,考上一所职高,平时住校,周末回家。青青白天忙小店生意,客来客往的,倒没什么。晚上就不一样了,家里是如此空旷、冷清、寂寞,她常常无眠到天明。她渴望亲情,渴望有一个完整的家。

自从逃离大山,青青再没回过家。父母、哥哥怨恨她,她"逃"走后,她嫂子也逃了。父母放出话来:没她这个女儿,见到她就打断腿。有老乡传话,其丈夫嗜酒成瘾,已喝出精神障碍,成了废人一个。青青心里不是滋味。她已回不到过去,只希望找一双有力的臂膀、一个宽厚的胸膛靠一靠,平平安安、顺顺当当度过下半生。她在无锡基本没有人脉,表哥只是个干粗活的,周边找不到中意的人。青青决定采用征婚的方式博博运气。

"某女,离异,36岁,有一子,有房,文静大方,欲觅40岁左右,身高1.7米以上、通情达理、有事业心的男士为伴。"2015年7月，一则征婚启事出现在电视上，一播就是一个星期。

不可否认电视的传播力量，前来应征的男士可以用"络绎不绝"来形容。那段时间，手机铃声此起彼伏，青青兴奋又沮丧着。"面试"了二三十名男士，都不是她心目中想要的人，直到一个叫"李庆"的人出现。

"我叫李庆，39岁，外资企业工程师，身高1.70米，广东人。"征婚启事发出20余天，青青手机收到一条短信。无疑，又是一名应征者。

青青反复阅读短信内容，没有轻易回应。斟酌再三，她觉得此人靠谱，无论是年龄身高，还是工作，都符合自己的要求。她回了短信。双方约定见面时间，七夕当晚，中国情人节，寓意深刻，浪漫至极。

"李庆"真名叫何方，他接到青青伸出的橄榄枝，高兴极了：鱼儿这么容易就咬钩了。其实，何方根本不是什么工程师，而是个在街上拉客的"摩的"司机。一辆二手破"铃木"，一个头盔，就是他的全部家当。"李庆"这个名字是他冒用的。何方应征的目的只有一个字：钱。在电视上看到青青的征婚启事时，他正处于穷困潦倒、走投无路的困境。

何方时年45岁，四川南充人，说起来还是青青的老乡，他在20世纪90年代拖家带口来锡，以蹬三轮车运输货物为生，但私下顺手牵羊偷鸡摸狗，作案累累。有一天，他对一辆高档摩托车下手时，被逮个正着。罪行大暴露，法院判刑12年，他被送往湖南劳改农场服刑。在服刑期间，其妻不辞而别，去向不明。何方出狱后，去广东惠州投奔"牢友"，先在建筑工地打工，后集资与人合伙办电子厂。他一无文化，二无经营理念，三无技术，工厂很快倒闭，欠下130余万元债务，天天债主盈门。惠州待不下去了，家乡更无颜回去，他再次来锡，躲避债主，做摩托载客生意糊口。

载客生意赚不了几个钱。妻子离开时，丢下一儿一女，现儿子进了初中，女儿刚上小学，开销不小。惠州带来的女友阿珍过不惯苦日子，天天吵着要回广东，可他连路费都拿不出。广东的一个债主追债来锡，占领他的租住地，扬言要不到钱就不走。孩子、女友、债主，把何方逼进了死胡同。

那天，何方在路口候客，好久没人叫车。大太阳晒得人发晕，他踱进路边一家超市"偷闲"。超市的电视里正在播放的一则征婚启事引起他的注意。有房肯定有钱,也许"谈恋爱"能弄来一笔钱,解解燃眉之急。

主意既定,何方急匆匆回家,找出当厂长时的行头。他在公安局有案底,用真实姓名肯定不行,于是他决定冒用"李庆"的姓名。李庆是他在惠州时的一个熟人,他现在用的驾驶证姓名也是李庆。他偷梁换柱,把自己的照片贴到了李庆的驾驶证上。他还到街头找人制作了"李庆"的身份证和中山大学本科毕业文凭。

一切就绪。何方披挂上阵,按征婚启事上留的手机号给青青发去试探短信。一天、二天、三天过去,没有等到回音,他以为事情黄了。七夕节上午,对方突然回短信,约其晚上见面。何方按捺不住心中的狂喜,假装矜持,称正在上班,事务繁忙,要安排一下。不一会儿,他回电称已安排妥。双方约定晚6点在长江路一售楼处门口会面。

太阳西沉,街灯初上。何方头发溜顺,皮鞋锃亮,手捧12朵大红玫瑰,准时出现在约会地点。哦,他现在的身份是"李庆"。12朵玫瑰寓意"我对你的爱与日俱增"。青青何曾见过这样的浪漫,顿时激动满满。眼前的这个男人个子虽不高,皮肤黝黑,容貌显老,但打扮得体,举止浪漫,是她心仪的。

"李庆"伸手招来一辆出租车,两人来到市中心一家环境优雅的咖啡馆,一人点了一杯卡布奇诺。灯光昏暗,朦朦胧胧,平添几分神秘。

"李庆"一口广东普通话,侃侃而谈。他信口拈来,说自己毕业于中山大学,家中世代经商,现住在广东惠州有名的叠翠山庄别墅区。他大学毕业应聘到无锡一家电子公司,是公司的技术工程师,年薪20余万元。家中兄弟姐妹跟父亲做房地产,实力雄厚,生意很大。至于为何至今未婚,他的说辞是事业第一,婚姻第二。听了"李庆"的介绍,青青不免自惭形秽,但她还是把自己的情况和盘托出。对青青早年的经历,"李庆"深表同情,满脸怜爱,并对青青自强自立的性格大加赞赏,大有相见恨晚之感。

两人咖啡馆畅谈至深夜。"李庆"体贴地打的把青青送到住地楼下。

第二天,"李庆"连续不断给青青发来情意绵绵的短信。夜晚,两人迫不及待再次见面,流连蠡湖边喁喁私语,难舍难分。第三次约会,两人自然而然粘到一起。"李庆"吃住到青青家,双进双出,俨然一对夫妻。

人说恋爱中的女人最愚蠢,分不清东南西北,青青也不能免俗。她满脸幸福,脚步轻快,自以为找到可以托付终身的伴侣。倒是她的表哥还有闺蜜提醒,条件这么好的工程师,怎么就让她轻易碰上,此事蹊跷,还是查查底细为上。话语里绝没有哪怕一点点嫉妒,有的只是关心、担心。

"庆哥,我没上过大学,大学文凭长什么样,能让我瞧瞧吗?"一天,亲热过后,青青"撒娇"。

"行啊。""李庆"毫不犹豫地从随身公文包中取出硬派司和身份证。毕业证书上,"中山大学"的印章鲜艳夺目,身份证照片也千真万确是眼前人。青青暗暗庆幸。

青青这边是情深深意切切,何方那厢却急得火上房。广东的债主一天比一天逼得紧,阿珍天天嚷着"这样的日子无法过",坚决要回广东。怎样才能把青青的钱骗到手,他在等待时机。

"庆哥,我们结婚吧。我手头有点钱,去市区买套大些的二手房。"相处半个多月,青青主动求婚。她太想有个家了。

"好呀,是该结婚了。钱我有,我广州还有两处房产呢,一定要买套高档房,不能让我的新娘受委屈。""李庆"紧紧搂住青青,在她耳边说了这番话。青青心花怒放。

一连几天,青青与"李庆"兴致勃勃四处看房,跑了十几个楼盘,看中一套跃层式,房主开价235万元。"就是它了。""李庆"拍板。

"宝贝,我们可以把中介甩了,直接与房主面谈,省掉一笔中介费。""李庆"如是说。有道理,青青连连点头。

何方说服阿珍冒充房主,化名"万梅婷",香港人,编出要在香港买房,急需资金的说辞。

"李庆"全权委托青青办理买房事宜。青青与"万梅婷"洽谈五六次后,签下一纸房屋买卖协议。230万元成交,先付150万元,办好过户再付余款,手续费1万元由买主支付。

"李庆"让青青在协议书上签字,他称自己的身份证寄回广东办二代证了。

青青签了字,今后这房产就是她的了,她满心喜欢。当"李庆"告诉她150万元购房款已汇"万梅婷"账户,还差1万元手续费。青青二话没说,去银行提了1万元。这1万元被何方用来暂时稳住广东债主。

150万元汇了,1万元手续费也交了,青青天天催着看房子。"李庆"称"万梅婷"有急事回了香港,钥匙未交。这理由说得过去,青青没怀疑。又有朋友提醒她,是不是该去广东探个虚实。于是,她向"李庆"提出去广东拜见公婆,会会小姑子。"好啊,我也正想邀你去广东呢。""李庆"说到广东办结婚登记,拍婚纱照。他当着青青的面预定了2张无锡飞深圳的机票。

深航派服务人员将机票送到青青家,票价2960元。青青付了款。青青拉着"李庆"去商场,给他买了西装、皮鞋、衬衣等一大堆,自己也从头买到脚,还去理发店做了发型。购物时,她将银行卡给了"李庆",告知密码,让他到柜台刷卡。他顺手装进口袋。

戏演到此接近尾声,何方要与青青"拜拜"了。大包小包拎回家,青青在厨房准备午饭,何方忙着消除有关他的痕迹。他取出青青手机里的SIM卡,删除了有关他的全部照片,把自己的物品装进拎袋,换上新买的西装、皮鞋。

饭毕,何方以去公司上班为由离开青青家。一出门,他先关手机,然后直奔银行ATM机,将卡上4.66万元分两次取现。接着到售票处退了机票,得款2600元,作为阿珍回广东的路费。阿珍自知无锡不能留了,立马乘车走了。

一切的一切,青青都毫无察觉。晚饭时分,"李庆"没回来,她用手机打电话,惊诧地发现卡没了,储存的照片消失了。"啥子事?"她忙用座机拨打"李庆"手机,关机。再一看,茶杯、毛巾、内衣,"李庆"的物品全消失了,她的银行卡也同时失踪。

"李庆果真是骗子?"青青惊出一身冷汗,跑到银行一查,卡上只剩10元钱。

征婚遇骗,人财两失,何等难堪。泪水咽进肚里,青青没有马上报案,她想找"李庆"私了此事。一连五六天,她发疯般找寻,一无所获。无奈,只得报案。

何方自以为这出骗局天衣无缝,了无痕迹,每天照常做他的载客生意。一天,收工回租住地,警察等在门口,他才知天下没有免费的午餐。

"工程师"竟然是个"摩的"司机,真相大白,青青羞愧难当,不禁掩面痛哭。轻信的代价如此惨重。

> **防骗贴士**
>
> 每个人都有追求幸福的权利,青青也是如此。然而,在追求幸福的过程中,当你面对一个身世背景不清的陌生人时,一定要保持应有的距离和戒心。特别是涉及"钱"时,一定要慎之又慎。

单位要建个训练场
——"军分区处长"工程送上门

"叔叔,你在哪儿呢?有个土木工程,军分区要建一个训练场,你赶快找后勤处的王处长,联系电话是……"2016年6月2日上午10点多,接到电话时,姜正陪着妻子秦兰在医院做各种检查。来电者是姜正的侄女姜珊珊,某银行无锡分行一家支行副行长。

姜正夫妻经营一家土木建筑公司。他主外,跑项目,抓业务进度、质量;秦兰管财务出纳。前几年搞大开发,业务非常红火,不愁没工程做。这几年,业务量骤降,成天忙着找米下锅。侄女说有工程做,夫妻俩高兴极了,未来及做完检查便匆匆返回公司。

珊珊是搞银行业务的,怎么会与土木工程挂上钩?此事说来有点离奇。6月1日上午,银行刚开门,珊珊的同事钱霞就接到一个电话。对方是个男子,讲普通话,自称是军分区后勤处处长,姓王。王处长一开口就要办200张公务卡,说是单位人手一张。一早接这么大一单,钱霞高兴地约其当面洽谈。王处答应6月2日下午2点到银行面谈。

"我刚从外地调来无锡,不熟悉人头。单位要搞一个两千平米的训练场工程,冒昧问一句,你认识做工程的吗?"谈完银行卡的事,王处长无意扯起另一件事。

"我们有个行长的叔叔是做工程的,我可以帮你牵牵线。"钱霞工作上是珊珊的下属,生活中是闺蜜。搁下电话,她当即将两件喜事一并报告珊珊。第二天上午,珊珊将军分区要建训练场的事电告叔叔姜正。

回到公司,姜正立马拨打王处长的手机。姜正介绍了公司的资质、规模等情况。王处长也在电话里介绍了自己的情况。寒暄过后,切入主题。王处长说军分区要建设一个两千平米的训练场地,他详细介绍了工程情况和建设要求,让姜正核算一下,报个价给他。

姜正找来公司工程师,核算出大致价格,电话里报给王处长。王处长称这个价格要报政委审批,随后回复。大约半个小时,回复来了。王处长说政委同意这个价格,他让姜正下午4点钟到军分区后勤处找他,带好公司的相关资质材料和身份证,签订工程合同。

一桩上百万元的工程就这样轻而易举谈成,姜正以为遇见福星,中午专门带公司一干人到饭店聚餐以示庆祝。中午12点半,王处长来电:"姜总,不好意思,大中午打扰你。这个周末,南京军区领导要到无锡军分区考察考核。2015年原本计划购100张军用床,少购了40张。我正忙接待的事,你能否帮帮我的忙,联系相关厂家办妥这件事。"王处长短信发来"北京恒光不锈钢制品公司"的地址和陈姓经理的电话,随后发来军用床的规格、材质。

"军分区要买床怎么让我联系?王处长忙,他不能安排下属做吗?"姜正虽有疑问,但想到有工程要做,把心里的问号压了下去。他联系了北京那家公司,了解到每张床最低价1900元,40张共计76000元。姜正把价格告知王处长。王处长让其先垫着,下午4点钟签合同时写进合同,与工程款一并支付。姜正同意了。

姜正向北京公司要来账号,让秦兰到银行汇出76000元。对方很快回复:"钱收到,马上发货。"

"姜总,我真是忙昏头了,床买了,忘了买床垫,麻烦再帮买100张床垫。"

下午 1 点 30 分,王处长来电,很着急的样子。北京那家公司有配套床垫,每张 830 元。秦兰又汇出 83000 元。

下午 3 点半,姜正收拾东西准备前往军分区后勤处签合同,尚未出公司,手机响起,还是王处长。"姜总,十万火急!武警部队领导打电话给我,说他们缺 20 张床、40 张床垫,你再帮帮忙吧。"

"阿兰,你再辛苦一趟,去银行汇 71200 元,还是那个账户。"与北京公司确认有货后,姜正吩咐秦兰。

"怎么还没完了?公司账上没钱了,你问问珊珊,怎么回事?"秦兰有点怀疑。

听秦兰这么说,姜正也没了底,连忙打电话给侄女。珊珊说:"叔叔,正要给你打电话呢,'王处长'是骗子,军分区没这个人。"原来,银行准备了茶水、水果,恭候大客户上门办卡,从下午 2 点半等到 3 点,也没见着个人影。打电话到无锡军分区一问,人家后勤处长压根不姓"王",也不是刚从外地调来的。

"叔叔,我把你害惨了。"听说叔叔公司前后汇出 15.9 万元,珊珊自责不已。姜正叹了口气,没说什么,毕竟珊珊也是好心啊。

姜正向警方报了案。

骗子十分狡猾,仅留下 2 个手机号码。"王处长"使用的是无锡号码,落地为河南漯河,另一个是北京号码。资金的流向指向河南周口市商水县。

警方汇总分析大数据,一个叫常怀民的嫌疑人凸现。常怀民,50 岁,河南驻马店市上蔡县崇礼乡人,无业人员。上蔡是假冒军人诈骗的高发地区,其所属乡镇街道村巷,到处悬挂张贴着打击诈骗犯罪的宣传标语,但仍有人以身试法。常怀民很快到案,但他只是个受雇于诈骗团伙的取钱"马仔"。

警方经过大量工作,追回全部赃款,发还姜正。

防骗贴士

姜正也太大意了,自始至终,他都没有见着"王处长",便相信对方说辞,轻易把巨款汇了出去。事后,他反思,一是自家亲侄女介绍的工程,

身份骗局 | 247

没想到要追根问底;二是对军人天生有一种信任感。事实上,冒充军人诈骗的案例屡见不鲜。公司、商家接到"军人"来电做工程或订货之类电话,一定要提高警惕,多问多打听。事前向相关单位确认,核实对方电话和身份,即使是熟人亲友介绍,也不要轻信。对于以种种因素要求垫资或要求先汇款再签合同等等,一定要谨慎。如今做工程都是要招标的,电话里就能"拿下"的大工程,肯定是假的。

拆迁办科长是我兄弟

——中介骗中介,专吃窝边草

随着房地产不断升温,伴随其生存的房产中介也是"高烧不退"。偌大一个无锡城,房产中介少说上千家。曾经,一个叫乔广的人在中介行业名气不小,他一口气开了4家分公司,生意一度红红火火、财源滚滚。

40岁的柳亚,是乔广的生意伙伴,她从乔广手里先后买了好几套廉价房,总价196万元。突然有一天乔广不见了,如一滴水在太阳下蒸发,4家中介分公司也一夜之间全部关门歇业。那么多钱投进去,柳亚的着急可以想象。她坐卧不安,昼夜奔忙,满世界打探消息,却一无所获。走投无路之际,她只得向警方求助。与柳亚一样急得像热锅上的蚂蚁的,还有邵芹等5名房屋中介人或炒房者,他们也是投了钱从乔广手中拿房,结果,房子没拿到,钱没了。此案涉案金额总计500余万元。

柳亚怎么也没想到乔广会骗她。他俩年岁差不多,从小在一个村巷上长大,一起上学,一起玩泥巴、捉迷藏。乔广打小就油滑,做事有些假大空。柳亚是出了名的心雄胆壮,有股子闯劲,不像个姑娘家。她与乔广之间的关系,也就是发小、村邻而已,成年后如两条平行线,各干各的事,本没有太多交集。

时光匆匆,几十年过去,这对发小殊途同归,都做起了房产咨询中介。一块土地上的事,同行信息相通。一次,柳亚与小姐妹茶聚,聊到乔广。有知情者说:"乔广现在生意做大了,傍上靠山,某区拆迁办的科长是他铁哥们,能拿到廉价房。"还有人证实从他手里买过一套低价房。说者无意,听者有心。柳亚记下乔广新的手机号码。她的公司刚刚起步,急需房源,特别是廉价房。她想先走低端路线,待做大,再逐步往高端走。

柳亚主动到乔广公司拜访。乔广的总公司设在南站地区,门面装潢颇气派。发小上门,乔广热情有加,倒茶让座,毫无保留地大侃生意经。当柳亚提出在生意上帮衬时,乔广更是拍着胸脯保证:"没问题,有钱大家赚。"

没多久,柳亚接到乔广电话,说有一套房子出售,价格十分优惠,是某区拆迁办的,如果拿下来,包赚不亏。柳亚兴冲冲赶去看房子。

房子位于锡澄路旁的一个成熟小区,65平米,房型合理,交通亦便利。乔广一边陪着柳亚看房,一边拨通拆迁办浦小斌科长的电话,递给柳亚。浦科长在电话中证实房子确是拆迁办所有,是安置房。他让柳亚与乔经理好好谈谈价钱。柳亚深信不疑,当下与乔广以22万元成交。两个人都很爽快,柳亚一次性付清房款,乔广马上拿来房产证、土地证等一应手续和钥匙,承诺在半个月内办好过户。

两三天后,乔广来到柳亚公司,称浦科长说那套房子有拆迁户要,由他帮忙处理,以26万元抛出。短短几天净赚4万元,柳亚忙不迭答应,把房子的手续和钥匙交还乔广。

"妹子,我的钱存在拆迁办账户上,最近手头有点紧,能否借我4万元?"乔广羞答答开口。

"行,没事。"柳亚特爽快,打开抽屉拿出4沓百元大钞递给乔广。连同22万元房款,乔广留下一张30万元的欠条。事情过去一段时间,乔广一直没还钱,柳亚也没太在意,因为她听乔广说有几百万元资金存在拆迁办账上。而且,乔广做这行好几年了,还愁他跑掉不成。

"妹子,生意咋样,给你送货上门啦。"一天,柳亚正在公司接待客户,乔广突然大驾光临,同行的是一个40岁出头的中年男子,中等身材,皮肤黝黑,穿着虽不俗,但透着土气。乔广介绍:"这就是浦科长。"

"塔影新村有套小户型房子,25万元,要不要?"乔广果真是来"送钱"的。

"要,当然要!"柳亚全款付清25万元房款,乔广给了她房产证、土地证。至于房东的证件、委托书、钥匙,乔广说要过几天才能送来。

接下来半个多月里,乔广与浦科长隔三岔五到柳亚公司兜售"拆迁办"的低价房。柳亚自以为找到生财之道,不问就里,照单全收。不到20天时间,她居然收购了7套廉价房,房款总计196万元,便宜得惊人。这些房子都是小户型,有40多平米的,大的也不过70多平米,好出手,买家大多是外来户。按每套两三万元利润估算,可净赚20来万元。可当费尽口舌,好不容易把房子转手卖出,领着买主到产监处过户时,柳亚傻眼了。乔广骗了她。

就说以25万元与乔广成交的塔影新村那套房子,很快就有买主看中,收到乔广送来的房东的证件、委托书后,她立马到产监处办理过户手续。"这套房子不能过户。"窗口工作人员的答复犹如大冬天一盆冰水,把柳亚浇个透心凉。

仔细一了解,事情不妙。原来,塔影新村那套房子是乔广以30万元的价格向房主买下的,当时只付给房主1.1万元定金。房主交出房产证、土地证和委托书等手续,其余的钱一直未拿到。多次催讨无果,房主来到产监部门发狠劲:"谁过户谁负责谁赔钱!"

因为无法办理过户,柳亚与房主协商,能否把1.1万元定金给她,她把房产证等还给他,房主不肯。这边"下家"又早已付清房款,急等要房。柳亚成了冤大头,只得以30万元价格再次把此房买下,才办成过户。

其余的6套房子,不是办不成过户,就是乔广称有人要了,把手续要回去了。柳亚没想到发小给她设了这么大一个套。竹篮打水一场空,196万元巨款付之东流。她无心经营公司,天天上门找乔广讨要钱款,没想到他居然玩失踪。

那个同病相怜的邵芹,损失也十分惨重。她早就认识乔广,有过无数次合作,从未出过差错。这次也着了道,买下4套房子,付款96万元,过户时碰到和柳亚同样的"后遗症"。穷追猛讨,仅追回27万元。

在乔广经营的"洋洋房屋中介公司",民警看到的是这样一幅景象:大门紧闭,屋内桌椅歪斜,废纸满地。4家分公司情况大同小异,公司账户余额为零。乔广户籍所在地房产早已变卖,所得款项被受骗者瓜分。另一处房产住着其妻儿,乔妻向前去调查的民警出示了离婚协议和房产证。离婚协议的签署日期表明,这对夫妻是在骗局暴露后离婚的,乔广净身出户,家中所有财产和儿子归妻子,房产证户主是乔妻。乔的前妻说,自从离婚,再未见过乔广。

警方仔细梳理案情,逐一走访被骗人,大致理出乔广的诈骗路径。

乔广的诈骗手法是以支付1万至2万元不等的定金的方式,从其他中介公司获得房源,谎称是从拆迁办获得的廉价房,高进低出,以比市场价低20%至30%的价格吸引"下家",套取购房现款。这些房子相继卖给柳亚、邵芹等6人。有的房子竟反复卖了4次。当柳亚等人发觉受骗,上门追讨被骗资金时,诈骗所得已被其挥霍。面对受骗者的围追堵截,乔广穷途末路,一逃了之。

民警到乔广可能涉足的场所寻踪觅迹,并在网上向全国发布通缉。其行踪被锁定在重庆。办案民警最终在重庆市沙坪坝区一个小旅馆抓获乔广。此时的乔广早无老板风采,衣衫皱巴巴,长发乱糟糟,落魄潦倒。原来,他藏身情人家,花光身上所有钱财后,情人把他逐出家门。无锡不敢回,他只得蛰居小旅馆,吃方便面度日。当其落网时,口袋里仅剩30元钱。

乔广的同伙陈立兴,也就是那个所谓拆迁办的"浦科长"很快也被抓获归案。随着查案的深入,乔广一手导演的房屋买卖骗局真相大白。

乔广颇有生意头脑,早年经营鸭血粉丝汤等大众小吃,掘得第一桶金。此后,他赋闲在家,坐吃老本,迷上彩票,可屡买屡不中。眼看房地产市场风起云涌,他瞄准时机,注册成立"洋洋房屋中介公司",生意出乎意料的红火。他一气开了4家分公司。起初乔广还算得上是中规中矩的经纪人,随着房产中介竞争日趋白热化,钱不那么好赚了。为扩大、抢占市场,乔广想多开几家分公司,窘于没有资金,他就动了骗的念头。

制造"馅饼",给"下家"甜头,这是乔广的第一步计谋。他从其他中介公司高价购进房子,对外称是拆迁公司的,以低价抛出。连续卖了几套,逐步在圈内造出名气。慢慢地,不少炒房人知道他有低价房,与他合作有钱赚。

制造背景,适时推出"拆迁办科长"。这是乔广设骗的第二步。在这场骗局中,陈立兴是个重要人物,也就是人们通常所说的"媒子""托儿"。他冒充某区拆迁办浦小斌科长。区拆迁办确有个浦科长,但他对这一骗局毫不知情,也无任何关联。陈立兴就是一个农民,与乔广沾亲带故。陈立兴闲来无事去"洋洋房屋中介公司"玩,乔广正为设骗局少帮手伤脑筋,见到陈立兴,眼前一亮。他吹嘘自己投资300万元,开了10家分公司,买了汽车,还有专职司机。然后,托出诈骗计划。他要陈立兴冒充浦科长,并谎称"洋洋房屋中介公司"有几百万元资金在拆迁办账上,得手后好处均分,陈立兴默许了。

为了隆重推出浦科长,乔广在市中心一家大酒店设宴,请来七八个熟识的做中介的老板,其中就有柳亚等人。席间,两人大唱双簧。乔广热情敬酒敬烟,一口一个"浦科长",叫得好不亲热。陈立兴顺杆子爬,俨然科长派头,对乔广大包大揽,称要房子就找他。柳亚等人也曾专门打听过,某区拆迁办确有"浦小斌"其人。于是,这些精明的生意人相继跌进陷阱。

信任度有了,背景靠山有了,乔广、陈立兴沆瀣一气,疯狂实施诈骗犯罪活动。大把大把钞票哗哗流进公司,乔广笑得合不拢嘴,养情妇、购奢侈品,极尽挥霍。购彩票的爱好也得到充分满足,在彩票上,他扔了近百万元。很快,他就笑不起来了。"下家"买了房要过户,而房主不拿到全部房款是不会轻易交出房子的。他拆东墙补西墙,更频繁地买进卖出,骗了这家安抚那家。后来,实在骗不下去了,塔影苑家中几乎天天讨钱人盈门。窟窿越来越大,最后堵不上了,乔广就来了个金蝉脱壳。

> **防骗贴士**
>
> 　　此案受骗的都是做中介或炒房的,真正的房屋所有人没有受到损害。按规定,过户手续必须房主到场,非法交易最后都卡在过户手续上。柳亚等人之所以上当受骗,一是赚钱心切,况且是熟人生意,急于求成,不辨真伪;二是自身违规操作。因此,"'馅饼'后面常常是'陷阱'",无论熟人、生人,但凡遇到无缘无故给你送好处的,还是要多问几个"为什么"。

案例 62

求职先交 1 万押金
——女赌棍"聘"了 26 个司机

齐远的家在离无锡 800 里外的灌云,虽同属一个省,两地的经济情况却千差万别。如今种田成本高,家里三四亩地只够妻儿、父母口粮,生活过得窘迫。眼瞅着村里的青壮年,不论男女都外出打工挣钱,齐远心思也活了。他文化不高,除了田里是个好把式,其他没什么本事。齐远考虑再三,学个驾驶技能,也许工作好找些。

驾驶证到手,齐远一人来锡闯荡,妻子要照顾老人、孩子,在家留守。乍到无锡,齐远两眼一抹黑。晚上,他挤在老乡住宿的建筑工棚里,白天到处晃荡找机会。一晃十几天过去,毫无收获。就在他极度失望之际,报纸上一则招聘广告吸引了他:有人招聘出租车夜班驾驶员。他喜出望外,前去应聘。

车主是个中年女子,叫汪燕,面容姣好,身材苗条,很有气质,不像一般的女司机。汪燕与齐远约定,她开白班,齐远开晚班。傍晚 5 点接车,早上 7 点交车,月工资 5000 元。齐远欣然应允,暗叹运气好,找了份风吹不到、雨淋不着的活,唯一不足是黑白颠倒。不过只要有钱赚,管它呢。两人的合作尚愉快,汪燕对齐远的营运收入比较满意,每月都能如数付工资,有时还会给点奖金。

时代变化太快,从门户网站到电子商务的崛起,不过 5 年;从智能手机普及到微商遍地,不过 1 年。一夜之间,滴滴、神州专车铺天盖地而来,加之地铁的兴建,人们出行有了更多选择。出租车生意越来越不好做,客人越来越难觅,汪燕的脸色越来越不好看。齐远识趣,主动辞了职,经老乡介绍到一家浴室打工,晚上住宿浴室,省了租房钱。

一天下午 3 点多,浴室生意空档,齐远坐在大堂里发呆,老东家汪燕找来了。虽然车不开了,两人偶尔还有联系。

"汪姐,你怎么来了?"齐远忙起身迎客。

身份骗局 | 253

"阿远,快帮帮忙,借我5万元,我有急用。"一见面,汪燕狮子大开口。

"5万元?"齐远面露难色。对他来说,这不是一笔小数目,开出租车挣的钱都汇回家了。再说,他知道汪燕好赌,钱出手怕是有去无回。他婉拒:"大姐,你是知道的,我哪儿有这么多钱啊?"

"怎么,怕我不还啊?喏,这辆新车抵给你!"汪燕指着浴室门口的"帕萨特"说,并从随身拎包中掏出行驶证等车辆资料。齐远一看,手续齐全,车主正是汪燕。

齐远暗忖,这辆车少说也值10万元,自己不会吃亏。万一汪燕还不出钱,车就是他的了。他一下决心:"好!"

双方签订了书面协议:汪燕借齐远现金5.75万元,1个月期限。"帕萨特"轿车一辆做抵押。齐远手头没多少钱,他打电话找了好几个老乡,凑满5万元交给汪燕,其余7500元是利息。协议一式两份,双方各执一份。收了钱,汪燕留下车,飘然而去。

齐远跻身"有车一族",感觉不要太爽。他当即开车去太湖边兜风,还不忘去老乡那儿炫耀:"要用车找我。"

世事难料,刚潇洒一天,第二天傍晚,麻烦就来了。七八个男子找到浴室,齐远定睛一看,都是以前开出租车时的同伴,常常一起候客,一起夜宵,他们与汪燕也熟。现在,他们都称自己是汪燕聘用的驾驶员,今天上午汪燕突然消失,他们要把车开走。

"她借了我5万元钱,我与汪燕可是有抵押协议的,不信你们看。"齐远掏出那纸协议。

"我们不管,她骗了我们的钱,必须拿这车赔。"对方不买账,一场混乱不可避免。这一吵吵来了"110",双方被带到派出所。看着眼前一张张愤怒的面孔,齐远冷静下来想:"汪燕为什么聘这么多司机,不会在骗人钱吧,难道我也被骗了?"他大脑嗡地一下,顿时冷汗涔涔。

同天晚上,另有6个男子到派出所报案,说是被一个叫"汪燕"的女人骗了,清一色是汪燕聘请的司机,手里都持有与汪燕签订的聘用合同。

报案者黄旭称,他原是出租车司机,与汪燕相识好几年。一天,好久不见的汪燕电话联系他,说不开出租车了,开了家公司,正招聘司机,用不着每天上班,随喊随到就行,月薪3000元。黄旭一听,工作轻松,工资虽低,但自由度大,还可抽空开开出租车。他当即提出去公司签合同,汪燕让他去家里。黄旭匆匆赶去。汪燕拿出一纸打印好的聘用合同,甲乙双方分别签字。根据合同条款,黄旭交了1万元押金。合同签好,汪燕说了句:"还是找熟人好。"

接下来1个月时间里,黄旭仅出过两次车,开的就是那辆"帕萨特",领到1500元工资。其间,汪燕说与人合伙开厂要请客,向他借款1万元。因一直没有出车任务,黄旭心里发慌,多次打电话给"汪总",汪燕总是拿话搪塞。

毫无征兆地,汪燕关机了。黄旭到其住处查看究竟,大门紧闭,楼道里聚集着好几个同伴,都说是交了押金帮汪燕开车的。情况一说开,大家感觉被骗了,便集体到派出所报案。

根据报案者提供的住址,民警前去调查。防盗门紧锁,敲门半天无人应答,倒把邻居敲出来了。邻居说,这女的是租的房,时常不见人影,这几天前来找她的人络绎不绝。

随后几天,又有人陆陆续续到派出所报案,都是被汪燕骗的,前后竟有26人。报案人有一个共同特点,都有驾驶技能,当过出租车司机,与汪燕熟识,都是接到汪燕电话后应聘公司驾驶员,交了5000元、8000元或10000元不等的押金。有的出过一两次车,有的连车的影子都没见到,所谓的每月3000元工资更是分文未得。26名司机总共被骗押金21万元。

民警设法进入汪燕租住地。室内杂物满地,灰尘遍布。汪燕系无锡人,夫妻离异,儿子随父。在她户籍地的老房子里,住着她年迈的父母,他们已好久没见到女儿了。

警方网上通缉,全国撒网。一个月后,汪燕在南通一个城中村落网。

"那些人都是我朋友,钱我会还的。"眼前的汪燕一袭长裙,时髦摩登,能说会道。后来得知,她曾经是演员。

"你拿什么还?什么时候还?"民警一句话就堵住她的嘴。沉默良久,她叹道:"都是赌博害了我。"

汪燕从小漂亮大方,能歌善舞,就是心太野,读不进去书,初中未毕业进了市里一个剧团,专演古装戏里的佳人。24岁那年,她结婚成家,不久有了儿子。随着电视、网络的普及,传统戏越来越走下坡路,她离开舞台成了自由人。因为性格不合,夫妻大吵三六九,小吵天天有,原有的一点感情在家庭烽烟中消失殆尽。儿子7岁那年,婚姻走到尽头,家庭财产各半,儿子归了丈夫。

为谋生,曾经在舞台上风光无限的汪燕只得开出租车,地位的落差以及单身的寂寞,使她沾上赌博恶习,从"小来来"到成千上万。生意两天打鱼,三天晒网。婚姻无缘,赌运也不佳,汪燕不久便输光积蓄。因为心情不好,开车走神,她连出两起交通事故,赔了3万多元,真是雪上加霜。

凡是赌徒都有翻本心理,输得越多,翻本心理愈强,结果是越陷越深。汪燕也未能例外。她转让了出租车,整天泡在赌台上,输了钱就到处借,亲戚、朋友、老同事处借遍,父母的养老钱也被败光。最后,人人唯恐避之不及。天天债主催债、房东催租,日子过不下去了。汪燕在出租屋闷了七八天,想出一条"锦囊妙计"。

汪燕找到前夫,说要贷款买辆轿车做"黑车"生意,给儿子挣教育基金,夫妻担保首付金额和利息可低些。她又提出复婚,前夫听听有道理,一起去办了复婚手续。想方设法凑齐首付,向银行贷款14万元,一辆崭新的"帕萨特"开回来了。

接着,汪燕以开公司招聘司机为名,连续不断向开出租车时认识的"的哥""的姐"抛出诱饵,一时应聘者众多,在1个多月时间里,她居然与26人签订聘用合同,骗得押金21万元。这些钱,除了用于还赌债、还贷款,就是上赌台,很快花光。

那26名司机签了合同,交了押金,却无班可上,无工资可拿,能不着急吗?骗局拆穿是早晚的事。汪燕不敢再回租住地,她找到齐远用"帕萨特"抵得5万元现金,逃离无锡。其归案时,口袋里只剩下500多元。

汪燕不仅坑了26名司机和齐远,还坑了她的丈夫。赌博真是害死人啊!

防骗贴士

现代社会竞争激烈,特别是随着时代的变迁和驾驶技能的普及,很

> 多持有驾驶证的人一时找不到工作,便盲目求职。这样做常常后果难料,甚至会造成财产损失。求职者应该到正规中介所寻找适合自己的工作。面对个体招聘,一定要擦亮眼睛,尤其要警惕先交押金才能入职的陷阱。如到公司应聘,也要事先做足功课,了解公司实际情况,切莫被熟人蒙了双眼。

案例 63

"忘年交"免费帮忙理财

——三年骗走48万

这对"忘年交"其中一个主角叫周巧云,已退休五六年。退休前,她是无锡一家事业单位的会计,收入稳定,每月退休工资有5000多元。另一个主角叫徐英英,比周会计小20岁。徐英英是周会计供职的事业单位下属一家娱乐场所的售票员,一张嘴巴能说会道,涂了蜜似的。她见到周巧云就阿姨长、阿姨短的,殷勤备至,时不时送条小丝巾、护手霜之类的小礼品,颇讨周会计欢心。年龄不是距离,情义才是无价,两人很快结成忘年交。

时光荏苒,白驹过隙。转眼间,周会计退休了。她的退休生活很充实,做家务,带孙子,跳广场舞,参加合唱队,还经常出去游览祖国大好河山。身体健康,家庭和睦,经济稳定,天伦之乐,夫复何求。她对生活现状非常满意。

退休后,除非参加老同志活动,周会计很少去单位,与徐英英的联系也日渐稀疏,从每周通个电话到后来十天半月联系一次,最后慢慢地就断了联系。

"周阿姨,好久不见,身体好吗?"端午节早晨,周会计去菜场,鸡鸭肉虾、蔬菜水果,拎了两大包。突然听到一个熟悉的声音,回头一看,"英英",她喜出望外,连忙停住脚步。

"英英,你穿这么漂亮,在哪儿发财啊?"周会计早听同事讲英英辞职了。眼前的英英光鲜、时尚,看上去过得很滋润。

"我哪儿也没去,就在家炒炒股票,两年赚了三四百万,现在手头有上千万资金。"徐英英财大气粗,春风得意。

"真是发财啦,你哪来这么多钱呀?"周会计既羡慕又有点疑惑。

"在××证券公司开的户,我是大户,有固定操盘手服务,包赚不赔,不少朋友委托我炒的。你如果有兴趣,我也可以代劳。别人那儿我收点提成,我们是多年的同事、朋友,就免啦。"

"这倒是一条生财之道,钱存在银行利息太低了。我考虑考虑给回音吧。"周会计有些心动。

"没关系,什么时候想好了就打我电话,这是我的新手机号码。"徐英英帮周会计拎着菜,送到小区门口,留下联系电话。

晚饭,全家团聚庆端午。饭桌上,周会计说了自己的想法,欲把存款取出一部分,委托徐英英去炒股,借鸡生蛋,小赚一笔。未料,遭到家人一致反对。老伴说,家里不愁吃不愁穿的,股市有风险,潮起潮落的,不要去自寻烦恼。儿子说,现在股市正是低迷期,不要去蹚这水。儿媳则比较婉转:"妈,您钱不够,我们给。"面对家人的劝阻,周会计暂时收了心。

自从菜场偶遇,周会计几乎隔三岔五巧遇徐英英。每次,徐英英谈的都是股票,报告的都是好消息,又赚了多少多少,把周会计的心绪搅乱了。周会计对股票一窍不通,从未接触过股票,也不关心走势。其实,那段时间股票一直在跌,盘面上绿油油的。经不住徐英英一次次鼓吹,她想先投些试试。

星期一上午,老伴去公园下棋了,儿子、儿媳上班。周会计打电话把徐英英邀到家,交给她5万元现金,还有一张存有56000元的银行卡,委托她炒股。出于对徐英英的特别信任,她连收条都没让其打,还告知了银行卡密码。这一切,周会计全瞒着家人。

过了约摸1个月,徐英英给周会计来电:赚了1万多元,已转入本金。周会计喜滋滋的,心想,算是投对路了。以后,每隔半个月,徐英英就报次喜,"赚了5000元""又赚了4500元",没有一次是跌的。周会计备了本笔记本,把赚的钱一笔笔记录下来,年底一算账,居然赚了5万余元,50%的盈利。

春节快到了,周会计想让徐英英抛掉些股票,把盈利部分拿出来,给孙子、外孙发个大红包,欢欢喜喜过个年。徐英英一听,大呼小叫:"哎呀,你真是目光短浅,股市势头正旺,怎舍得抛?"周会计想也是,只得作罢。春节刚过,她又到银行取了8万元给徐英英投进股市。

随后一年,还是赚、赚、赚,徐英英每次都说转入了本金,周会计从未看到过账户,但她深信不疑。

股市行情说不好就不好。有一天,徐英英征求周会计意见,说是股市趋向低迷,转入熊市,房地产倒是见涨,要不要把股票抛掉去买房子。周会计一听,这是好事呀,连忙让徐英英把股票全部抛掉,投资买房。她不放心地问了一句:"钱够吗?"

"够,股票赚了不少,连本带利有八九十万了。我也买一套,我们楼上楼下做邻居,相互有个照应。在我心里,您就是我的母亲,我一定照顾好您和叔叔。"徐英英嘴那个甜啊,说得周会计好感动,不禁湿了眼眶。

不久,徐英英上门,兴奋地说房子买好了,在开源大桥旁边的西水东,环境一流,交通便利。周会计二楼,她三楼,都是97平米。周会计在电视上看过这个楼盘,知道这是个高档住宅区。"走,快看看去。"周会计当下拉着徐英英要去看新房子,没注意到徐英英脸上掠过尴尬、惊慌之色。

无奈,徐英英带着周会计来到开源大桥,指着一排排错落有致的高楼说,新房子就在那儿。"这房子真好,钥匙带了吗,我们进去看看。"

"好的。"徐英英掏裤兜、翻包包,半天也没找到钥匙。她对周会计一摊手:"钥匙忘家里了。"

周会计望房兴叹,悻悻地回去了。以后,她再三要求徐英英带她去看房,花那么多钱买房,见到实物才放心呐。见实在搪塞不过去了,徐英英说了"实话":"房子租出去了,房租一年两万,已与房客签订协议,如不租,要付违约金的。"

"未经我同意怎么能自说自话租出去,新房子自己还没住就租出去,肯定是不行的。"事情至此,周会计仍未想到徐英英在说谎话,坚决要其退租,哪怕付违约金。于是,徐英英要去周会计的身份证和户口簿,说是把自己三楼同等面积的那套房子过户到周会计名下。周会计提出一起去办手续,徐英英称她认识人,一个人就成,只是时间长些。

房子的事就这样掩饰过去。一天,好久不上门的徐英英又来找周会计,神秘兮兮地说有一笔钢材生意,利润很大,因自己手头资金紧张,问周会计能否一起投资,利润平分。有钱当然要赚,可几经折腾,周会计手头已没钱了。

"你儿媳妇不是有钱吗?"徐英英提醒。

"我试试吧。"

几天后,周会计拎着沉甸甸一大包钱交给徐英英,共25万元。这是她花几个晚上说服儿媳妇的战果。婆媳俩结成同盟,"偷偷赚钱,等利润到手再告知家人"。

这次,周会计一定要徐英英打收条,包括以前炒股的,共计43.6万元,写在一张纸上。徐英英起先不肯:"我们这么多年的交情,你还信不过我?"周会计一味坚持,这是儿媳关照的,不给收条不交钱。徐英英答应第二天给收条。

第二天,徐英英给了周会计一张电脑打印的收条,收款人是小徐,也是电脑打印出来的。周会计要其用钢笔把姓名、日期写全。徐英英莫名其妙发火:"疑人不用,用人不疑,难道你不信我?"财神不能得罪,周会计只得作罢。

徐英英拎走那25万元,过两个月说还缺5万元,周会计又把5万元国债兑现给了她。就这样,周会计先后给了徐英英48.6万元。所谓炒股赚的钱,西水东的房子,倒腾钢材的利润,连个子儿都没见到,始终是水中月、镜中花。

骗局总有露馅的那天。周会计的儿媳看中一套房子,急等钱付首付,催着婆婆找徐英英要钱。周会计来到徐家,看到的是一张极不耐烦的臭脸。徐英英说马上要去昆明做一笔大生意,回来后所有钱款结清。四五天后,徐英英从昆明来电,说已将25万元和房产证快递给她。电话中,徐英英还透露了一个惊人的消息:她患了白血病,还染上毒瘾,要留在昆明治疗,可能还要去国外治病,不要找她了。

周会计左等右等,望穿秋水,也未等来快递。寝食不安的她只得把坏消息告诉了老伴和儿子、儿媳。

"你呀,你呀,就是自作主张,这下全没了吧,还连累了儿子、儿媳。"老伴气恼地责怪。

"爸,别说了,妈已经很难过了,赶快报案吧。"儿子倒是明事理,事已至此,怪有何用。

徐英英手机关机,家中不见人影,其丈夫声称已离婚,徐英英的一切与他无关。民警寻踪2个多月,终于将徐英英抓获。

随着徐英英的落网,其编织的骗局昭然若揭。

端午节,周会计在菜场门口巧遇徐英英,别看身上光鲜,其实正是其最潦倒时。她的丈夫嗜赌,沉溺赌台无法自拔。为了让丈夫远离赌台,她辞了工作,先后几次搬家,避开赌友。几经搬迁,原本不厚的家底全部折腾光,还欠下不少债。夫妻俩没有正当工作,眼看就要揭不开锅了。就在这时,周会计救星般出现在她眼前。她熟知周会计精打细算、十分节俭,有些存款,顿时萌生骗钱念头。徐英英没想到钱这么好骗,"炒股赚大钱"的诱饵一抛出,周会计很快就咬钩。其实,她根本不懂股市,也从未炒过股。

以炒股为名骗得的18.6万元,不仅缓解了徐英英的困境,而且让她过上了潇洒日子。为了不让周会计起疑,她设计了购房骗局。随后,她又以投钢材为名,分两次骗得30万元。她自知骗局总有穿帮时。于是,她与丈夫协议离婚,自己跑到苏州租房藏匿,让周会计永远找不到。

当徐英英落网时,其诈骗所得仅剩4万余元。

防骗贴士

徐英英的骗技是低拙的,整个诈骗过程犹如天方夜谭,令人难以置信。当然,这种情况毕竟是少数,大多数老同事之间还是有真诚的友情的。不过,不得不提醒大家,对于那些曾经的熟人,不妨多长个心眼,毕竟这么久没有在一起了,物是人非,彼此的底细都不清楚。当对方贸然和你提钱的问题或忽悠你投资时,更要提高警惕,切莫因盲目信任而被利用,到头来落个竹篮打水一场空的结局。

进医院工作包在我身上
——闺蜜专门坑闺蜜

19岁的珍珍出生在江南普通农家,是父母的独生女儿。父亲在工厂上班,母亲是超市收银员,两人月收入加起来也就 4000 多元。珍珍是个普普通通的姑娘,长相一般,读书一般,初中毕业考进医药中专。珍珍父母对生活没有太高要求,只企望珍珍中专毕业后找一份稳定工作。

珍珍在学校完成理论课程学习,到一家冻干粉厂实习。4 个月后,她的同学王芳也来该厂实习。

王芳与珍珍同届不同班,在学校时两人只是面熟。在一个厂实习,两人越走越近。巧合的是,两人竟然是同年同月同日生,友情一下升级,很快成为闺蜜,整天形影不离。

王芳性格开朗,能说会道,跟人自来熟。她虽比珍珍晚来厂几个月,但很快便与厂里上上下下混熟。珍珍则比较腼腆,不善与人打交道,特别是见了领导,直往后缩。她对王芳的交际能力佩服得不得了。珍珍觉得像自己这么内向肯定找不到好工作,好在王芳对她许诺,找工作的事交给她。心中有了盼头,珍珍对王芳可谓言听计从。

再说王芳,从小生长在偏远农村的一个单亲家庭,母亲用微薄的收入把她和弟弟拉扯大,真不容易。她的弟弟正读高中。特殊的家庭环境培养了王芳自立、顽强的性格。家庭主角的缺位,父爱的缺失,让王芳的心灵遭受重大打击。她羡慕同学们都有爸爸的呵护,内心极度渴望父爱,因得不到而极度自卑,因而养成爱说谎、爱慕虚荣的坏习惯。

女孩子都爱美、爱打扮,特别是考进城里中专,周围同学一个比一个穿着时尚,出手大方。王芳自感寒酸、落伍,同学不屑的眼光如芒刺背。在城市的繁华喧嚣中,王芳心理失去平衡。她希望自己成为有钱人,想买什么就买什么。家中的窘境使她无法开口向母亲要钱,区区实习工资连日常开销都难应付,为此她十分苦恼。自从与珍珍交上朋友,珍珍的善良老实,对工作的渴求以及心理的不设防,对她来说,无不是机会。

王芳变着法儿对珍珍好,生活、工作关照得无微不至,珍珍感到无比"温暖",为有这样的"好姐妹"庆幸。有意无意间,王芳把珍珍的家庭情况摸得清清楚楚。王芳第一次开口借钱,是以母亲病了为由,借 300 元,承诺拿到实习工资就还。珍珍二话没说就借了,这是妈妈给的伙食费。珍珍的大方、爽快令王芳一喜,这正是她希望的。

一天，看似闲聊中，王芳抛出诱饵，称她有个表姐在市里一家医院工作，表姐的公公是这家医院的院长，很有权的。她的姑父是市区一家知名药店的经理，与她们实习的冻干粉厂的董事长是朋友。珍珍听呆了，脸上满满都是羡慕。王芳问珍珍，想不想留在冻干粉厂工作。"能留下来当然好！"珍珍想都未想，便说想留。王芳话锋一转，说冻干粉厂有什么好，活儿苦不说，挣钱还不多，不如到医院去，又干净又挣钱。"去医院当然最好，有这个可能吗？"现在医院太热门，人家读了本科都不一定能进去，遑论一个中专生。珍珍有些疑惑。

"有什么不可能的！当今社会，只要肯花钱，花点钱让我表姐通通路子，一定皆有可能。"王芳拍胸脯保证，不由珍珍不信。她当即恳求王芳一定要帮这个忙，钱的事她回家跟父母商量。

王芳撒了一个弥天大谎，她表姐、姑父倒是有，但都是在田里刨食的农民。珍珍求职心切，压根儿没仔细想想，王芳既然有这么好的门路，自己为什么不去医院上班？

珍珍回家一说这事，父母高兴极了。他们都是老实人，没想此事有什么蹊跷，见女儿交上这么有门路的朋友，高兴、庆幸都来不及。他们坚决支持女儿去医院。他们认为，为了稳定、体面的工作，花点钱是理所当然的。兴奋过后，冷静下来，珍珍的父母也有隐隐担心："一个中专生能进大医院，这样的好事居然让女儿碰上，这中间会不会有诈？"

珍珍婉转地对王芳讲了父母的担忧。没两天，王芳送来一份打印的担保书，内容是：珍珍如果在××医院工作期间发生差错，由其父母担保，承担相应的法律责任。担保书上赫然盖着市卫生局、市某医院两枚大红公章。握有这样一份担保书，珍珍和父母彻底放心。他们不知道，现在各单位招人都是公开透明的，需要经过报名筛选、理论考试、面试等环节，过五关、斩六将，才能入职。这份担保书和上面的公章都是王芳从制假者那里买来的。

有了一纸担保书，珍珍放了一百个心。冻干粉厂的实习快结束，厂方看中她踏实肯干，欲正式招聘她进厂。珍珍一心想进医院药房，主动放弃与冻干粉厂签订合同的机会。一眨眼，夏天到了。王芳对珍珍说：9月就能进医院，先要办健康证，手续费180元。珍珍如数付钱。王芳说先要去另一家药厂实习，然后才能进医院。到药厂实习要交保证金、服装费、押金……珍珍陆陆续续给了她15000元。

9月了,不仅进医院的事没影,进药厂实习的事也没说法。珍珍急了,天天盯着王芳追问。眼看骗局要露馅,王芳眼珠子一转,又编出一套谎言。她说,药厂生产的产品很昂贵,一旦损坏,是要赔的,一赔就是上万元,风险太大。工作也不轻松,一天忙到晚。珍珍关心已交的押金、保证金等费用怎么办。王芳安慰她,押金迟早会退,上岗证实习满一年就可办好,是可以转的。珍珍再次选择相信。王芳暗暗高兴,胆子变得更大。

为继续骗钱,王芳鼓动珍珍一起离开冻干粉厂,到一家保健品公司实习。她诓珍珍档案已经到医院,只要实习期间表现好就能上班。珍珍高兴极了。在保健品公司,珍珍手勤脚快,抢着干这干那,希望得到一个好的评价,顺利进入医院。

稳住珍珍后,王芳开始更疯狂地诈骗。她以各种各样千奇百怪的理由,频频向珍珍要钱。最频繁时,一个月要了六七次。

王芳骗珍珍,中专学历实在拿不出手,进大医院至少得有大专文凭,即使现在开后门进去,以后也是要被淘汰的。她提议两人一起去上大专。珍珍一听有道理,连忙答应。交学费、书费等事宜均由王芳代办,费用交了2000多元,学却一直未上成。王芳说报名的人太少,开不成班,凑齐人才能开课。

转眼八九个月过去。一天,王芳对珍珍说,医院来电话,要交1万元定金。珍珍连忙赶回家中。家中已没现金,珍珍妈妈从邻居家借来1万元。不久,王芳说要交1万元保证金,珍珍如数奉上。当珍珍催问什么时候去医院上班时,王芳再次称要交2万元押金,上班后退回。珍珍家东借西挪,将2万元交给王芳。王芳又以送礼、办证、交养老金等名义频频诈骗,以下是部分摘录:办上岗证,骗得1200元;交正式工费用,骗得1200元;交员工费,骗得3850元;以向医院院长送礼为名,两次骗得6800元;交名额费、养老金,骗得4600元;交保险费、"三金"、管理费,骗得9000元……

交了这么多杂七杂八的费用,珍珍却连医院的大门都没进过。珍珍天天盯着王芳问何时能去医院上班。王芳想尽一切招数搪塞。实在拖不过了,她七拐八弯托人找到关系,与珍珍一起进了那家医院的药房实习。王芳说,先实习,才能转为正式工,到时工资一起发。终于跨进医院大门,珍珍不再怀疑。

暂时稳住珍珍,王芳仍不罢休,再次设下一个个骗局。先后编造出许可证费、化疗费、名额费等等闻所未闻的费用,又骗得 3 万余元。

王芳这么频繁地向珍珍要钱,一而再,再而三,难道珍珍就从来没有怀疑过吗？案发后,办案民警问起时,珍珍是这样回答的:"我也怀疑过。一年多里,王芳不停地向我要钱,都是以帮我找工作、办证为由,不是交费就是办证,但我什么也没拿到,也没看到过。因此,我就不停地追问她。她每次都用各种各样、五花八门的理由搪塞我。我不敢催得太急,更不敢翻脸。因为我内心还是希望她真能帮我找到工作,怕把她逼急了不帮我,前功尽弃,这么多钱打了水漂。"就这样,珍珍和她的父母陷入一个怪圈,既怕上当受骗,又怕王芳不帮忙,唯有不断地掏钱,支撑着那个可望而不可即的渺茫希望。

时间无情流过,珍珍进医院的事始终不见着落。王芳的胃口越来越大,犹如一头张开血盆大口的饿狼,只要珍珍开口问工作,她就无休止地索钱。珍珍家中油水榨干,亲戚朋友借遍。为了帮她找工作,父母花尽了几十年从牙缝里省下来的为数不多的积蓄,她的舅舅倾囊相助,她的叔叔、婶婶、邻居等慷慨出手。最让珍珍不安的是,一次,王芳以交养老金、保险金为名,索要 5000 元,家中实在没钱了,该借的也借遍了,一筹莫展之际,珍珍的爷爷颤颤巍巍捧来 5000 元养老钱。厚厚一沓,全是 10 元票面的,珍珍心酸得直掉泪。她哭着说:"爷爷,谢谢您,我一定会好好孝顺您。等我正式工作拿到工资,一定会加倍还您。"

珍珍算了一下账,两年不到的时间里,她已给了王芳 19 万元,进医院的事仍遥遥无期。为了她,家中早已捉襟见肘,负债累累。而王芳过得那叫潇洒、快活,名牌衣服、包包、金项链、金手镯,买起来眼睛都不眨一下。珍珍终于起了疑,想方设法查询自己档案的下落,发现她的档案仍静静躺在曾实习过的那家保健品公司,根本没有转到医院。

"王芳在骗人!"为了证实猜疑,珍珍发了个短信给王芳:"工作的事到底怎样,你是不是在骗我？"王芳很快回复,口气很冲:"你不信就算了,不要再找我!""那你把钱还我!"珍珍也不客气了。"你胡说什么,我没拿你的钱!"王芳耍无赖,珍珍和她的父母懵了,只得求助警方。

王芳正在酒吧与一群乱七八糟的朋友喝得痛快,寻踪而至的民警把她"请"走了。王芳到案后,如实交代了自己利用珍珍及其家人的信任,以找工作为名,先后50余次诈骗钱财19万元的犯罪事实。

据王芳交代,所谓在医院、在知名药店工作的表姐、表姐的公公、姑父,都是她为骗钱虚构出来的。在长达两年的诈骗过程中,她也害怕珍珍及其家人起疑心,清楚地知道骗局总有一天要露馅。她只想这一天来得迟些,再迟些。平时,她不时施以小恩小惠,带珍珍到小饭店吃顿饭。珍珍过生日,她花上几十元买个玩具娃娃。她还经常到珍珍家玩,拎些水果什么的,谎称是医院发的。她知道珍珍爸爸爱吃西瓜,便买了100斤西瓜,专门乘出租车送到珍珍家,说是医院发的。珍珍父母很是高兴了一阵子。她还另办了手机卡,冒充在医院的"表姐",时不时发短信给珍珍,鼓励珍珍好好工作,踏实办事。珍珍每次收到短信都喜滋滋地告诉王芳。王芳则为阴谋得逞而得意。

王芳落网时,囊中所剩无几。诈骗所得,已被她用在购买高档衣物、吃喝玩乐上。19万元,在大款们眼里,也许只是一笔小数目,可对珍珍家来说,无异于一笔天文数字。珍珍万分后悔地说:"像我这样的学历,就算是找到一份正当的工作,这19万元没有四五年时间也是挣不来的。我如何对得起父母、爷爷,对得起亲戚长辈啊!"

防骗贴士

当今社会,竞争激烈,找工作不容易,但也不能轻信心怀鬼胎之人所谓的"花点钱走门路"之说。珍珍一家上当受骗的过程,实在令人扼腕叹息,为了一份工作,居然被骗得倾家荡产。在此,提醒即将毕业或正在找工作的年轻人,随着社会机制的日益健全,人才招聘、求职就业越来越公开透明,找工作一定要走正规渠道,旁门左道走不得。如有人热心向你介绍工作,不论生人、熟人,凡提到钱的事,都要多一个心眼。

身份骗局防范重点

其实,身份骗局在电信诈骗犯罪中也极为突出,如冒充"公检法"人员威胁称你已涉案,要你拿出全部钱财证明清白,"猜猜我是谁""明天来我办公室"等假冒熟人诈骗的案件也屡屡发生,这些都是非接触式的诈骗。本章所选择的案例与以上电信诈骗中的案例有一定区别,大都是骗子与被害者当面锣对面鼓直接接触的。在巧舌如簧、说得天花乱坠的骗子面前,一些人碍于情面,或放松戒心,或贪图利益,丧失警惕,最终既损失钱财,又遭受人心不古带来的精神伤害。

教训是深刻的,面对各色人等,我们的眼睛千万千万要雪亮!

1. 针对假扮身份的诈骗案,市民在防范上要做到16个字,即"不盲目相信,不轻易给钱,多多加以核实"。对主动找上门来自我吹嘘本事如何如何大、门路如何如何广、获利如何如何多的,千万要留个心眼。特别是对自称国家机关工作人员的,更要高度警惕,注意观察言行,对其身份和所提要求要通过各种途径核实清楚。千万记住,慎重对待一切涉及借钱或转账的要求。

2. 熟人诈骗,虽是少数,却也不得不提醒大家,对于那些曾经是同事、邻居、朋友,久未谋面、突然上门的人,不妨多留点心眼。像本章案例中提及的周巧云、珍珍被骗,就是太过相信曾经的同事、同学,才一而再、再而三,一次次上当受骗,造成惨重损失。她们的教训,值得人们记取。

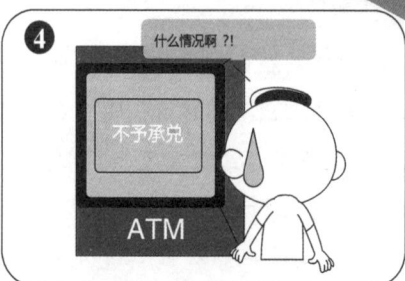

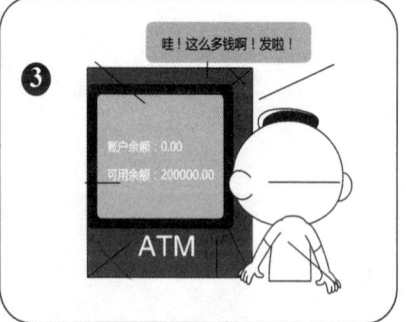

第八章

街头骗局

你正走在街头,突然被一个钱包"砸"中;或者,弯腰拾起一张刮刮卡,"中大奖了";再或者,迎面走来一个"星探"。然而,你可能不是遇上好事,而是遇上了骗子。

近年来,街头骗子的忽悠技巧层层提升,技法高超:或新瓶装陈酒,老套路换新衣服;或老骗术、新手段交织,令人眼花缭乱。有的利用人们的善心行骗,有的使用假物行骗。在形形色色的骗局中,街头骗局名目最为繁多。早在 10 年前,就有人总结出 300 种街头骗术,如今,又不知增加了多少种。

街头骗术大多手段拙劣,但仍然不断有人往骗子设下的陷阱里跳,是受害人一时大意,对陌生人过于轻信,还是受害人有一己私欲,中了骗子的蛊?

案例 65

拾钱平分，见者有份
——手法虽老套，仍有人相信

"我在马路边,捡到一分钱,把它交到警察叔叔手里边。叔叔拿着钱,对我把头点……"这首人们耳熟能详的儿歌,从20世纪60年代流行至今。它倡导的是拾金不昧的社会主义核心价值观。

与此同时,"拾钱平分"的骗局在街头却屡试不爽,从20世纪80年代中期延续至今,经久不衰。骗子利用的正是少数人欲发"意外之财"之念。

在无锡打工的阿梅,就被人以"掉钱、捡钱、分钱"的把戏骗走8000元。

阿梅老家在安徽六安,初中毕业时,家里再也供不起她和弟弟两只书包,她只得含泪辍学,帮父母在农田里劳作。18岁那年,阿梅早早嫁了人,生儿育女。有了自己的小家庭,阿梅对养家糊口的艰辛有了切肤体会,才放下对父母的怨恨。丈夫随一个建筑队天南海北做工程,阿梅在家抚育一双儿女。孩子到了进幼儿园的年龄,她萌生外出打工、减轻丈夫负担的念头。一年前,她把孩子交给公婆,随返乡过年的村人来到江苏无锡,在一家电子厂流水线上工作。新手上线,工资不高,省吃俭用一年,好不容易攒下8000元钱。

2000年春节临近,阿梅思念家人,早就买好回乡的车票,并与丈夫约好同一天到家,给家人一个惊喜。8000元虽说不多,也是厚厚一沓,随身携带不方便,难免碰到小偷啥的。那天一早,阿梅把钱装进挎包,出门去银行。她想去银行办张卡,把钱存进卡里,既安全又方便。

天色尚早,街道空旷,阿梅步行前往,当行至西门五爱路时,一名骑自行车的男子从阿梅身边快速擦过,什么东西在她挎包上挤了一下,她以为遇到了飞车抢夺的,赶快护住挎包。还好,有惊无险!

"哎哟,掉东西了,喂,骑车的。"地上躺着一只无色透明塑料袋,里面一沓百元人民币清晰可见,看那厚度,估计有1万多元。阿梅大声招呼骑车人,那人速度飞快,一个拐弯,人车不见。

"只能交给警察了。"阿梅正欲弯腰去捡,身后一阵风,倏地窜出一名高个男子,抢先捡起那沓钱,并一把拉住阿梅:"见者有份,我们平分!"

"不好吧?这也是人家辛辛苦苦挣来的,还是交给警察吧。"阿梅知道这样做不好,有些犹豫。

"没事,没人看到,谁让他自己不小心。"那男子拉着阿梅往另一个方向走,说是找个偏僻处数数一共多少钱。

阿梅想到自己在流水线上苦一年,白班夜班的,才攒那么点钱,现在不费吹灰之力就能分几千元,何不听他的,反正不是偷的抢的。在金钱诱惑面前,阿梅的脚步不由自主地随那高个男子挪动。

"看到我的钱了吗?"没走几步,只见那丢钱男子推着车返回,边走边低头寻找。

"你们有没有捡到我的钱?我母亲患重病在医院抢救,这是救命钱,偏偏被我丢了,真是急死人。""失主"神情焦急,大冷的天,额头上汗津津的。

"没捡到,你问别人去吧。"高个男子抢先回答。

"真的?""失主"狐疑地看了他们一眼,沿路寻找而去。不一会儿,又返回,拉住阿梅他们,斩钉截铁地说:"有人看到你们捡钱了!"

"没有就是没有,不信你检查,这是我妹妹,她急着上班,你先查她的包吧。"高个男子把阿梅推到"失主"面前。

阿梅进城一年,车间、宿舍两点一线,对街头那些坑蒙拐骗的勾当一无所知。此刻,她不知其中有诈,主动拉开挎包拉链让对方检查。包里躺着只鼓鼓囊囊的钱夹,她没看到那两男子眼睛里贪婪的火焰。

"里面是什么?"那"失主"乱翻一气后,拿起那只钱包。

"这钱是我一年工资。"见"失主"要拿她的8000元钱,阿梅急赤白脸辩称。

"你放心,不会弄错的,我的钱是有记号的。""失主"把皮夹放回阿梅挎包,提出要查看高个男子的包。

"快上班去吧。"趁"失主"转身当口,高个男子把阿梅拉到一边,背转身从口袋里掏出那沓拾来的钱,迅速装进阿梅的挎包,附在其耳边说:"你先走,在前面桥下等我分钱。"

阿梅把挎包抱在胸前,逃似的离开"失主"。她心里惦着那捡到的钱,如能分到三四千元,回头给儿女、父母、公婆,还有自己和丈夫一人买套新衣服,光光鲜鲜、喜气洋洋过个年,那该是多高兴的事啊!

"这可咋办,我不能独吞啊。"阿梅在桥下等了半个多小时,未等来高个男子。她返回去找,不仅未找到高个男子,"失主"也无影无踪。她打开挎包查看,装有8000元钱的皮夹没了,而拾来的那沓钱,只有上下两张百元大钞,中间夹着一沓废报纸。

"我的钱没了。"阿梅当街大哭,引来一群围观者。有好心人帮她打了"110"。接处民警飞驰而来,把她带到派出所。民警非常同情她的遭遇,资助了她回家的盘缠。

本该一个欢乐、幸福、喜庆的年,却过得沮丧、灰暗、懊悔。阿梅的打工之旅就这样终结,丈夫从此不让她再出去打工。

阿梅跌进的其实是一伙连档骗子设下的陷阱。诈骗她的这伙人,后来被无锡警察抓了,一共有7人,两人一档,专门在街头搞"拾金平分"骗局,俗称"掼包诈骗"。该团伙仅在无锡就作案15起,骗得财物14余万元。

该团伙成员均为湖北随州人,头目叫苏涛,到无锡作案之前多次结伙外出行骗。这伙人平时各干各的,每次外出作案前电话联系,约定时间、地点,分批到达作案城市,入住同一旅馆。每一次作案得手,便更换住地。

对阿梅下手的是席四席五兄弟。据席五交代,作案时,他们租用自行车,骑车在街头寻找目标,主要选择年轻、拎坤包或电脑包的女子。目标一旦确定,一人先骑车靠近事主,制造"丢钱"场景。另一人紧跟上前"捡钱",搭讪事主,怂恿平分拾金。"失主"适时出现,以检查为名了解事主随身财物情况,之后便乘隙调包,调虎离山,逃之夭夭。如事主身上无现钞,他们还会编出"丢"银行卡的谎话,套出事主银行卡密码,乘隙调包后到ATM机上取现。也有行骗中被事主识破,他们便公然实施抢劫或抢夺。

> **防骗贴士**
>
> 当理智被利欲替代,鸡飞蛋打是必然结果。骗子表演"拾钱平分"的双簧,媒体时有报道,但仍不时有人上当。骗子就是利用一些人的贪财心理而逐步将其引入陷阱的。如何防范此类陷阱?走在街头,一旦遇到有人"掉钱",你心里首先想"这不是我的钱",切莫财迷心窍,贪心作怪,迷失方向。陌生人不会无缘无故把到手的好处白白送给你。如遇陌生人纠缠,非要与你平分好处,报警是最好的解决办法。

案例 66

工地挖出金元宝

——热心助人,却让多年积蓄付流水

三阳广场,无锡最繁华的地段。周边有大东方百货、百盛广场、恒隆广场、苏宁广场等大型综合商场,地铁一号线、二号线在这里交汇。附近宽窄巷子里,布满大小商铺,白天顾客盈门、车水马龙,夜晚霓虹闪烁、热闹非凡。

这天上午,30岁出头的阿凤正在大东方后背小巷深处一家小商铺为儿子挑选袜子。这是一家专卖儿童用品的铺子,价廉物美,阿凤是这里的常客。阿凤几乎每天都要逛街,因为她有大把的空闲时间,实在不知道该如何打发。

阿凤不是无锡本地人,她的家在黄海之滨的苏北盐城。10余年前,丈夫丢下新婚的她跑到无锡打工,夫妻俩聚少离多。丈夫脑子活络,积蓄些钱后,贷款买了辆大货车跑货运。虽是小打小闹,因其为人诚恳、价格公道,建立了相对固定的客户群,收入还不错。手头有点钱,丈夫在城郊接合部租下间房,把阿凤和即将上学的儿子接来无锡。一家三口终于团聚,生活有滋有味,阿凤感到非常幸福。

现在,儿子进了附近学校借读,丈夫一天到晚在外找生意、揽客户。遇上运货去外地,还要押车跑长途,隔三岔五不着家。阿凤每天一早准备早餐、买菜,把儿子送进学校。上午9点至下午4点,她有的是时间。刚进城时,田间劳作留下的疲乏,阿凤有睡不完的觉,还有看不完的电视。慢慢地,她感到一人独处的寂寞和精神上的空虚。看着她整天无精打采、提不起神的样子,丈夫鼓励她,"出去逛逛,无锡好玩的地方多呐"。于是,她爱上了逛街。

这天,阿凤送儿子进学校后,返身回家收拾完屋子、择好菜,才上午9点钟。她乘地铁到市中心。儿子好动,一双袜子没穿几天大脚趾便顶出一个洞,得买新袜子了。

付完钱,阿凤拿着袜子跨出店门,便被一高一矮两名年轻的陌生女子拉住。高的瘦,脸上满是雀斑,矮的胖,又黑又丑,看上去都是跟自己差不多年龄,衣服土气,怀里各抱一个两三岁大的小女孩。

"大姐,能跟你打听个事吗?"瘦高个女人问,南方口音。阿凤一愣,眨着眼睛没回过神来:"是问我吗?"

"大姐,我们是外地来的,你知道邮局在哪里吗? 我们要去寄些东西。"瘦高个女人求助。

"对不起,我也不是无锡人,不知邮局在哪儿。"对方态度这样好,阿凤有种亲切感,她真诚回答。她平时逛的都是菜场、商场、服装店、超市,也时常寄东西回老家,走的是快递。这年头,谁还上邮局。

"你们可以寄快递啊。"阿凤建议。

"我们老家偏僻,在山里呢,不通快递。"

"到邮局寄包裹,工作人员会不会打开检查?"矮胖女人一副不明世事的样子。

"寄包裹很正常呀,如果没有违禁品,邮局一般不会检查。"早些年与丈夫两地分居时,阿凤多次到邮局寄过物品,顺顺当当的。

"我这东西可不是一般东西,稀罕着呢。"瘦高个女人神秘兮兮,拉着阿凤来到一背人处,从随身布包里掏出一只亮灿灿的"金元宝"说:"我们寄的是这个。"矮胖女人守在附近望风。

"哇,这么大的金元宝,是真的吗?"阿凤惊奇地差点叫起来,伸手欲接过来仔细欣赏。

"当然是真的,我哥哥关照,不能随便给人看。"瘦高个女人手一缩,迅即把金元宝放回包里。接下来,阿凤听到一个离奇的"得宝"故事。

瘦高个女人有个哑巴哥哥,在无锡专门帮人拆房子。前几天,他在拆一处老宅时,在墙壁夹层里发现一只死沉死沉的木盒子,撬开一看,竟是满满一盒金元宝,还有一份遗书。遗书内容大意是祖上做大官,这些财宝是藏起来留给后代的。哑巴哥哥把木盒藏在废墟中,趁夜深人静扛回租住地,要她想办法送回老家。

"你看,这是那遗书。"瘦高个女人从布袋里找出一张纸,纸质发黄、发脆,皱巴巴的。遗书上是毛笔字,龙飞凤舞,犹如天书。小学毕业的阿凤只认出"遗书"两个字。反正,她有些相信这故事了,虽说有点离奇。

善良、单纯的阿凤绝没有想到,她已落入骗子的圈套。她一开始的真诚,见到"金元宝"的好奇、羡慕,以及对遗书的相信,尽收两个女骗子眼底。

"所以,必须赶快到邮局寄回去,免得夜长梦多。"矮胖女人说。

"好,我们去找邮局。"瘦高个女人拔脚欲走,眼睛却盯着阿凤。

"邮局有规定,不能寄金银珠宝等贵重物品,金元宝肯定不能寄。"阿凤打断两个女人的话。

"那怎么办呢?"两个女人大眼瞪小眼,不知所措。

"帮我们出出主意吧,如何处理这些金元宝。"瘦高个女人适时抛出诱饵。

"要不你们坐长途汽车或火车送回家。"阿凤想了许多办法,都被对方否定。

"干脆找人帮我们保管下,咱们也分头找找老乡,看看近期有没有回乡的,把金元宝带回去。"瘦高个女人似乎找到解决办法。

"这主意好,找谁保管可靠呢?"矮胖女人接上话头。

人家有难不帮也不对,见两人左右为难,阿凤顿时有了助人为乐的念头。她爽快地说:"要不先放我家吧,我家很安全,几乎没有外人来。"阿凤把"难题"

揽到自己头上。两个女人等的就是这句话,忙不迭答应:"这样好,放你那儿我们放心。不过,也不会白让你保管,我们会给好处费的。"

带这么多"金元宝"坐地铁不安全,阿凤伸手拦了辆出租车,把两个女人带到出租屋。家里果真清静无人。瘦高个女人直夸阿凤仗义、真诚、地道。阿凤被夸得晕乎乎的,忙前忙后沏茶待客,压根没时间思考这事来得如此突然、蹊跷,其中有无猫腻。内心里,她对那笔好处费有点动心,充满期待,虽不知道确切数字。常年在家吃闲饭,她觉得对不起辛苦奔波的丈夫,能挣笔外快,也可贴补家用。

瘦高个女人关上房门,拉严窗帘,回身把布包里的金元宝"哗"地倒在桌上,金光灿灿一堆,共10只。阿凤拿起其中一只在手心里掂掂,沉甸甸的,与手指上戴的金戒指比比,颜色一模一样。不是纯金是什么!这么多金元宝该值多少钱啊,藏哪里好呢?衣柜里,不合适,桌子下,更不合适。她把金元宝塞进床肚深处,外面用鞋盒等杂物挡住,这才放下心来。

"大姐,你人好,我们感谢你。但人心隔肚皮,这么贵重的东西放你这里,无凭无据,总有些不放心。万一你搬家了呢?万一日后你不承认呢?这些都要考虑。再说,我那哑巴哥哥心思重,更不放心了。你家里有没有值钱的东西押一下,让我们相信你是真的帮我们。"瘦高个女人开始摸家底。

"我不挣钱,吃闲饭,丈夫也是苦力,家里没什么值钱的,只有几张存折,那是给儿子读书攒的。"话说到这个分上,阿凤老实"交代"。

"存折也行,拿出来看看。"两个女人眼中闪过贪婪之光,阿凤处在亢奋中,哪儿看得到。她当着对方的面打开锁着的抽屉,拿出5张存折。

"就这张4万元的吧,到银行把钱取出来,给哑巴哥哥看看,让他放心。10只金元宝就藏你家了。"瘦高个女人说。5张存折中,4张分别是三四千元的,只有一张是4万元大额。骗子还算有数,没有全要。

阿凤收好存折,带着身份证和那张4万元的存折去银行,以"家中有急事"为由,提前支取了尚未到期的存款。她将4沓钱交给守在银行门口的2名女子:"4万元整,利息就不给了。"

"我把钱拿去给哑巴哥哥看看,然后将剩下的金元宝拿来藏你家。"瘦高个女人吩咐矮胖女人在马路边陪阿凤,自己打的走了。

过了约10分钟,瘦高个女人回来了,一见面就招呼矮胖女人:"快走,快走,老板找不到人,工地上没人干活,正在那骂人呢。"她对阿凤说,她俩是从工地上偷偷溜出来的,现在要去干活,否则老板会开除她们。她边说边从布袋里掏出6只金元宝给阿凤。

"那你们快去吧,找份工作不容易。"钱到手,骗子脚底抹油,要溜!阿凤浑然不觉,还在替骗子着想。

"你真是个热心人,待会儿还有金元宝要交给你,你在这里等我们,午饭时我和哑巴哥哥来谢你,4万元钱一并还你。"两个女子坐进出租车,绝尘而去。

阿凤傻傻地站在马路边等啊等啊,望眼欲穿。正午的太阳火辣辣的,晒得人头晕眼花。跑了一上午,肚子空空,又累又饿,她不敢离开半步,唯恐失之交臂。午饭时间早过,下午1点、2点过去,直至3点钟,去学校接儿子的时间快到了,仍不见对方人影。阿凤感觉有点不对,但转念一想,反正金元宝在自己手里,怕什么。16只金元宝值多少,几十万呢,4万元算什么。她不想等了,抱着6只金元宝回了家。

回到家,咕咚咕咚灌下杯凉白开,吃碗早上剩下的稀饭,阿凤终于安静下来,一连串问号涌进脑海,这元宝金闪闪亮灿灿的,哪像是藏了几十年、上百年的?我与她们素不相识,路人甲而已,她们怎么放心把如此贵重的东西放我这儿?难不成遇到了骗子?如果被骗,那4万元不就没了吗?想到这里,阿凤慌了,六神无主。

傍晚,阿凤抱着一袋16只金元宝来到派出所,民警带着她做了专业检验。

"这金元宝是铜铸的,不是黄金,只是表面涂了层金粉。"检验员拿着检验报告出来。

"啊,假的?那两人果真是骗子……"阿凤感到一阵天旋地转,差点昏过去,一旁的民警扶住她。

"4万元,整整4万元呐,我该怎么对丈夫交代呀?"阿凤喃喃自言。这是丈夫跑了多少次长途,搬了多少货,流了多少汗才积攒下的呀。

这起诈骗案至今未能侦破,因为阿凤只知道两女子南方口音,至于两人到底是哪里人,在哪个工地打工,暂住何处,联系方式是什么,她通通不知。

> **防骗贴士**
>
> 使用假金元宝等物品行骗的骗子,大多以民工或民工家属的身份,把自己伪装成朴实、无知的形象,声称在拆迁工地挖掘到古董文物、金银珠宝,有的还伪造遗书,利用人们的善良与轻信骗取钱财。当你在大街上遇到陌生人搭讪,一定不要轻易应答,更不要相信"地下挖出金元宝""遗书"之类的说辞。这是骗子的老套路了,遇"好事"要多动脑筋,更不要贪心。

案例 67

路遇"星探"撞大运
——梦醒方知空欢喜

26岁的婷婷长得亭亭玉立,颜值高,气质佳,走在街上回头率颇高。婷婷家在安徽,大专毕业后在江阴找到一份工作,挺稳定,也轻松。她很喜欢这座长江边上的现代化城市。

2012年夏天的一个周末,傍晚,暑气退去,闲得无聊的婷婷想去看场电影放松放松。她换上白色连衣裙,挎着小包出了门。她沿着步行街往电影院方向行走途中,一个男子拦住她。

"你鞋子穿多少码?"这是个二十六七岁的帅哥,个子高大,衣着得体。

这么突兀无厘头的问话,婷婷不想搭理,绕过他自顾自朝前走。

"你气质特好,想不想做兼职?我是江阴美亚艺术摄影有限公司的,公司地址江阴××大厦802室。公司正在招聘平面模特,你要不要去试试?"那男青年追上来,递过一张名片。婷婷得知此人叫"刘华"。

平面模特？婷婷心里一动。她时常为自己姣好的面容、修长的身材骄傲，苦于找不到机会展示。再者，现在的工作虽不错，但收入不高，每个月扣除房租、吃用开销，所剩无几。女孩子爱美，添置衣物、买化妆品时，她常常感到囊中羞涩。如果能当上兼职模特，倒会有一笔可观的收入。婷婷随这个叫刘华的男子来到××大厦。

××大厦802室可谓门庭若市，六七个女孩子正趴在一张会议桌上填表。刘华把婷婷带到前台，领了张报名表。婷婷按要求填写了年龄、工作单位、联系电话等个人基本信息。不一会儿，总经理张斌召见面试。对方上下打量一番后满意地说："我感觉你蛮上相的，明天把你以前的照片拿来看看，看能否给你包装一下，拍点广告。"听说能拍广告，婷婷连连应允。

第二天上午，婷婷带着精心挑选的照片，如约来到802室，总经理张斌早已等候在那里。他接过照片仔细看了一会儿说："这照片太花哨，我们要简洁些的，给你重新拍一套写真吧。"婷婷同意了，按对方要求交了380元拍照费用。张斌当即安排摄影师到公园为其拍了一组照片。拍好照片，他要婷婷等消息。

2天后的傍晚，期盼中的婷婷等来张斌电话，让她去公司一趟。顾不上吃晚饭，婷婷立马赶到××大厦。张斌告诉她一个"好消息"，公司决定正式聘用她当兼职模特，要签一份协议。

当晚，双方签了一份"个人演艺策划有偿委托协议书"。协议明确，每拍一次广告照片，婷婷得500元劳务费，公司收20%服务费，实际到手400元。拍一次照片就有400元，太好了。

"你先付3800元活动策划费吧。"张斌开出"条件"。

"你如果跑了，我找谁要钱去？"婷婷还是有些警惕性的。

"我们是正规公司，会讹你那点小钱吗？你看，这是营业执照。"张斌有些不高兴，将营业执照扔到婷婷面前，上面盖着有关部门的大红印章，法人代表等相关要素一应俱全。婷婷选择相信，到附近银行自动取款机上取了3800元现金交给张斌。

一个星期后，婷婷确实接拍了一个珍珠项链的广告，如约拿到400元报酬。这下婷婷确定自己找到了一份轻松赚钱的兼职。拍项链广告不久后，张斌来电话称,有大客户看中她。婷婷心花怒放赶去会面。果真是个大广告,拍好了,报酬有4万元左右。签过拍摄协议,张斌要她交9800元保证金,说这是客户提出来的。婷婷身上只有8900元,张斌以替她向客户疏通为名,收下这笔钱,关照她这段时间不要外出,随时可能投入拍摄。

交完钱回家,婷婷隐约感到不对劲。这交出去的钱,是她一分一厘辛辛苦苦攒了半年才攒下的,万一被骗就惨了。真是怕什么来什么。签拍摄协议不到3天,她接到××大厦物业人员的电话,说美亚艺术摄影公司关门走人了。婷婷的头"嗡"一下大了。她马上赶到××大厦。只见802室大门紧闭,门上贴着张告示:休息一周。一群像婷婷一样做着"星梦"的靓女闻讯也纷纷赶来,对着门上的告示发呆。其中一个叫小虹的,也是在步行街遇到"星探",到美亚艺术摄影公司当平面模特的,交了5180元策划费,拍了个手表广告,仅得到400元报酬。

婷婷、小虹等人在忐忑中度过了一个星期,公司仍空无一人。而张斌、刘华等人的电话早已关机。直到此时,这些女孩才从梦中彻底醒来,拖着沉重的脚步走进派出所。

到江阴城中派出所来报案称被"江阴美亚艺术摄影有限公司"骗的人络绎不绝,报案人清一色是年轻漂亮的女孩子。随着报案笔录的增多,一统计竟有60余人,涉案总金额18万元之多。这些女孩大都是在步行街"巧遇"星探,经不住对方花言巧语而萌发明星梦,从而落入圈套。

据受害者描述,公司有六七名员工。"星探"刘华,26岁模样,高个子,长得很帅;总经理张斌30岁左右,中等个子;总经理助手,短发,1.75米的样子;还有两个女的,一个化妆,一个前台,均在20岁上下;另有2个年轻摄影师。这伙人口音不一,但均是外地人。

张斌、刘华等人已"蒸发",这伙人显然不会使用真名作案。公司的营业执照倒不假,是一个叫"金太兰"的男子登记注册的,前后"经营"1个多月。然而,婷婷等人在辨认"金太兰"照片时,均否认见过此人。"金太兰"可能是个"虚拟人"。

江阴警方向全国同行发出协查通报,与周边地区串并同类案件,终于在广东觅得骗子的踪迹。追捕组迅速赴粤,在番禺、珠海等地抓获5名疑犯。这伙骗子离开江阴,窜至广东番禺,开了家广告公司,又骗倒一批美女。

在江阴设局的为首者是朱小明和刘传宝。朱小明系甘肃天水秦安县人。落网时,他一身唐装,后脑一条马尾巴,颇有艺术气质。谁能想到,几年前他还是一个土得掉渣的农民呢。打小,朱小明生活在一个叫褚家湾的偏僻小村。成年后,他离家到广州打工,在大街上瞎撞时,被"星探"挖到一家影视公司。面试通过,他当上群众演员。有戏拍的时候就"上班",拍一天给150元钱,但常常好几天开不了工。为挣钱,他改行当"业务员"到街头拉人,游说帅哥靓妹到公司当模特。他先后认识刘传宝、彭明等来自天南海北的"同行"。他们所在的那家影视公司是正规公司,但挣钱少,好的时候月收入两三千元,一般也就千把元。其间,他了解到做这行有"长线""短线"之分,"短线"就是骗钱的,打一枪换一个地方。他在那家"长线"公司干了一年,闪人了。

朱小明先到广西南宁,投奔以前在广州时的一个哥们手下,此人在南宁开了一家广告公司,也就是"短线"公司。进公司20多天,朱小明分到3000元。随后2年间,他流窜湖南长沙、内蒙古包头以及浙江宁波、嘉兴等地,与人结伙骗钱。

朱小明与刘传宝合伙在包头骗了十几万元,分赃后各自带着女友到广东花天酒地。钱如流水般出去,口袋很快空了。朱小明在网上联络上刘传宝,密谋到江苏骗钱。刘传宝带几个同伙先到镇江"踩点"。在街头观察几天,见镇江街头人不多,拉人空间不大,便转移到江阴。

刘传宝在江阴打过工,环境熟悉。他乘大巴到江阴,直接打车去步行街。步行街上人来人往,且年轻姑娘不少。刘传宝电话向朱小明"通报"情况,决定在江阴"开公司"。

刘传宝租下步行街附近的××大厦802室,租期1年,预付2个月租金1万元。持"金太兰"假身份证到工商部门注册"江阴美亚艺术摄影有限公司",挂上营业执照,印制名片。朱小明、张斌、彭明等人陆续来到江阴,内部进行角色分工。张斌任总经理,负责面试、签协议、收钱;朱小明、刘传宝负责管理、财务,并到街头拉人;还有的分别担任总经理助理、业务员等。他们还对外招聘了化妆师、摄影师和前台接待人员。

据朱小明、刘传宝交代,他们的诈骗分三步进行:

第一步,上街拉人。假扮"星探"到街头寻机与时尚女子搭讪,以公司拍摄影视广告、当兼职模特为幌子,把年轻女孩骗到公司填写信息表,收取拍照费。

第二步,签订委托书。由经理电话联系,称客户看过照片很满意,让她们到公司签协议。然后以合同期满无息返还为诱,收取所谓"演艺活动策划费"3800元至4800元不等。继而约上当者第二天到公司拍广告照片,付400元"报酬",为下一步骗钱做准备。

第三步,"消失"前的疯狂。这伙骗子打一枪换一个地方,一般在一个城市待1个月。"消失"前一两天,他们会最后"捞一把"。他们选择一些特别想当模特的受害者,称遇到大客户,要签1年合同,报酬有四五万,然后以收取违约保证金为名骗钱。婷婷就是这样被骗走8900元的。

这伙骗子在短短2年时间里,采用此类手法在全国各地诈骗作案数百起。

> **防骗贴士**
>
> 在街头偶遇"星探",被邀请去拍广告、拍电视,既能挣钱又能出名当明星,这是许多女孩子梦寐以求的事情。可有一天你真遇上了,一定要小心,有可能钱没挣到,还赔了一笔。在此提醒怀揣明星梦的年轻人,尤其是姑娘们:有明星梦没有错,但一定不能头脑发热,给不法之徒可乘之机。街头偶遇"星探"多半不可信。遇到"星探"要你跟他去公司报名,然后马上面试、试镜或拍照,接着就录用、签约、交钱的,多半是骗局。

案例 68

24K金条转手就赚翻
——13万换来一包铜块

张朴,父母给他取名"朴",想法很简单,希望他诚朴、质朴、俭朴地度过这一生。可他却成了个奸邪、虚伪、浮华的人。

初夏,张朴拎着简单的行李,再次走出监狱大门。这个49岁的男人,人生中的十多年是在高墙里度过的。两次入狱,犯的都是诈骗罪。第一次是1993年,在浙江义乌作案,被当地法院判刑5年。2001年,他重蹈覆辙,被温州市骆城区人民法院判刑14年。服刑11年后,他在2012年6月17日被提前释放。

与时下多发的电信诈骗犯罪相比,张朴的作案手法可谓小巫见大巫,原始得很,可以说没有一点技术含量。说白了,也就是把铜块切割成一块块的长方形,冒充金条,居然骗倒不少人,也把自己骗进牢房。

站在明晃晃的太阳下,张朴闭上眼睛,深深呼吸一口自由清新的空气,直奔家乡:浙江平山县山门镇悦来村。这是一个依山傍水的小村庄,风景秀美,气候宜人。十几年过去,村里面貌大变,新建楼房一幢幢,只有自家两间平房破败不堪,门前杂草丛生,孤零零蜷缩在村头。张朴重获自由的轻松顿时消失,扭断那把锈迹斑斑的挂锁,打开屋门,心情更是灰暗。

家里人影不见,冷锅冷灶,到处布满灰尘,看似已好久不住人。原来,张朴与妻子育有2个女儿,在其"吃官司"的十几年里,他的妻子吃辛吃苦把女儿拉扯大。现大女儿出嫁,小女儿外出打工,妻子随小女儿去了。夫妻间早已恩断义绝,婚姻关系名存实亡。

听说张朴回来了,乡亲邻居纷纷上门。族里老人劝他从此悔过,踏踏实实过日子。来人中有个叫林明的人,林明与张朴从小一起长大。因为家里穷,张朴没上过学,是个"睁眼瞎"。林明勉强读到小学,成年后从事木材生意,这几年市场不景气,歇手了,在家无所事事,靠老婆打工所得维持一家人的生活。

就这样,两个发小天天玩在一起,不是上麻将台就是去镇上泡澡。不久,他们在麻将桌上搭识邻村的虞三和郑女。虞三曾在生意场上爬滚过,后沉溺赌博,数次去澳门豪赌,输掉全部家产,现穷得一文不名。41岁的郑女一人独守空房,丈夫、女儿都在外打工,她常常外出寻乐子。张朴与她一见钟情,两人干柴烈火,很快睡到一张床上。

空气中渐渐有了鞭炮味,快过年了。这一天,张朴、林明和虞三聚在郑女家。闲聊中,聊到钱的事,都噤了声。没有钱,怎么过年?

"不如搞点铜块去骗点钱吧。"张朴带头打破沉默,说出肚子里盘算好久的主意。虽然两次在这上面栽跟头,他仍觉得这样来钱快,而且他认为不可能每次都倒霉。

"这是犯罪呀,会不会被抓?"林明、虞三虽想钱想得发疯,但要干违法犯罪的事,还是发怵的。

"没事,我以前就是干这个的,有经验,别怕。"张朴打包票。看他胸有成竹的样子,几人跃跃欲试。

几人来到镇上五金店,买来一堆铜块,一夜锯磨,变成一堆金条,金光闪闪,与真金条无异。

诈骗过程就像一出情景剧。角色各有分工,张朴扮演大老板,化名林乔安;虞三扮宁波服装商,化名"李军";林明则是常熟服装商,化名"阿明";郑女充当送黄金的客户。接下来排练台词。如有人上当,郑女便及时"送货上门"。"大老板"与其会有这样一段对话。

"你老公怎么没来?"

"老公忙,让我来送货。"

"货好不好?"

"当然好的。"

"拿一根出来,我要去验货。"

台词对到这里,郑女必须立马拿出一根金条递给"大老板"。

台词背熟,张朴设计了诈骗步骤,先验货,然后以"钱不够,高息借款"为由,诱受害者上钩。为确保验货不露馅,张朴借款1万元买来一根真金条。

2012年12月18日晚上,张朴一伙4人现身杭州火车站。他们此行的目的地是湖北武汉。虞三提供了"目标":在澳门赌场认识的几个武汉富婆。

隆冬,江南名城杭州,火车站人来人往,吞吐着南来北往的旅客。候车人群中,有个时尚的中年女子,身材高挑,披肩发,头上一顶红帽子特别惹眼。

她就是尤雄,很男子汉气的一个名字。尤雄老家东北吉林,嫁到天津,从事菌菇罐头生意。她常年在外奔波,这次到杭州,就是来谈一笔生意的,现准备坐动车去长沙。火车进站还要一段时间,尤雄盯着手机打发时间。

"妹妹,你这是去哪儿?"旁边座位上来了一中年男子,操着带有吴侬软语的普通话,挺有味。

"去长沙谈点生意,你是干吗的?"过完年就要迈进39岁的门槛,还有人喊自己妹妹,尤雄听了挺舒服的,接上陌生男子的话茬。

"认识一下,我叫李军,在宁波做服装生意,我的手机号码是……你的号码多少?我打过来。"

"我叫尤雄。"尤雄毫无防备地拨出手机号码。多个朋友多条路,今后生意场上也许用得着。两人互加了微信。

"再见!"不咸不淡聊了一会儿,尤雄乘坐的火车进站了,她起身拎行李,双方挥手告别。

"妹妹,介绍一个做大生意的朋友给你,叫林乔安。"尤雄刚登上火车,李军发来微信。

"好的。"尤雄回了个笑脸。接下来几天,李军微信、电话频繁。来而不往非礼也,尤雄不时回复,俨然已是老朋友。

长沙谈完业务,12月20日,尤雄坐高铁到无锡欲开辟新市场。她住进火车站附近一家快捷酒店。刚进房间,手机响了,来电显示是一个陌生号码,她狐疑地按下接听键。

"尤老板,你好,我是林乔安,李军的朋友。"尤雄释然,原来是李军的朋友。两人在电话里寒暄起来。

"你在哪里?"

"我刚到无锡。"

"巧了,我在福建谈完一笔服装生意,也要到无锡去。"林乔安十分高兴。

"你什么时候来无锡,我等你,我们见见面。"尤雄想看看林乔安长什么样,生意做多大。

这个"林乔安"就是张朴。

再说12月18日晚,李军也就是虞三在杭州火车站搭识尤雄,三两下就套出尤雄的底细。张朴觉得可以作为一个目标,把尤雄的手机号码存进通信录。

一伙4人来到武汉,没想到那几个富婆颇有警惕,虞三甜言蜜语邀她们喝茶、吃饭,没有一个上钩的。眼看车票住宿钱要打水漂,张朴想到尤雄。

21日上午,尤雄到几个市场转了一圈,了解行情。其间,她接到林乔安电话,说人已到无锡,住在一家星级酒店809房,约尤雄一起吃饭,尤雄欣然答应。

下午1点,尤雄赶到酒店,按响809客房门铃。一个中年男子开门迎客,热情让座泡茶。两人聊着各自的生意,林乔安满怀歉意地说,一会儿有客户要来,午饭只能迟些。

"乔老板,这是30万元货款。"下午2点,一个叫"阿明"的男子前来,当着尤雄的面将沉甸甸的一包"钱"交给林乔安。

吃罢午饭已是下午3点多,尤雄准备离开无锡去南京,林乔安说李军晚上要过来。一听李军要来,尤雄说:"那就吃过晚饭再走吧。"当晚,李军来了,同来的还有阿明。尤雄一兴奋,酒喝多,没走成。

第二天早上,一干人早餐时,林乔安接到一个电话,有人要给他送货。林乔安让对方把货"直接送来无锡"。接罢电话,林乔安匆匆外出买回密码箱。中午,一个中年妇女来到809客房,此人正是郑女扮演的送货人。接着,便是那段事先排练得滚瓜烂熟的对话。

对话结束,那女子从包里取出一根金条递给林乔安,林乔安随手递给尤雄:"与阿明一起去找个地方验验货。"尤雄拿着金条和阿明兴冲冲来到南禅寺里的一家金店。一验,真货,24K金。

验完货,送货女子拎起包"哗啦啦"倒出一堆金条说:"2公斤,每克240元,总价48万元。"林乔安从密码箱里取出一大包报纸包着的钱,说是38万元,差10万元打张欠条,让送货女子过几天再拿些货,一并结清。

这正是张朴一伙的伎俩,他们不急于下手,欲待"目标"放松警惕再抛钩不迟。蒙在鼓里的尤雄在一旁看得目瞪口呆:"林老板这生意做得可真不小。"

下午,林乔安拎着"金条"去南昌,阿明也告辞了,留下李军陪尤雄。第二天早上,李军按林乔安的吩咐,帮尤雄购了去南京的火车票。她要去南京考察市场,李军把尤雄送上车才离开。

尤雄刚到南京,林乔安便脚跟脚来了。第二天上午,李军也追到南京。听林乔安对李军说,金条已出手,每克 320 元,净赚 80 元,2 公斤赚 16 万元。尤雄暗暗吃惊,没吭声。

中午,那名送货女子到了,当着尤雄的面,又一场双簧开演。

"这次带来 4 公斤,还是每克 240 元,总计 96 万元。"送货女子边往外掏金条边说。

"我这里只有 56 万元,连同上次的 10 万元,欠你 50 万元,下次一起给。"林乔安将一堆钱推给送货女子。

"这可不行,必须一手交钱一手交货。"送货女子斩钉截铁。

没办法,林乔安焦急地打电话给家里,"马上汇 25 万"。他用求助的眼神看着尤雄等人,许诺事后给付高息。朋友有难,不帮不好,可尤雄手头只有几千元。她打电话到天津,让朋友汇来 13 万元。钱到账,尤雄取出来交给林乔安。为了让尤雄放心,林乔安将金条交给她保管,称自己要到常熟找客户催款,约定 3 天后在安徽蚌埠碰头。

尤雄去了蚌埠,却再也联系不上林乔安,李军的手机也一直处在关机状态。尤雄把遇到这伙人的过程放电影似的在脑海里回放一遍,感觉不对劲。她拎着金条找行家验货,"假的,都是铜块"。她傻了,立马往无锡赶。

2012 年 12 月 25 日,无锡警方接到尤雄报案。民警画出尤雄遭遇骗子的线路图:杭州—无锡—南京。依托骗子在锡入住酒店的监控,民警掌握了骗子的大致体貌特征。

办案民警大海捞针,捞出在南京住宿过的一个姓林的人。经尤雄辨认,正是林乔安的客户"阿明"。顺着"阿明"这条线索,警方追到浙江平阳,张朴一伙 4 人的身份暴露。可这伙人作案后没有回家,不知又窜到哪儿去了。警方落实了严密的布控措施。

再说张朴一伙得手,立即乘车逃离南京,路上迫不及待分赃。扣除吃喝开销,每人分得 2.8 万元。张朴不敢回家,带着郑女去了浙江丽水。林明、虞三各奔东西。2013 年 1 月 24 日晚,当张朴与郑女在浙江丽水市下属的景宁县一家大酒店出现时,双双就擒。落网时,身上仅剩5000元现金。

2013年2月27日,潜回家的林明、虞三落入法网。骗子悉数落网,钱已全部挥霍。

防骗贴士

就此案而言,人们不难看出,骗子的作案手段很拙劣。使用假物行骗,是骗子的常用手段,如果你不识货、不辨真伪,贪小利信谎言,必上当无疑。要想不上当,人们不仅要识别骗子的嘴脸,还要学会辨别骗子手中的假物,更不能有贪小便宜的心理。

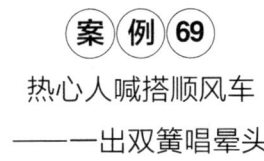

热心人喊搭顺风车
——一出双簧唱晕头

等车正等得心焦,这时有人雪中送炭,叫你搭顺风车,你搭不搭?大多数人的回答是:"搭!"岂不知,顺风车的背后,也许是个陷阱。前不久,陈兰芳就因搭顺风车搭进一年积蓄。

40岁的陈兰芳家在江苏省历史文化名城兴化,就是世界四大花海之一"千岛菜花"的那个兴化。兴化人大都会弄船,早年,陈兰芳夫妇也是"水上漂",以水运为生,四处为家。他们向往稳定的生活,就卖掉了运输船。因儿子考上了无锡一所学校,他们贷款买房在无锡安了家。丈夫打零工,兰芳则进了一家超市。生活虽清苦,但一家人在一起,比什么都好。

兰芳父母健在,住在兴化老家,生活尚能自理,由兄长照顾,兰芳中秋、春节回家看看,尽尽孝道,平时只能电话里问候几句。

又是一年春节,超市生意好,每天顾客盈门。兰芳手脚勤快、利落,超市老板跟她商量,店里人手不够,能不能加加班,给3倍工资。

老板待她不薄,兰芳心也软,兼之3倍工资挺诱人的。她备了一大堆年货,安排丈夫、儿子回兴化,自己留在无锡过了年。

一转眼到了4月初,眼瞅着超市没那么热闹了,人手也宽裕了,老板主动给她放了一个星期的假,让她回家探视父母。兰芳兴高采烈买了酱排骨、油面筋等无锡特产孝敬老人,各种吃食满满一大包,还将辛苦积攒下的7000元现金装进旅行箱隔层。哥哥来电,家里老房子漏雨,这是委托哥哥修葺房子的钱。乡下空气清新、蔬菜新鲜。也许,等老了,她会与丈夫一起回兴化养老。

一早,兰芳拖着行李来到锡甘路口等候班车。初春,风有点硬,衣着单薄的兰芳不禁打了个寒噤。

清晨的马路宽敞、空旷,人车稀少。就在兰芳翘首以待之际,一辆黑色轿车从远处疾驰而来,兰芳往后闪了闪,没想车子减速倒车,在她面前停下。

"大姐,去哪里?搭个顺风车吧,我做做好事。"驾驶员摇下车窗,这是个40岁左右的中年男子,后排坐着2名乘客,1男1女。

兰芳原以为对方要问路,没想遇上助人为乐的"热心人"。"你们去哪儿?我去兴化。"兰芳高兴地说。

"巧了,我们也去兴化,班车更换地点,设在高速路口了,我们搭的也是顺风车,到了高速口再乘长途车吧。"后座的女乘客热情地说。

"班车换地点了?怪不得等不到车,幸亏碰到你们,要不还在这儿空等呢,真的谢谢啦。"

兰芳没往其他方面想,感激不迭坐上副驾驶座,行李箱紧紧抱在怀里。小车往沪蓉高速方向驶去。途中,司机从裤子口袋里掏出手机不停打电话。

"咦,我口袋里500元钱怎么没了?是不是刚才掏手机时带出来了?"打完电话不一会儿,司机称钱没了,神情非常焦急。

"谁捡到我钱了?不搞清楚不走了。"司机把车停到路边,用怀疑的眼光看着3名乘客。

"我没捡到!"3人异口同声。

"难道飞了不成?我不信。谁都别走,把行李放进后备箱,我们一起去派出所。"刚刚和颜悦色的司机此刻一脸怒气。

"反正我没捡到。"兰芳自言自语。见那1男1女把行李往汽车后备箱搬，为证清白，她也把旅行箱放进后备箱。

"师傅,钱是我捡的,我还你,求你不要去派出所,急着赶路呢。"汽车刚启动,后座那名女乘客似乎被吓着,主动"坦白"。

"不行!"司机急刹车,汽车往前一冲,随后停下,兰芳差点从座位上弹起来。

"此事与我俩无关,你带她去派出所,让我们下去。"一直没开腔的男乘客发话了。他打开车门下了车,随后,打开副驾驶座一侧的车门,把兰芳拉下车,并往前走出五六米,猛地把兰芳往前一推,返身快速冲向汽车。待兰芳反应过来,那辆桑塔纳已绝尘而去。

"我的箱子,我的钱……"搭车搭出大事,兰芳站在马路中央痛哭失声,路人见状,帮她打了"110"。

事隔4天,也是清晨,在无锡打工的安徽人王菲菲在长途汽车站候车时,被1男1女以"搭便车"为由拉上一辆小车。不一会儿,有一男子拦车,称在车站丢了1000多元钱,硬要检查车内人的物件。先查菲菲的包,然后在男乘客的包中"搜"出钱包。丢钱男子火冒三丈,以教训男乘客为由,把菲菲赶下车。小车一溜烟开走,菲菲包里1800元现金没了。

无锡警方一拍账,类似案件发生了几十起,被骗者大都是外来务工人员,且女性居多。经警方侦查,骗子的作案手法类同,但骗兰芳的那伙与骗菲菲的一伙长得不一样,作案车辆也不一样,一辆是黑色桑塔纳,另一辆是墨绿色神龙富康。

众多受害者中,一名成都姑娘提供了一条重要线索,涉案车辆挂"川"字牌照。因为家在四川,姑娘对"川"字特别敏感。循线追踪,警方锁定3辆"川"字头疑车。车主、驾车人姓名、籍贯,很快起底,这伙骗子均为四川三台县人。这伙人的4个藏身窝点也随之浮出水面:常州市遥观镇。

警方收网行动选择在凌晨大地沉睡、人们梦酣时,15男5女,共20个骗子被瓮中捉鳖。

这 20 人均为三台县人，其中 13 人住一个镇，有 4 对是夫妻，2 对是兄弟，还有翁婿、父子。他们老乡带老乡，亲戚带亲戚，雪球越滚越大。为逃避侦查，团伙成员分散居住，异地作案，每天凌晨三四点钟驾车到无锡汽车站、火车站或交通主干道物色目标，以搭顺风为名拉人上车，骗不成即抢，作案得手即快速逃离。1 个多月作案 61 起，骗得钱财 40 余万元。

为防止晚上睡过头，他们的手机统一设置叫醒闹铃。落网那天凌晨 3 点，收缴的 20 部手机同时响起，原来是"上班"时间到了。

防骗贴士

据警方透露，骗子大多在汽车站、火车站附近寻找对象，"助人为乐"拉人搭顺风车，然后实施诈骗。此类案件尤在春节、国庆、中秋等时段高发。出门在外打工的人们要特别注意，天下没有免费的午餐，出门还是要选择公共交通工具。千万不要轻信来历不明、送上门来的"顺风车"。一旦遇到特别热心的人，脑子里要打个问号。但凡遇到"丢钱、捡钱、报案"之类的离奇事，大多是骗局，要稳定情绪，巧妙周旋，及时报警。

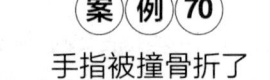

手指被撞骨折了

——三轮车夫遇"碰瓷"吃暗亏

一次轻微的碰擦，竟然把人家的手指轧成骨折，医药费加误工费，赔了 4500 元。这到底是普通的交通事故，还是精心策划的阴谋？

2013 年 4 月的一天，对从苏北灌南来无锡打工的小胡来说，本是个再平常不过的日子。刚来无锡时，他在一家电器批发市场做些杂活，无非是装货、卸货、清扫场地之类的脏活、累活。后来，有个做小家电生意的老板看中他老实、憨厚、肯干,专门雇他送货,每月工资3000多元。小胡非常珍惜这份工作,不管晴天雨天、酷暑寒冬,只要商场来电话,他总是及时送货补货,从不延误。

这天,一如往常,小胡骑着电动三轮车城南城北穿梭,忙着为各电器商场送货。下午3点多,送完货,他驾电动车行驶在慢车道上,一辆小车倏地从他左后方窜出,驶进慢车道,挡在他的电动车前,慢悠悠"散步"。这是一辆银灰色的"现代"轿车,几乎占据了前方车道。此时不是交通高峰,大马路上空荡荡的,此车为什么驶进慢车道?

"这车开得真是,莫不是司机在打电话?"小胡是这样想的。可是,那司机电话似乎打不完了,小胡只得耐着性子跟在后面往前挪。突然,这车向右一个急转并紧急刹车,紧随其后的小胡猝不及防,来不及刹车,只得也向右猛打方向。只听"咣当"一声,电动车右侧好像撞到谁了,随即传来痛苦的叫喊声:"哎哟,疼死我了!"

"撞到人了?"小胡连忙停车查看,只见一个瘦瘦的中年男子倒在路牙子上,右手紧紧捂着左手手指,身旁"躺着"辆自行车。小胡小心翼翼扶起来那人,靠着路边行道树坐下。

"是那辆现代车违章驶入慢车道,紧急刹车惹的祸!"小胡想找肇事车说理,回头一看,那车已溜得无影无踪。小胡一脸无奈,不知所措。

"我不管,是你撞的我。我的手完了,肯定骨折了。哎哟,我的手指。"男子额头冒出豆大的汗,疼得龇牙咧嘴。就在这时,男子口袋里的手机响了。他如遇到"救星",对着手机大喊大叫:"阿兴,快来救我,我被车撞了,估计手指骨折了。"

五六分钟后,一男子驾电动车赶来。此人长得五大三粗,满脸横肉,自称是被撞男子的苏北同乡,叫阿兴。小胡有点发怵。

"对不起,我不是故意的,要不我拿300元钱,你们去医院看看吧。"小胡觉得自己就是个冤大头,那辆"现代"倒好,逃得快,赖到他头上,但毕竟是他把人撞伤的。

"对不起就行啦?你当我们是要饭的?"阿兴一脸不高兴,说话软中带硬,"听你口音也是苏北来的,都是老乡,我们不会太为难你。但撞伤人必须负责,赶紧一起去医院。"

"你的车没牌没证,报警对你没好处,搞不好车子还要被扣掉。"见小胡眼睛盯着十字路口的交警,阿兴威胁。

"好吧,去哪家医院呢?"小胡自认倒霉。

"就去那家吧。"阿兴指着附近一家小医院说。小胡用车载着2人前往。

拍片结果不乐观,被撞男子左手小指骨折,需要手术。在医院大厅,阿兴现场给小胡算了笔账,手术费加误工费,1万元出头,去掉零头,1万元。

"1万元?兄弟,我只是帮人家送送货的,哪来这么多钱?"小胡惊着了,声音不由高了。他大脑未经仔细思考,从口袋里掏出4500元现金:"这是我今天送货收到的货款,全在这儿了,你们看行不行?"

"唉,你也不容易,看在老乡面上,我不做手术了,回家保守治疗吧。"受伤男子一把抓过钱,与阿兴一起消失了。

4500元,45张百元大钞,2个月都挣不到。小胡失魂落魄地回到租住地。老婆忙着准备晚饭,丈夫辛苦一天,她总要烧几个菜给其补补。

"阿芹,有个朋友家里遇上急事,我把4500元货款借他了,明天我得给老板交账,你把家里的钱拿出来先垫上吧。"小胡不敢讲出实情,撒了个谎。朋友有难肯定要帮,阿芹倒也通情达理,只是说了句"以后遇到这种事先跟我商量一下"。阿芹在一家公司做清洁工,夫妻俩省下点钱不容易。

"那辆现代车为什么驶上慢车道,一开始慢悠悠的,出事时却加速跑了?那人撞得也蹊跷,轻轻一擦,怎么就骨折了?还有,那男子与阿兴通电话时,根本没说出事地点,阿兴几分钟内就轻易找来了。难道遇到碰瓷的了?"夜晚,小胡放电影般回忆起白天的情节,越想越不对劲。他在电视上看过有人制造交通事故骗钱的案例。天亮,他到派出所报了案。

警方借助路面电子监控,查到一辆挂苏州牌照的可疑"现代"。监控显示,此车事发前驶入慢车道,挡住小胡的道,事发后快速离开。当小胡驾车载阿兴和受伤男子去医院时,这辆车再次出现,不远不近跟在电动三轮车后面。阿兴、受伤男子在医院拿到钱,就是乘这辆守在路边的"现代"撤离的。

板上钉钉,这是一起"碰瓷"案。

夜幕降临,华灯初上,城郊接合部家常菜馆,店堂一隅,阿兴等人正大快朵颐,举杯庆祝。这天,他们干了两档活,收入万余元,得意忘了形。可当他们一个个迈着猫步晃出菜馆时,6个疑犯一个不落全落入警方"口袋"。

经警方审查,这个6人"碰瓷"诈骗团伙的头目叫陈林。

陈林是江苏淮安人,多年前举家到无锡,曾有一份稳定的工作,但他讨厌朝九晚五的刻板,更嫌收入低,无法过他心目中的幸福生活。他辞去工作,萌生"碰瓷"骗钱的念头。

说起"碰瓷",可谓一种古老的街头骗局。旧社会,乃有市井无赖手托一碰瓷碗,游荡在街头闹市,遇到看似有钱路人,故意与之相撞,并借机将碰瓷碗摔碎,谎称所碎破碗系祖传名贵之物,从而揪住对方敲诈勒索钱财,谓之"碰瓷"。如今,"碰瓷"现象随着社会发展而不断流传、演化,花样翻新。

陈林交代,制造交通事故骗钱这种"碰瓷"手法,他是跟老乡学的。当他自以为胜券在握,万无一失,便在网上和朋友圈里"招兵买马"。这活得搭档干,一个人势单力薄干不来。

"有种碰瓷方法来钱快,风险小。我们一起干,包你每天收入上千元。"陈林凭着三寸不烂之舌竭力忽悠,刘野等5人纷纷入伙。团伙就这样形成。

陈林对团伙成员进行培训后做了分工:3人一伙,分头行动。陈军、刘轩、王芝扮演被撞者,殷标扮同事、老乡,他自己则和刘野驾车寻找目标,一旦得手暗中接应。为了不露破绽,演得逼真,陈林用铁榔头把陈军等3人的小手指生生敲断了。每次作案前,断指人会把受伤的手指揉捏至红肿。

截至落网,这个团伙使用苦肉计"碰瓷"作案32起,每次多则骗得五六千元,少则也有一两千元。

防骗贴士

这串案件受害者众多,选择报警的却寥寥无几。看守所里,陈林这样说:"作案目标主要选择那些无牌无照的电动三轮车。这些人或送货,或做些小买卖,有些小钱。车子没有牌照,也就无保险。如果碰擦,

> 有人受伤,车主往往怕被交警扣车。此时,加上语言威胁,一般都愿意'私了'。"骗子正是利用受害人怕扣车、怕麻烦的心理,才如此肆无忌惮。凡购买电动车(包括三轮车),均要按规定办理牌证,切勿无证驾车上路。行车时要遵守交通法规,文明驾驶。一旦发生交通事故,千万不要怕麻烦而私下处理。如发现有"碰瓷"嫌疑,以"医疗费""误工费""陪护费"等名目索要钱财的,应立即报警。

当"酒驾"遇到"撞车族"
—— 戳中软肋,花钱买平安

金秋的夜晚,凉风习习。在无锡做生意的温州人彭先生与几个生意伙伴在一家酒店聚餐。酒桌上,生性豪爽的彭先生碍于面子,经不住劝,陪着喝了几杯酒。

晚上8点多,彭先生觉得自己没喝多少,开车没问题,尽管知道警方严厉打击"酒驾",还是心存侥幸发动了车子。刚驶离酒店,往钱威路上拐时,彭先生感到车子后面一震。他以为撞上路边的绿化带,不以为意,继续前行。行驶到钱威路皮具厂红绿灯处,一辆沪C牌照的黑色"蒙迪欧"轿车从后面蹿上来,将他的车逼停。

"你撞了车,还想驾车逃逸?"车上下来两名气势汹汹的男子,拦在彭先生车前质问。

"我没撞车啊。"彭先生一头雾水。

"怎么没有?你把我车漆都磕掉了!"对方要彭先生下车,拉着其查看车头部位。黑色轿车车头两侧都有碰擦痕迹。那男子打开引擎盖,指着里面好几个地方说被撞裂了,要大修。

彭先生检查自己的车,发现车尾有擦痕。

"我在前,你们在后,是你们追尾碰了我的车,怎么是我撞你们呢?"彭先生虽喝了酒,脑袋仍好使。

"就是你撞的,你满嘴酒气,酒后驾车,随意变道蹭了我们的车!"对方口气强硬起来,"喝酒驾车是违法的,你看这事是报警还是私了?"

"酒驾"违法,把柄在他们手里。报了警,不仅要扣分扣车、罚款,人还要受处罚,麻烦可就大了。彭先生态度软了下来。对方见其犹豫,嚷得更凶。

这时,一起聚餐的朋友经过,看到彭先生的车停在路边,上前询问缘由。彭先生和朋友一商量,决定吃些眼前亏,私了。彭先生决定陪他们到修理厂,修理费由其支付。对方不同意,一定要去4S店,并掏出手机打了个电话,称需修理费7000元。想尽快了结此事的彭先生没有多想,一番讨价还价,把修理费降到6000元。拿到钱,对方立马离开现场。

回到家,彭先生细想之下觉得此事不对劲。对方那车两侧擦痕深且明显,而自己车子的擦痕却似有似无。如果真是被自己的车蹭到,怎么会差别这么大?况且,当时他开车特别小心,变换车道提前打指示灯,确认后方没有车辆才变道,怎么可能撞别人的车,而且撞到两侧?这几乎是不可能的。这伙人会不会是事先预谋"碰瓷",敲诈钱财?彭先生十分纠结,他想报案,但自己"酒驾",违法在先,被对方戳到软肋,宰了一刀。他自认倒霉,没敢吭声,更不敢报案。

同样被"碰瓷"敲诈的,还有颜先生。也是晚上,在饭店和朋友喝完酒的颜先生驾车回家,路上遭遇与彭先生相似的一幕。一辆黑色轿车"撞上"他汽车尾部,随后对方以颜先生"酒驾"导致车辆碰擦为由敲诈钱财。不过对方的小伎俩当时就被"老社会"颜先生看穿。为了吓唬对方,颜先生玩了个小技巧,他拨打"110"报警。但"酒驾"是事实,为躲避处罚,在交警赶到前,他与对方讨价还价,把"修理费"从1.5万元谈到2000元,花钱买了"平安"。当交警赶到现场,双方已快速撤离。

类似案件在无锡城区周边接二连三发生。"碰瓷"骗子抓住"酒驾"司机怕事情闹大对己不利的心理,有恃无恐。

尽管无人报案,这伙骗子的行径还是很快被警方掌握。办案民警身着便衣,一连蹲守半个多月,终于将侯伟等4名"碰瓷"骗子抓获。

侯伟,21岁,安徽六安人。同伙朱达兄弟、赵奇是他的同乡。侯伟高中肄业后到无锡打工,先在汽车修理厂学徒,后到电子厂打工。一个偶然的机会,他听说有人故意碰瓷"酒驾"司机车辆骗钱,觉得有机可乘。他纠集朱家兄弟等人,筹钱购买二手车实施作案。因市中心人多路堵,他们选择在城区周边的酒店物色作案对象。每次"碰瓷",入账都在千元以上。

> **防骗贴士**
>
> 此类骗局中骗子的目标很明确,就是那些抱有侥幸心理、酒后开车的有车一族。"酒驾"遇上"碰瓷",结果可想而知。希望那些喜欢喝酒的朋友,一定要牢记交通法规,开车不喝酒,喝酒不开车。否则,你不仅可能危及自己与他人的生命安全,面临法律处罚,还有可能成为"职业撞车族"的"猎物"。如果遇到"碰瓷",切莫随便私了,必须勇敢面对法律。要知道,你的容忍,就是对犯罪的放纵。

案例 72
厂家回馈大抽奖
——辛苦钱摸来劣质小电器

星期一,上午9点多,无锡滨湖区某安置房小区格外宁静,人们上班的上班,上学的上学,留守家里的大多是老人们。时令春天,花坛里的花草争奇斗艳,路边的树木生机勃勃。脱去冬衣,60岁出头的老杨显得特别精神,倒背着双手在空旷的小区里转悠。种了一辈子庄稼,泥腿子一个,城市改造,老房拆了,搬进小区,住上高楼,还拿着失地补贴。生活富足,日子悠闲,他却总觉得心里空落落的。他对土地有着天生的亲近感,每天上午、下午,他都要到小区兜圈子，看看那熟悉的花啊、草啊、树的，还有小区后面那条小河，找回一点乡村的感觉。

耳边传来高音喇叭的嘈杂声，还有人在大声叫喊着什么。

"这么热闹，谁啊？"老杨循声找去，一路来到小区门口。

长条桌上，摆着大红纸封住的抽奖箱，桌上堆着电吹风、按摩器、收音机、剃须刀之类的小家电，桌旁是电冰箱、液晶彩电等，还竖着一块花花绿绿的广告牌，上面一行红字特别醒目：广东金盛电器有限公司成立 8 周年抽奖活动。

"来来来，走过路过，不要错过。厂家回馈，免费抽奖。"一男子手持扩音器声嘶力竭地叫喊着，亢奋的音乐制造出浓郁的现场氛围。

"大爷，大妈，抽奖了，人人有奖。"另一名男子捧着抽奖箱鼓动，四五名男女正向进出小区的居民派送宣传单和肥皂、毛巾之类的小礼品，可大家对抽奖兴趣似乎不大。

"老伯，过来看看，我们公司为庆祝成立 8 周年，来无锡大酬宾。凡参加抽奖的，都可以赠送 1 块手表，而且根据抽到的彩券号码，可以按促销价购买相应的电器，低于 50 元的不收钱，直接赠送。"见老杨凑到广告牌前看内容，1 名男性工作人员上前递给他张彩色宣传单，还有块肥皂。老杨接过一看，彩页上标着序号和对应的电器。1 号至 10 号都是大家电，如彩电、冰箱、空调等，原价 1000 多元的 15 寸液晶彩电，促销价仅 200 元。11 号至 15 号是电吹风之类的小家电，促销价在 50 元以下。

家里正缺一台彩电，他爱看抗战剧，老伴喜欢戏曲，老两口常常抢遥控器。再买一台，各看各的，互不干扰，多好的事。

就在老杨犹豫时，抽奖台前涌来五六个过路人，听口音、看打扮像外来民工。这群人争抢宣传单，嚷着试试手气。一黄发男子抢先从抽奖箱里摸出张奖券，撕开奖区覆膜，9 号，精品剃须刀，原价 399 元，促销价 152 元。

"好便宜啊，我要了。""黄毛"交了 152 元，剃须刀归他。

"要不要再抽一次？若抽到不满 50 元的，不仅免费赠送，还能把之前的 152 元退给你。"工作人员热情地介绍。

"真的？我再来 1 张。""黄毛"又摸 1 张，编号 15，手表。工作人员果真送他 1 块表，退回之前付的 152 元现金。

"你手气真好，我们也来摸摸看。老伯，你也试试嘛。"黄毛的同伴一个个都摸到了免费小电器，还不时劝老杨试试手气。工作人员也在一旁极力鼓动他。

"摸就摸，万一摸到台彩电呢。"老杨口袋里有 3000 多元现金，这是老伴关照他到银行去存的。

老杨摸到的第一件奖品是电动按摩器，152 元，真心不贵，家里用得着，老胳膊老腿的，享受享受。他付了钱。

"恭喜您中奖，再摸一次吧，如抽到 50 元以下的奖品，不仅白送，152 元也如数返还。"工作人员把抽奖箱捧到他眼前。

"摸，再摸，不要白不要，过了这村就没那店了。"那群民工围在他身边起哄。

"摸就摸，非要摸台彩电出来。"老杨心一横，又摸出 1 张，剃须刀，再摸，按摩器，他赌气般一连摸了十几次，身上 3000 元摸没了，硬是没摸到彩电，也没摸到 50 元以下的。

"你这箱子里到底有没有彩电、冰箱的号？还有 11 号到 15 号的有没有？"老杨怀疑对方在作弊。3000 元摸了一堆没用的东西，拿回去老伴肯定要责怪。

"当然有，他不就抽到了。"工作人员指着"黄毛"说。

"那好，你这箱子里还有多少奖券，我全包了。我倒要看看是真是假。你等着。"老杨不甘心，掏出手机联系朋友，让对方送钱来。

"是的，全部买下来，看他们有没有玩花招。""黄毛"等七八个人把他团团围住，七嘴八舌。

老杨打完电话，拨开身旁的人群，呆了，那伙抽奖的人连同摸奖的箱子、奖品一不留神都消失了，仅留下那张来不及撤走的长条桌和广告牌。

"人怎么没了？快追！""黄毛"一声喊，与他的同伴一窝蜂散了。

原来这是一伙骗子，那"黄毛"一伙根本就是"托儿"。望着一堆粗制滥造的劣质小电器，老杨气难平。他到派出所报案，希望警察一定要尽快抓到这伙骗子，不能让他们再害人。

老杨不是上当第一人。2014 年 2、3 月，无锡警方连连接报此类警情。这伙骗子有时在小区门口，有时在市场门口，摆摊抽奖骗钱，上当受骗者众多。警方派出便衣刑警追踪，可这伙骗子十分狡猾，来无影，去无踪，泥鳅一样滑。

住在无锡城北的老李是在菜场门口中的招。那天一早，他骑电动车去菜场买豆浆，顺带买些蔬菜，远远看到菜场入口处围着二三十个人，人群中不时传来"中了"的惊喜声。他停好车子，挤进人群看热闹，看到一张"免费抽奖促销活动"的海报，上面写着如果摸到数字 3 和 9，花 200 元就可以买一个价值 400 元的精品按摩器或剃须刀，摸到其他数字，可以免费赠送对应的奖品，并返还之前所购按摩器或剃须刀的钱。

这等好事何乐不为？老李二话没说，上前伸手就摸，摸到 1 张数字"3"，剃须刀，再试，又是"3"。老李有些犹豫，但见旁边有人摸到其他数字，免费拿到奖品，他一次又一次把手伸进抽奖箱，1000 多元稀里糊涂就没了。老李连奖品都没要，沮丧地走了。回到家，他越想越不对劲，跟朋友一说，方知上当受骗。此事说出去难为情，他没好意思报案。

过了几天，老李到天鹏市场买海鲜，又见人在摆摊"抽奖"。他躲在一旁观察，虽然不是之前骗他的那伙人，但手法一致。等这伙人收摊乘坐一辆面包车离开时，他记下车牌号提供给警方。

便衣刑警盯住那辆面包车，一路跟到苏州浒墅关。看着这伙人下车、进屋、吃饭、睡觉，确定这里正是疑犯落脚点。为人赃俱获、一网打尽，刑警风餐露宿，查明这伙骗子有三四十人，都是湖北监利人，租房集中居住在苏州浒墅关一居民小区。这伙人早出晚归，分成数拨乘坐面包车前往周边城市作案。作案地点主要在市场、小区门口。如遇有节场、庙会，则聚集作案。诈骗金额少则几百元，多则成千上万。

2014 年 4 月 24 日清晨 6 点，这伙疑犯分成两拨，分乘 4 辆面包车分别前往无锡锡山区和苏州张家港。殊不知，他们的车子刚启动，抓捕民警已咬住他们。

"免费摸奖，人人中奖，机会难得！"适逢阴历三月半锡山黄土塘庙会，熙熙攘攘的人群中，抽奖促销的吆喝声此起彼伏，充满诱惑。一处摸奖点前，围满摸奖人，夹在人流中的便衣刑警注视着现场一举一动。

十几分钟,五六人就落入圈套。骗子见好就收,悄悄撤退,坐进停在小巷口的面包车,未料撞进警方伏击圈,骗子悉数落网。

张家港的抓捕也很顺利。这次行动共抓获诈骗疑犯 31 人,缴获大量作案用奖券、劣质电器。

该团伙分工明确,每次作案都是八九人一组,分别扮演工作人员、围观者等角色,有的吆喝,有的当托儿,有的望风。以其中一组 9 人为例,3 人分别负责开车、望风、摆摊,6 人当托儿。这伙人有男有女,年龄大小不等,佯装彼此不认识。只要有人经过,就各司其职,有假意询问的,有主动摸奖的,还有看热闹起哄的。当托儿的同伙摸奖时,手指缝里事先夹了奖券,一旦得手,便一哄而散,逃之夭夭。而那些剃须刀、按摩器等电器,都是伪劣产品,成本仅十几元。

据警方透露,有些人被骗后为了面子,自认倒霉不报案,即使有人报警也只是打个电话,不愿到公安机关做笔录。据落网骗子交代,他们在无锡作案上百起,可警方接到的报案仅 10 起。

防骗贴士

这伙骗子披着公司周年庆的抽奖外衣,以伪劣电器为诱饵骗人不停摸奖。这种街头骗局有很多形式,但不管形式如何变化,最终目的都是骗你钱财。人们必须引以为戒,千万不要轻信街头抽奖游戏,不要贪小利吃大亏。一旦受到损失,可拨打"12315"投诉,或直接报警。

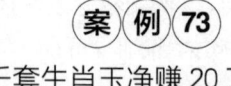

千套生肖玉净赚 20 万差价
——半生积蓄化为乌有

"一套生肖玉内部优惠价 300 元,转手卖 500 元,净赚 200 元,1000 套就是

20万元。这生意可以做。"老缪识字不多,算账十分精明,开了十几年"黑面的",练出来了。

老缪住在江苏江阴南闸镇,原是一个普普通通的农民。苏南地区乡镇工业发达,他早年进了镇上的电镀厂。后来,因工业污染,厂子关了,他回了家,领着不多的养老金。之后,小城镇建设,责任田征收,老宅拆迁,他和老伴住进安置房,过上了城里人的生活。

小区环境干净,绿树成荫,单元房宽敞明亮,上下有电梯,好不快活。好归好,也有烦恼事,开销大了,什么都要钱。过去稻麦蔬菜自家地里长,用水井里打,养一窝鸡下的蛋吃不完。现在倒好,米、面、菜均要买,用电、自来水、煤气一个月费用也不菲。虽说有养老金和失地补贴,总不能坐吃山空吧。年岁渐长,万一再有个生病灾祸呢?两个儿子已成家,但收入一般,老缪尽量不麻烦他们。

人无远虑,必有近忧。老缪深谋远虑,从电镀厂回来就去学了驾驶技术,用厂里给的钱买了辆小面包车,跑起载客生意。这一跑就是10余年,风里来,雨里去,早出晚归,攒下10多万元养老钱。如今,老缪虽跨进60岁门槛,仍在路上跑着。他心态很好,满足现状,自得其乐,准备趁身体尚健,再跑上两三年就歇手,过过那种喝喝茶、看看电视、搓搓小麻将的老年生活。

老缪觉得跑跑车、拉拉客蛮好,从未想过要做大生意,赚大钱。可是,有一天,"馅饼"从天而降,砸到他头上。

时令正值初冬,下午4点多,太阳西斜,老缪像往日一样,坐在面包车里,在镇中心十字路口候客。他想再做一笔生意就打道回府。一名40岁左右的男子穿过马路,径直朝面包车走来。他精神一振,连忙下车拉开后排车门,殷勤地请对方上车。

"去夏港镇政府,快,我有急事。"客人中等身材,一身挺括的深色西装,气度不凡。

"安全第一,超速交警要罚款的。"老缪边系安全带边说。

"你这人倒守规矩。来,认识一下,我叫李刚,广东人,现在江阴投资发展。去年,我在月城买了30亩地,搞房屋开发,现在去夏港是去考察那里的经济情况和居民消费能力。"李刚来头不小,听得老缪一愣一愣的,"拉到大客户了"。

"我有辆宝马车,驾驶员最近有事回老家。因路况不熟,我自己不想开车。看你人老实,能否给我个联系方式,以后可能会经常租你的车。"李刚主动递过一张名片。碰到这样的"大客户",老缪喜出望外,忙不迭递上印有自己电话号码的名片。为了揽生意,他印了好几盒名片放在车里。

一路闲聊,很快便到夏港。李刚在镇政府门口下车,大方地递过50元,"别找零了"。

老缪心情大好,收工回家,破天荒抿了杯老酒。第二天,他吃过早饭正欲出车,手机响了。

"老缪,你来南闸镇政府门口接我,我要外出考察。"来电者正是李刚。

"好嘞",老缪一踩油门赶去。隔夜,他把车子清洗得干干净净,人家是大老板,可马虎不得。

"去月城。"上了车,李刚交代下车地点。李刚还说以后就包他的车了,车费随老缪说。真是大方的主啊。

车到月城,李刚让老缪在路边停下,在车内打电话找人。叽里呱啦的广东话,在老缪听来,犹如鸟语,一句都没有听懂。挂了电话,李刚对老缪说:"原本月城镇的杨镇长讲好来接我的,临时有事,委托派出所张所长来接我。"

不一会儿,一名男子匆匆赶来,坐上汽车后座。此人与李刚差不多年龄。

"我叫张海峰,月城派出所副所长,杨镇长在开会,让我来陪你。"这男子没穿警服,一上车就自我介绍,边说边从口袋里掏出警官证给李刚看。老缪在心里嘀咕:"做生意的怎么扯上警察了?"

"我要去看那30亩地。"李刚说。

"行。"张海峰指挥老缪把车开到镇旁一处空地停下。这片空地被围墙圈起来,里面杂草丛生,看样子已闲置好长时间。张海峰带李刚沿空地转了一圈,随后在车旁抽烟聊天。张海峰从口袋里往外掏烟时,带出一块红线吊着的玉佩,玉佩呈椭圆形,上面雕着只老虎。玉的质量看上去不错,雕工有些粗糙。

"这玉好啊,值钱,卖给我吧。"李刚顺手拿过去,放在手里把玩。他称父母是做珠宝生意的,他也略懂,"这玉有油性,品质细腻,是块好玉。"

"这块玉只要简单加加工,可以卖到1000元。你在哪儿买的?卖给我吧,你有多少,我全部吃进。"不愧是生意人,李刚从一块玉里嗅到商机。老缪在一旁看呆,原来赚钱如此容易。

"我这块玉是邮局内部供应的,月城邮局行长是我的朋友,前不久送给我的,不能给你。你若需要,我帮你问问还有没有货。"张海峰跑到远处打了个电话,回头对李刚说,"你运气好,还有货,朋友正在邮局,我们马上去。"

这破绽也太大了,邮局哪来"行长"? 可惜老缪不懂。

面包车刚在月城邮政所门前停下,便有一中年男子等在路边。张海峰介绍:"他就是行长。"

"把车往偏僻处开。""行长"上车后发号施令。

车子在无人处停下,"行长"神秘兮兮地从包里拿出一张嵌有12块生肖玉的纸板:"内部价500元1套,共有1000套。"

"1000套就是50万,不是小数目,容我与家里商量一下。"李刚边说边下车打电话。

"能否再优惠些,让我中间赚个差价。"见李刚下了车,张海峰低声与"行长"商量。

"可以啊,你我这么多年朋友,300元一套给你。""行长"可以用一个字来形容:爽!

老缪在一旁暗暗咂舌,天哪,不费吹灰之力,1000套一转手就是20万元。

"我那一大堆事,先回单位了,有事电话联系。""行长"匆匆走了,李刚还在打电话。

"师傅,我是警察,公务员是不能做生意的,一旦被上面发现,是要受法律处分的。要不,我们合作吧,一起筹钱把1000套玉买下来,你赚5万,我拿15万。"张海峰悄悄与老缪商量。老缪一听,是这理,警察做生意,那不乱了套。他想,张所长有人脉有身份,跟他做生意亏不了。他头脑一热,顾不上找人商量,便决定参与这笔生意。

"我父亲说这玉赚头大,不讲价了,有多少要多少。"李刚打完电话上车,一脸兴奋。他还称其父母第二天一早乘飞机从广东赶来收货,他老婆已拿存折去取钱了。

"我得赶紧去筹钱,你在这儿等着。"张海峰与老缪打了个招呼,走了。约摸半小时,他带着 2 张银行卡、3 张存折来了。说只筹到 20 万元,还差 10 万元。

"你能否想办法拿 10 万,借用 1 小时,等李刚的钱到就还你,然后分钱。"张海峰把老缪拉到一旁说。

"我全部家底只有 10 万元,有的是定期,现在取出来就没利息了。"老缪为难地说。他脑子转不过弯来,既然李刚的钱马上就到,为什么还要多此一举要他拿钱。他心思全在那"5 万"赚头上,压根没想到这是个骗局。

"这有什么,利息补给你,快去取,1 小时后分钱。"张海峰催促。

"那我去取。"一听马上分钱,老缪不再犹豫。他让李、张二人稍等,自己驾车到家中取存折,上银行取钱,带着一包钱往月城赶。

"你把钱给我,李刚老婆从江阴城里过来送钱,李刚去汽车站接她了,你到月城镇政府门口等他们,然后上我家交易。"老缪赶到月城,只见张海峰等在路边。他听信其说辞,把钱给了他,随即驾车前往镇政府。等了好一会儿,始终未见李刚夫妇。

"不会上当了吧?"老缪觉得事情不对头,急忙返回沿路寻找张海峰,哪儿还有人影。再打名片上的电话,通通关机。"10 万元没了,这可如何向老太婆交代啊。"老缪眼前一黑,车子差点撞上马路牙子。

"我找行长。"老缪抱着一丝希望来到月城邮政所。

"你这老同志,糊涂了吧,这是邮政所,哪来行长?银行才有行长呢。"邮局工作人员一番话,犹如大冬天一盆冷水,浇得老缪浑身冰冷。另一个事实也无情地摆在面前:月城派出所没有叫"张海峰"的副所长,全所几十个民警的照片都在派出所监督岗里朝他笑呢。

"你被骗了。"听完老缪叙述,民警明确告诉他,并认真做了报案笔录。

根据老缪回忆的被骗过程,江阴警方确定作案者为 3 名中年男性。依托覆盖乡镇主干道的电子监控,一辆无牌照的黑色轿车进入警方视线。在忽悠老缪的两天内,这辆车始终不远不近地紧跟"面的"。在老缪将 10 万元交给那个所谓的张海峰后,此车箭一样射向高速公路,往上海方向驶去。视频中,依稀可见车内坐着 3 名男子。

梳理周边城市同类案件,镇江市曾发生过,上当的也是个"面的"司机,姓钟。据钟姓司机反映,设套的是3名中年男子,分别扮演广东投资商、派出所所长、行长,以"赚取生肖玉差价"为诱饵,骗了他5万元。钟某描绘的3名男子的面貌特征,与老缪所述一致。无疑,两人遇到的是同一伙骗子。

这伙骗子两次作案成功,必然有第三次。民警张网以待。果真,在老缪被骗一个月后,一伙3人在宜兴现身,被逮个正着。

落网的3人均为河南南阳人。为首的叫章广立,现年45岁。章广立既是个诈骗老手,又是个赌棍。他沉溺赌台,赌输了就骗,曾因诈骗犯罪入狱8年。刑满释放后,他在赌台上搭识马天宝、王海。3个欠了一屁股赌债的赌棍结成诈骗团伙,租车流窜到苏南地区作案。他们的骗人手法并不新颖,是章广立早年在山东作案时惯用的伎俩。3人事先印制假名片,做了排练和分工。章广立扮派出所副所长张海峰,马天宝演邮局行长,王海冒充广东投资商。

骗子虽然落网,诈骗所得却已全部在赌台上输光。10万元养老钱付之东流,老缪一下子精神萎靡,看上去老了十几岁。

章广立一伙的诈骗手法漏洞百出,为什么仍有人上当?骗子章广立给出答案:"我们主要是抓住一些人贪心、想赚大钱的心理。如果不贪心,就不会上当。这一听就清楚,世上哪有这么好的事。"

至于为什么选择中老年"面的"司机为目标,章广立说:"这些人手中有积蓄,文化水平低,反应慢,防范差,而且赚钱意愿强,容易上当。"

防骗贴士

老缪遇到的,其实是一个专门以投资玉器赚钱为幌子的诈骗团伙,他先是被对方假扮的显赫身份迷了双眼,后又禁不住"赚差价"的诱惑而入了套。老缪之所以上当,一是轻信,二是想赚大钱。此案给人们的警示是:如果在街头遇到轻松赚钱之类的"好事",而赚钱之前要付出大笔款项的,必须多问几个为什么。自己拿捏不准时,一定要咨询家人亲朋。经验告诉我们,凡声称能轻松赚大钱的,十有八九是陷阱。

案例 74

捡来刮刮卡中了大奖
——拨打"兑奖热线",7万元泡汤

你是否有过这样离奇的经历?在马路上捡到一张刮刮卡,一刮,居然中奖几十万元。这事听起来近乎天方夜谭,然而在无锡有个叫刘畅的小伙子就遇到了这样的"好事"。不过,这只是一场骗局的开始。

事情发生在2015年初春的一个周六。早春二月,阳光和煦,忙了一周的刘畅想外出透透气,便乘公交来到无锡最繁华的崇安寺商业区。逛着逛着,他眼前一亮,前方地上有一包装精美、卡片模样的物件。出于好奇,他弯腰拾了起来。仔细一看,原来是4张刮刮卡。刮开一看,"哇,中奖了!"

4张刮刮卡,3张没有中奖,有一张居然中了二等奖,奖金29.8万元。这不是天降巨奖吗?刘畅既激动,又紧张,他赶紧把奖券揣进口袋,飞奔回家。

刘畅家境一般,与父母住在一个二居室里,虽已到成婚年龄,有了心仪的女朋友,可准丈母娘提出的"先买房,后结婚"要求,令他烦恼不已。他工作好几年了,辛辛苦苦存下10多万元,首付都不够。没有房子,婚事提不上日程,没想到大奖不期而至,刘畅如何不兴奋。

刘畅躲进自己的小房间,平复一下心情。他掏出那张奖券,仔仔细细、反反复复看了好几遍。奖券的背面印着说明:一等奖1名,奖品是价值58万元的宝马汽车;二等奖5名,奖金29.8万元。刮刮卡上印有河北一家公司的兑奖热线、短信验证平台、网址,还有二维码。

"现在社会上骗子很多,不会是个骗局吧?"刘畅有些不相信自己这么好运,他用手机扫奖券上的二维码验证,不错,正是那家河北公司。他按捺住激动的心情,拨打了兑奖热线。

"请问,你们是河北××公司吗?"

"您好,这里是××公司,我是公司前台。"接电话的是个女生,声音清甜。

"你们为什么发这个奖券?"

"公司搞周年庆活动,发奖券是回馈广大客户。"

"我中奖了,二等奖,奖金 29.8 万元,是真的吗?"

"当然是真的啦,祝您好运!"

挂了电话,刘畅打开该公司的网页。这是一家生产日用品的公司,产品销路很好,业绩年年攀升。对于公司搞周年庆回馈客户之类的活动,刘畅并不陌生,他所在的公司也搞过。他经常参加各种抽奖活动,而且运气相当不错,他手里的苹果手机就是在某次活动中抽到的奖品。他还抽到过空调、冰箱、手提电脑等等。这下,刘畅不再怀疑,自己真中大奖了。"新房的首付有着落了。"刘畅心情大好。

"请问奖金如何领取?"刘畅再次去电。

"您可以直接到公司来领,也可以通过银行转账。"接电话的仍是那个前台。

无锡到河北千里迢迢,多麻烦,哪有转账方便。刘畅毫不犹豫选择了后者。

"请把您的银行卡账号和身份证号用短信方式发给我。"前台始终礼貌周到。刘畅一一照办。

"您好,我是公司财务部主任。我们这边后天有一个现场兑奖活动,上千人参加,要聘请安保人员维持现场秩序,按你这个奖项,需付 3000 元安保费用。"账号发过去约 10 分钟,一个自称财务部主任的人给刘畅来电,并发来公司账号。

搞活动请保安很正常,刘畅想得通。他到银行把钱汇了过去。他以为交了钱就可以领奖了。

"你是刘畅吗? 我是公司的王会计,领奖要交个人所得税,奖额的 20%,共59600 元,我们公司承担一半,你交一半。"

"我没有那么多钱呀。"要交这么多税,刘畅没想到。

"那我跟老板再申请一下,公司尽量多交些。"王会计挺通情达理的。刘畅上网查询,国家确实是这么规定的。因此,当王会计请示后说交 1 万元时,他把钱汇了出去。

"下午就把钱转给你。"王会计如是说。

那天下午,刘畅心神不宁,挨到下班也没等来汇款。

"这是咋回事啊,钱没到呀。"刘畅打电话给王会计,口气有点冲。

"是这样,中国银行通知税务局,说你的税交得太少,还要补1万元过来。"王会计不愠不火。没辙,刘畅又去汇了1万元。

1万元汇出,王会计再变卦,一定要刘畅支付全部59600元税款。无奈,刘畅只得又汇出39600元。他对王会计说,实在没钱了。

个人所得税悉数交纳,刘畅想,这回该转奖金了吧。可对方又出幺蛾子,传来一个令人难以置信的消息:"现在税价涨了,还要交1万元钱。"

"我真的没钱了。"刘畅恳求。

"要不这样,我手头有一笔公款,帮你垫上,待奖金到账你再还我。"王会计说。刘畅连声称好。

就在刘畅望眼欲穿之际,王会计来电:"挪用公款帮你交纳税款的事穿帮了,公司要炒我鱿鱼,只得请客免灾,这事得我们共同承担。"

这事太离奇,可刘畅想到已付出这么多,开弓没有回头箭,绝不能功亏一篑。他回应对方:"给你打2000元请客吧。"

"2000元哪儿够,至少2万元,要请好几桌,还要送礼。"

"你肯定是骗人的,奖金我不要了,你把我之前汇的钱全部退给我吧。"至此,刘畅有点明白过来。

"这个不行,钱已经交到中国银行冻起来了。"王会计挂了电话。刘畅再也打不通。前台小姐、财务部主任无一例外都关机了。

刘畅恍悟,这是一个彻头彻尾的骗局。他马上向警方报案。4天内他先后汇出共计62600元,几乎是他的全部积蓄。

那段时间,全国许多地方,如江苏、安徽、福建、广东等地不断有人在街头路面捡到刮刮卡,奖品从宝马汽车到二三十万元奖金不等。这些刮刮卡制作精良,真假难辨,上当受骗者众多。

大数据时代,骗子要隐身也难。办案民警历经曲折,找到骗子在ATM机上取钱的镜头,顺藤摸瓜,发现某个骗子的账户里有大量资金进出,汇款人遍布全国各地。取款记录表明,嫌疑人可能藏身湖北仙桃。

2015年4月23日,骗子的窝点被锁定在仙桃市一居民小区5楼的一个单元房内。凌晨,当敲门声响起时,屋里的人慌了神,有的躲进卫生间,有的藏身厨房,悉数被破门而入的民警抓获,民警还缴获一大批作案用手机、充值卡和电脑。

"哗啦啦",卫生间冲水声引起民警警觉。在抽水马桶的下水道里,民警挖出拳头大小一团碎纸,拼凑起来一看,上面记录着密密麻麻的姓名、电话、银行卡、得款数额等,刘畅的姓名赫然在列。原来,这是该诈骗团伙的犯罪记录。

铁证如山。落网的8个男男女女相继交代诈骗作案事实。这是一个家族式诈骗团伙,团伙成员有兄弟姐妹,还有夫妻档。35岁的肖兵是团伙的头目,扮演的角色有时是公司财务主任,有时是会计,他的堂妹则是"前台"。其余人员分别扮演不同角色,并到自动取款机上取款。

整个刮刮卡诈骗分为三个环节:第一个环节是制作并散发刮刮卡。据肖兵交代,刮刮卡诈骗手法是从网上学来的,卡也是花钱在网上找人定制并到各地散发的。奖券上的奖项、兑奖热线、二维码等,都是肖兵设定的。一旦有人上当,电话就会打到他们这里。刮刮卡一组4张,每组有1张一等奖或二等奖。

刮刮卡散发到街头路面,便进入第二环节——电话诈骗。这个环节是核心环节,诈骗刘畅一案中,肖兵让弟弟肖军扮演公司财务部主任,主要是让受害者相信自己确实中奖了。肖兵冒充王会计,刘畅汇出第一笔3000元所谓安保费后,他不断编出各种理由骗刘畅掏钱。肖军说,大多数受害人一开始都是半信半疑的,便以"安保费"试探。一旦汇钱,对方就上钩了,宁可相信"中奖"是真的,因为之前的钱已付了,不愿相信这是假的,便跟着他们的"指挥棒"走了。

第三个环节就是取钱。为了逃避警方视线,该团伙从网上购买他人银行卡并雇人到取款机上取钱,给予2%的劳务费。

该诈骗团伙在 4 个多月里诈骗得手 40 余起,案额达 60 多万元。

> **防骗贴士**
>
> 　　刮刮卡诈骗早在 2012 年就出现,一直持续至今,一些人对"奖品"的期待,是骗子屡屡得手的原因。市民应了解奖券或彩票发行的政策及相关法律规定,及时识破骗子利用奖券诈骗的伎俩。在街头捡到"刮刮卡",千万不要轻易拨打所谓的"兑奖热线",以免中了套,造成不必要的经济损失。即使中奖,相关部门也会帮你代缴税收的,也就是说你领奖时拿到手的金额是已经扣除了税费的,而不会提前收取税费。

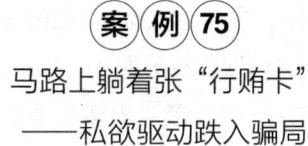

马路上躺着张"行贿卡"
——私欲驱动跌入骗局

　　如果你在马路上拾到一个牛皮信封,里面装着张银行卡并附带密码,如果你又好奇心驱使,把卡插入 ATM 机,输入密码,屏幕上弹出的数字吓你一跳,足足 6 位数。此时,你千万不要以为挖到富矿了。这不是馅饼,而是一个实实在在的陷阱。

　　2017 年 5 月,小金就遇到了这样的"好事",可巨款分文未得,反而损失 5000 元。

　　小金是个快递员,每天骑着电动三轮车穿梭在城市大街小巷的每个角落。这天,小金到市中心商务楼送快递。商务楼里白领多,年轻人多,网上购买量大。他一连跑了七八个楼层,送出十几个快递,可累坏了。买了瓶矿泉水后,小金坐在马路边稍歇。

　　"那是什么,谁掉东西了?"一阵车流过去,小金眼前多了样东西,马路上躺着个牛皮信封,他不由自主地喊了起来,可没人理他。

小金上前拾起那个信封,信封未封口,里面有一张银行卡,还有一封信。信是某工程公司写给帮助招标成功的某处长的。内容大致如下:"×处长:感谢您在招标过程中对本公司的大力帮助,因不方便登门致谢,特附上银行卡一张,里面是我公司的一点心意。密码是工程开工日期(170×××)。如果在取款中遇到问题,请咨询开户银行,联系电话……""乖乖,这是行贿啊,哪个马大哈,居然把这么重要的东西丢了。"小金倒吸一口冷气。如今反腐形势这么严峻,还有人如此大胆。"不过丢的人一定很着急,我在这儿等等他,看看有无人找。"暮春的风吹过,惬意、舒服,小金在马路边等了半个多小时,也未等来"马大哈"。

"反正这是捡到的,况且是搞贿赂的,丢了也不敢吱声。不如归我所有吧。"想到这儿,小金不等了。观察周围,没人注意到他。于是,他驾车快速离开捡卡处,来到某银行一处偏僻网点。他想知道,银行卡里到底有没有钱,有多少钱。

到 ATM 机上插卡,输入密码,查询,屏幕上显示的余额吓了小金一跳,"哇,30 万元!"这么多,自己辛苦七八年也挣不来啊。撞大运了!小金按捺不住激动的心情,有了这 30 万元,可以自主创业,不用再屁颠屁颠楼上楼下送货,遇到"双 11"之类的购物节,那真不是人过的日子;可以付新房的首付,把妻儿从老家接来,爱咋咋的,免得时不时看房东的脸色;还可以……

"要不先取 2 万,到底怎么用这笔钱,再仔细想想。"小金沉浸在发财梦中,哪里还会去想到底是怎么回事。

他稳定情绪,按了取款键,输入 2 万元数额,可屏幕上弹出的是"不予承兑"。"不会吧?"他连忙拨打信上附的那个开户银行的联系电话。接电话的是客服:"先生,查到这张卡有 5000 元的滞纳金,您只要往这张卡上转 5000 元,就可以自由存取了。"

"先交钱才能取款,不会是骗钱吧?"小金脑子里闪过一个念头,转而一想,反正是转到自己手中这张卡上的,逃不掉!

小金拔出那张"行贿卡",掏出自己的借记卡插进去。公司发工资,都是转到这卡上的。有时候,客户购物货到付款,也用这张卡,所以他随身带着。

5000元转出,再查捡到的那张卡,仍是"不予承兑"。不仅如此,连存进去的5000元也取不出了。小金懵圈了,怎么稀里糊涂就被骗了呢?

警方在侦查此类案件中,抽丝剥茧,一步步揭露了骗子的作案套路。

第一步:骗子先办一张额度为30万元的信用卡,然后通过不予激活或先行注销等手法,达到"能查到额度却无法取现"的效果。

第二步:用银行卡复制器复制出若干张伪卡,伪卡的磁条信息仍然是这张信用卡的,但伪卡上面的账号则制作为骗子的私人账号。

第三步:将伪卡和伪造的行贿信装入牛皮信封,雇人到街头散发,故意让人捡到。

第四步:有人捡到这张卡,一旦去ATM机上查询,由于磁条信息是真实的信用卡的,密码也相符,所以会显示余额。如捡拾者想取钱,"不予承兑"时,往往会拨打信中所提到的开户银行电话(实际是骗子的电话)。

第五步:骗子以此卡需交纳滞纳金为由,要求上当者转账到卡面账户激活。实际上,钱已汇到骗子的私人账户上去了。

防骗贴士

此案是2017年以来街头出现的一种新的诈骗方式,手法新颖,蒙骗性强。假如你在马路上捡到信封和银行卡,只要交给警察就没你的事了。一旦你捡了卡后到ATM机上查询,欲取现不成,拨打信中的提到的相关电话,对方要你交滞纳金时,千万别轻易汇款。一句话,只要你没有贪心,骗子也就无计可施了。

街头骗局防范提示

2018年5月30日,央视网发布一条新闻,"路边拾金饰,老式骗局再现街头",内容是北京朝阳警方摧毁一个诈骗团伙,缴获假戒指130枚、项链28条。该诈骗团伙在短短一个月时间里,采用"拾物平分"的手法,骗了30余人。拾钱(物)平分,这种老式骗局在街头已存在近30年,为什么仍有人中招?

综观街头骗局,有一个鲜明特点,无论是拾钱平分,抑或莫名中奖,再或者赚取差价,无不与白来"外快"有关。骗子利用的正是一些人见钱眼开的贪财心理,那些上当被骗者无视"天上不会掉馅饼"的道理,面对诱饵,以为巧逢良机,意外之财不要白不要,再加上防范意识缺乏,上当受骗便在所难免。

街头陷阱多多,人们必须谨慎!

1. 时刻保持强烈的防骗意识。任何时候、任何情况下,防范不能松懈。在街头如遇到有人捡到钱包、首饰要拉住你平分,应迅速离开,免得无端卷入不良事件。也许就在你犹豫不决、心存侥幸之际,钱财已经被骗走。

2. 时刻保持良好的心态。要牢记"天上从来不会掉馅饼",坚决不贪"飞来之财"。凡遇到那种无缘无故说你中了奖的事,只要是让你先汇款到什么账号交纳保证金、税款之类的,肯定就是骗局。

3. 时刻保持清醒头脑。街头骗局一般两三人互相打配合,有搭讪的,有当"托儿"的,遇有几人围住你讲"好事"的时候,你要当心了,切莫被人牵着鼻子走。

4. 时刻保持法律意识。做人做事均要坚守底线,都要在法律规定的框架内活动,切莫因自己违法在先,遇到骗子讹诈而选择花钱买平安。

后 记

经过努力,"女警手记"之二——《诈骗档案》终于与读者见面了。这是我结束警察生涯后,奉献给磨炼我考验我的社会、养育我支持我的广大人民群众的一个回报。

《诈骗档案》收录的是20世纪90年代后期至2018年上半年警方接报的部分诈骗案件,其中超过90%发生在无锡,大多数是公安民警历尽千辛万苦破了案的。此书的出版发行,首先归功于我战斗过的集体;那些防骗贴士、防范重点,也是集体智慧的结晶。因此,我借书中一角,向给予我全力关心和支持的无锡市公安局领导,向给予我极大帮助的警察兄弟表示衷心的感谢!此外,本书插图漫画由无锡市公安局锡山分局无私提供,谨向他们致意!

《诈骗档案》收录的75个诈骗案例,媒体均有公开报道,此次编撰时按照纪实文学的要求,在文字上有所加工。为保护当事人隐私,并避免不必要的麻烦,文中所涉受害人、作案者均以化名。个别案例和防范方法参考了本地或外地媒体的相关报道,在此表示诚挚的谢意。文中难免有疏漏和失当之处,希望读者多提宝贵意见。

我要特别感谢南京师范大学出版社为出版本书所付出的努力和支持,徐蕾总编辑多次指导,亲自审稿,提出意见;海燕主任和雅琼编辑认真耐心,真诚点拨,使我始终充满信心,完成了此书的编撰。

还要感谢张诚、华柯、钱学芳、王鸿、凌奇、徐文星、徐巍峰、何红穗、夏震宇、刘浩、陈荣良、田永亮、庞发明等同志的倾力相助。向所有帮助过我、鼓励过我、支持过我的人们致意!